Harry Potter, anjo ou demônio?

Sob a direção de
Isabelle Smadja e Pierre Bruno

Harry Potter, anjo ou demônio?

Tradução
Procopio Abreu

Editor
José Nazar

Companhia de Freud

Título Original
Harry Potter, ange ou démon?

Direitos de edição em língua portuguesa adquiridos pela
Editora Campo Matêmico

Editoração Eletrônica
FA - Editoração Eletrônica

Tradução
Procopio Abreu

Editor Responsável
José Nazar

Rio de Janeiro, 2009

FICHA CATALOGRÁFICA

H261

Harry Potter, anjo ou demônio? / sob a direção de Isabelle Smadja e Pierre Bruno; tradução Procópio Abreu; editor José Nazar. – Rio de Janeiro: Cia. de Freud, 2009.

Inclui bibliografia
ISBN 978-85-7724-056-2

1. Rowling, J. K. (Joanne Katherine), 1967- – Personagens – Harry Potter. 2. Potter, Harry (Personagem fictício). 3. Crianças – Livros e leitura. 4. Ficção fantástica inglesa – História e crítica. I. Smadja, Isabelle. II. Bruno, P. (Pierre).

08-3216. CDD: 823
CDU: 821.111-3
01.08.08 05.08.08 008000

Companhia de Freud
editora

Endereço para Correspondência
Rua Barão de Sertório, 48 - casa
Tel.: (21) 2273-9357 • (21) 2293-5863
Rio Comprido – Rio de Janeiro
e-mail: ciadefreud@gmail.com

Sumário

SEGUNDA PARTE

A OBRA NO CRUZAMENTO DAS FILIAÇÕES CULTURAIS

TERCEIRA PARTE

TEXTO, LÍNGUA, PÚBLICO, MEDIAÇÃO...

QUARTA PARTE

BALANÇO E PERSPECTIVA

Isabelle SMADJA e Pierre BRUNO

Introdução

Isabelle Smadja e Pierre Bruno

"Não lêem mais!" Pior: "Não sabem mais ler!" Crise da cultura escrita diante da hegemonia dos meios de comunicação audiovisuais, retorno forte do analfabetismo... os discursos iam rápido, deplorando a falta de gosto pela leitura por parte das jovens gerações. E eis que um livro veio desafiar as previsões pessimistas. *Harry Potter*, antes de ser um fenômeno editorial, foi primeiro o romance que criou a surpresa, suscitando o questionamento. Afinal, que livro é esse, perguntavam-se as pessoas, que tem a virtude mágica de devolver às crianças o gosto pela leitura? Uma das conseqüências inesperadas do fascínio por esse romance terá sido sensibilizar um público mais amplo às funções do livro e da leitura na idade da razão. Por que a criança lê? O que ela aprecia num romance? Os meios de comunicação de grande público foram assim levados a debater temas até então reservados a um público restrito de especialistas (bibliotecários, professores...) e a divulgar análises relativas à qualidade literária dos livros destinados à juventude. Mas a obra de J. K. Rowling não revelou só a sobrevivência da leitura na criança: a importância das somas geradas mostrou não só o tamanho da globalização no âmbito dos bens culturais para a juventude mas também... a ignorância em que nos encontramos quanto ao que agrada às crianças. Enquanto os grandes grupos editoriais multiplicam produtos cada vez mais bem formatados, de sucesso incerto ou fácil, o triunfo público dessa criação individual, uma obra marginal em sua origem, exige que nos interroguemos sobre as razões dos sucessos literários.

Com efeito, como todos os grandes sucessos populares, a obra de Rowling não deixou de suscitar elogios, críticas e debates contraditórios. São romances reacionários ou progressistas? São verdadeiras obras literárias ou puros produtos de marketing? Em resumo, Harry Potter é um anjo, que fez as crianças se reconciliarem com o prazer de ler, ou... um demônio, que abriu o caminho para a mercantilização da literatura para a juventude? Precisamente, na origem desta obra coletiva, duas pessoas que assumiram publicamente posições, à primeira vista, opostas: Pierre Bruno, para quem os *Harry Potter* são simplesmente sexistas, racistas e elitistas, e Isabelle Smadja, para quem o sucesso do romance se deve à sua qualidade literária, aos valores generosos que o sustentam e à sua inscrição na cultura de massa, por essência popular e não elitista[1]. Portanto, na origem deste ensaio, um desafio: fazer os contrários dialogarem, recusar o conforto do monólogo, surdo a tudo o que possa abalá-lo. A lógica gostaria que fosse uma aposta, como confirmam as *Regras para a direção do espírito*, em que Descartes afirma: "Toda vez que sobre o mesmo tema duas pessoas são de opinião diferente, é certo que pelo menos uma das duas se engana; e até nenhuma delas, parece, possui a verdade: pois se as razões de um fossem certas e evidentes, ele poderia expô-las ao outro de tal maneira que acabaria convencendo-o também."[2]

Aplicado às leituras críticas dos *Harry Potter*, esse julgamento seria sem apelação: como uma mesma obra poderia passar uma mensagem sexista e desejar ardentemente a emancipação feminina? Como poderia a um só tempo ter a ver com uma ideologia conservadora e progressista? Seria, como sustenta ainda Descartes, que "a diversidade de nossas

---

[1] Ver I. Smadja, *Harry Potter, les raisons d'un succès*, Paris, PUF, 2001.

[2] R. Descartes, *Règles pour la direction de l'esprit*, Règle II, in *Œuvres et lettres*, Paris, Gallimard, "La Pléiade", 1970, p. 40.

opiniões não vem do fato de que uns são mais razoáveis que outros, mas apenas porque conduzimos nossos pensamentos por diversas vias e não consideramos as mesmas coisas"[3]? Convencidos da necessidade de confrontar nossos pontos de vista, quisemos avaliar a distância que separa nossas interpretações do texto de Rowling, refletir nas razões que poderiam estar na origem de tais divergências e lembrar a necessidade do distanciamento crítico, para além das afinidades primeiras.

Certos meios de comunicação com certeza se apossaram do fenômeno para entender sua força. Mas sem ceder a uma denúncia convencional e às vezes falsa do discurso da mídia, as condições materiais, o tempo deixado ao desenvolvimento das idéias, incentivam uma segmentação do pensamento, o que favorece (voluntariamente ou não), senão os modelos explicativos mais rudimentares, pelo menos os mais próximos do senso comum. Como no âmbito político, os debates, quando não são impedidos pela censura dos meios de comunicação ou dos interesses comerciais, tendem a exacerbar as diferenças e a ocultar os elementos com os quais podem concordar. Por isso, a redação de um ensaio construído aos poucos, suscetível de deixar às idéias um espaço para que se instalassem e amadurecessem e de permitir que os diálogos se informassem e ganhassem nuanças, pareceu-nos o melhor suporte para exprimir nossas idéias.

Por isso, não quisemos nos limitar apenas ao confronto de nossos dois pontos de vista e quisemos que fosse apresentada uma paleta, a maior possível, das interpretações possíveis da obra. Dessa forma, dois princípios presidiram à composição desta obra.

O primeiro foi o de procurar representar as principais leituras do texto dando ao mesmo tempo um novo equilíbrio, mas sem negá-la, à desigual representação das teorias críticas. Embora deixe aqui se exprimirem abordagens da obra até então pouco difundidas, este livro reflete, moderando-a, a primazia de interpretações psicológicas ou psicanalíticas. De qualquer modo, a leitura psicanalítica dos *Harry*

[3] R. Descartes, *Discours de la méthode*, première partie, *ibid*, p. 126.

Potter encontra um fundamento legítimo quando sabemos o quanto as crianças em dificuldade investiram-se afetivamente nesse romance. Como lembra Benoît Virole no capítulo que ele dedica à emergência desse mito contemporâneo, "o fenômeno foi poderoso o bastante para ser diretamente sentido nas consultas psicológicas em que crianças com problemas de leitura puderam evocar a atração incrível que sentiam pelo jovem bruxo". Da mesma forma, no capítulo que dedica aos contos, Éric Auriacombe, após ter refletido no que legitima a leitura psicanalítica de um herói literário, mostra como o próprio Harry Potter sofre de depressão, angústia, culpa, alucinações. Enfim, explica, "o mundo dos bruxos, que dá todo-poder aos pensamentos, destina o melhor ao funcionamento infantil". Certos conceitos, certas invenções, são uma verdadeira incitação à leitura psicanalítica, como mostra a análise do "Espelho de Ojesed" por Éric Auriacombe. Mas a abordagem psicanalítica, por mais legítima que seja, não dispensa uma leitura social, como a de Pierre Bruno, que reflete no conteúdo ideológico implícito do romance de Rowling. Numa perspectiva de inspiração mais sociológica, também nos interessamos pelos leitores "fãs" e a maneira que têm de investir nesse romance e publicamos uma entrevista com criadores de *sites* na internet.

O segundo critério foi voltar a obra para as questões maiores da teoria literária, a da autora e do leitor, a do sentido da obra (criação individual ou representação coletiva?), a do peso da história e das tradições literárias, a da fronteira entre literatura e para-literatura... Essas questões se impuseram em razão do sucesso popular e de mídia da obra e, como ressalta Isabelle Smadja, culminaram na dispersão das formas tradicionais da crítica em considerações em que se misturam literatura, ideologia e comercialização. Os *Harry Potter* se situam no cruzamento de tradições bem distintas; quisemos estudar suas diferentes filiações. Assim, Johanne Prudhomme mostra sua inscrição na literatura para a juventude, Éric Auriacombe o situa na tradição do conto e Nicole Biagioli na do romance escolar: "A escola, escreve ela, se reconhece em *Harry Potter*, romance que, embora represente os conflitos e as rejeições que atualmente a ameaçam, lhe presta homenagem e a reencanta."

Mas, doravante, a crítica não se interessa mais apenas por esses valores canônicos: ela também se interessa pela questão dos públicos e das mediações, pela migração de um texto de um país (ou de uma língua) a outro, pelos fundamentos econômicos das indústrias culturais... Em "Harry Potter e a arte de massa", Isabelle Smadja mostra a permanência durante todo o século XX da rejeição de uma arte de massa, depreciada, maltratada pela elite intelectual por causa da confusão de que é suspeita de instaurar entre comércio e literatura, divertimento e reflexão. Nathalie Raoul se debruça sobre a questão muito atual da edição e das estratégias de venda postas a serviço da literatura: "Verdadeiro fenômeno editorial, a série abalou alguns princípios bem estabelecidos e forçou os editores a reverem suas práticas." Franck Ernould e Isabelle Smadja, fortalecidos por uma comparação entre o texto original e sua tradução francesa, põem o acento nas implicações culturais que sustentam certas escolhas: por exemplo, interrogam-se, era preciso afrancesar todos os nomes próprios ou simplesmente, como fez Jean-François Ménard, os dos personagens secundários?

Esta obra não trata de todas as abordagens possíveis da obra, ainda que seja por pressões materiais. É por isso que termina por uma bibliografia comentada de referências diversas publicadas até 2007 (resumos de artigos de jornais, ensaios sobre o romance...) realizada por Denise Escarpit, Isabelle Smadja e Pierre Bruno. Nosso objetivo tampouco é extrair um sentido médio, consensual, da obra. Embora todas as contribuições se inscrevam numa vontade de compreender a obra literária em todas essas facetas, certas leituras revelam-se mais contraditórias que complementares. Como mostra a controvérsia em torno do sexismo ou, ao inverso, do feminismo, da obra: sintomático de divergências potenciais, este debate mesmo assim vai ajudar, esperamos, a compreender o fundamento comum de interpretações antagonistas de um mesmo texto e a criar uma cultura crítica comum. Aliás, o interesse dessa cultura crítica reside menos nos ganhos da teoria literária que naquilo que eles permitem: o domínio das lógicas do debate literário, depois, de modo mais amplo, do debate social e da reflexão crítica.

HARRY POTTER E A NECESSIDADE DE UMA ABORDAGEM PLURAL

Isabelle Smadja

Como explicar que o sucesso do romance de Rowling não zombe apenas dos obstáculos culturais, mas ainda das fronteiras que, comumente, distinguem obras para crianças e para adultos, ou ainda das barreiras que separam a cultura de uma elite intelectual da cultura popular? A diversidade dos públicos alcançados pelos *Harry Potter* acentuou um movimento de dispersão das formas tradicionais da crítica literária, elas mesmas forçadas a se diversificarem para dar razão ao fenômeno. Daí iniciativas plurais que, cada uma à sua maneira, conduziram a buscar as razões do sucesso na própria obra, embora reconhecessem que as razões de uns não são necessariamente as razões de outros e que não se deve desprezar nenhum tipo de leitura ou de explicação. Às pesquisas formais sobre o estilo e a estrutura do relato foram acrescentadas reflexões sobre o imaginário que o romance põe em cena, as relações sociais que ele estabelece entre os personagens, e sobre o benefício psíquico que os leitores disso podem tirar. Mas a esses temas doravante clássicos de crítica literária somaram-se análises de inspiração mais sociológica, que estendem a atração do romance à ideologia que dele emana, ou ainda a seu modo de inscrição na realidade social, ao contexto cultural no qual a edição do romance se inscreveu, até mesmo à especificidade do marketing de que a obra desfrutou. Em suma, tudo o que, de perto ou de longe, se relacionou com esse romance foi matéria para reflexão:

deve-se deplorar a fragmentação das formas tradicionais da crítica em considerações que misturam literatura, ideologia e comercialização, ou, ao contrário, deve-se ficar feliz com uma abordagem plural e, por aí mesmo, mais global de um fenômeno que é conjuntamente literário e de massa?

Da multidão de discursos sobre os *Harry Potter* reteremos a abertura da análise crítica a outros horizontes que apenas o campo literário. A pluralidade das abordagens dá então vertigem: assiste-se a um florilégio de estudos extremamente diversos, que vão dos estudos psicanalíticos ou socioculturais clássicos a análises mais marginais, como a de Roger Hieghfield que, em *Harry Potter e a ciência*, procura mostrar que todos os fenômenos mágicos presentes nos *Harry Potter*, desde a capa da invisibilidade até a teleportação, podem ser explicados cientificamente. Alguns voltam-se igualmente para a oferta da própria leitura: o que, no modo de aparecer da obra, pôde agradar a esse ponto? A inscrição do romance na literatura de juventude (na França, a obra foi publicada numa coleção destinada às crianças de 12-13 anos) terá sido determinante nesse sucesso? Pode-se pensar... O mesmo romance, editado desde sua primeira publicação numa coleção para adultos, talvez não tivesse tido o mesmo efeito sobre os adultos leitores. Vale dizer que uma parte do sucesso provém da concordância entre as aspirações do momento e a forma particular de que se revestiu a edição do romance: um romance para a juventude que mostrou conter um número suficiente de referências culturais para agradar aos adultos. Talvez seja ainda necessário ligar o sucesso da obra à atração pela literatura de juventude e/ou de *fantasy*, ou por uma forma nova de interatividade que passa por "grupos de discussão" e *sites* de fãs, e que encontra nos *Harry Potter* uma matéria densa e fecunda, propícia à discussão e à criação gráfica.

Assim, vivido como um desafio lançado à interpretação, o sucesso dos *Harry Potter* levou a refletir naquilo que, no conteúdo do romance, podia ser original o bastante para justificar que fosse esse romance – e não outro – que tivesse sido escolhido pelos leitores. As razões evocadas são aí tão numerosas que penamos em fazer uma lista exaustiva, ainda mais que a análise de uma obra de sucesso pode querer ter vários objetivos. Reteremos três, essenciais. O primeiro objetivo, com certeza o mais popular, pois o mais espontâneo, é compreender os desejos satisfeitos pelo conteúdo do romance de Rowling. O prazer experimentado na leitura pode então ter duas causas concomitantes: o prazer de ver realizar, unicamente em sonho ou em representação, um certo número de desejos e o prazer de ver realizar, nos fatos, e não mais apenas na representação, um certo tipo de relações humanas. Logo, o objetivo é analisar um pensamento que, inconscientemente, vai ter influência em nossos sonhos futuros, em nossos ideais e, portanto, com certeza, igualmente em nossas ações; um pensamento que vai estruturar em parte o imaginário contemporâneo, e, em conseqüência, ter influência, até menor, no real. Dar através da crítica literária os meios de conhecer a ideologia subjacente a esse romance é dar-se os meios de ser mais livre diante dessa ideologia e de conhecer melhor o que influi sobre nós, a fim – é preciso ter esperança – de melhor dominá-lo.

Um segundo objetivo, concentrando-se em torno de um estudo sociológico da recepção da obra, tenta compreender os desejos satisfeitos pelo modo de surgimento do romance na realidade social. Pois é bem igualmente o modo de aparecimento desse romance que foi plebiscitado: que forma de relações em torno dos livros ou pelos livros pôde agradar a esse ponto? Por exemplo, muitos jornalistas insistiram no paralelismo entre o "conto de fadas" vivido pela autora e o conto de fadas vivido por seu jovem herói, chegando às vezes até a remodelar um pouco o romance da vida da Sra. Rowling para que ficasse mais de acordo com o romance de *Harry Potter*. Não se pode ver nesse paralelismo uma razão de sucesso: que o mundo real aos poucos encontre o mundo dos livros até fundir-se nele? Enfim, um terceiro objetivo consiste em buscar na análise formal ou estrutural do romance o que pôde encantar adultos e crianças ao ponto de incitá-los, após a leitura, a uma releitura, com freqüência muito ativa, em que buscam indícios, alusões, símbolos, que não teriam percebido na primeiríssima vez.

Propomos, no que se segue, dar uma visão pessoal dessas diferentes abordagens possíveis, ainda que deixando a outros o cuidado de demonstrar que leituras diferentes, ainda que baseadas numa ou noutra dessas três abordagens, são possíveis.

A LEITURA DOS *HARRY POTTER*, UMA DESFORRA SOBRE O NADA

Pouco depois de sua chegada à escola de bruxaria, Harry descobre um misterioso espelho onde se reflete, não sua imagem, mas a de seus pais. Fascinado por esse reflexo, ele retorna em segredo para contemplá-lo todas as noites até que Dumbledore lhe explique o segredo e o previna do perigo que ele guarda. "Oãça rocu esme ojesed osamo tso rueso ortso moãn", a inscrição enigmática gravada no alto do espelho tem de ser lida... num espelho: "Não mostro o seu rosto mas o desejo em seu coração." E agora, pergunta Dumbledore, você entende o que nos mostra o Espelho de Ojesed? [...] Ele nos mostra o que queremos ver." Janela aberta sobre seu desejo, a cena percebida no espelho terá enfeitiçado o jovem rapaz ao ponto que ele a prefere à vida real. O "Espelho de Ojesed", invenção talentosa de Rowling, encarna uma idéia: a realidade de um indivíduo não deve ser buscada apenas em sua aparência física mas também em seu imaginário, nas ficções que ele constrói para satisfazer seus desejos mais secretos. Assim fazendo, esse objeto fabuloso não vale como metáfora do próprio livro? O romance de Rowling, que continua a fascinar tanto por seu conteúdo quanto pelo tamanho de seu sucesso, talvez nos revele, sob a ficção, alguns dos desejos de nossa época. Mas que desejos satisfeitos, que sonhos consumados, puderam ser poderosos o bastante para justificar o tamanho do sucesso?

Primeiramente, o prazer da leitura provém do equilíbrio entre o afastamento e a proximidade, do balanço constante entre a mudança de lugar e o cotidiano. Mudança que abre para outro lugar propício ao devaneio, através desses bruxos capazes de se transformarem em gatos ou em lobisomens, de voar, de desaparatar ou de surgir numa chaminé... depois, volta ao cotidiano que permite contemplar, como num espelho, uma imagem sublimada de si naquela desse jovem rapaz, infeliz, por certo, mas corajoso e sincero. Rowling conseguiu assim conciliar um romance de aventuras de ritmo muito rápido, que realmente mantém seu leitor em suspense e o leva para um universo exótico e maravilhoso, e um romance de aprendizado, em que a psicologia do adolescente está de acordo com o que muitos sentem no cotidiano. Ela encontra então o tom justo para falar da revolta interior contra professores injustos, da amizade entre Rony e Hermione, da dificuldade de deixar a infância, sem que por isso tenhamos a impressão de uma simples repetição ou de reprodução do real.

A psicologia dos jovens heróis favorece igualmente o equilíbrio entre distância e proximidade: de um lado, os personagens são suficientemente caricaturados para que ali se reconheçam tipos bem especificados, o que incentiva a determinação deles enquanto simples heróis de romance e o distanciamento daquilo que se lê. Assim, Hermione é o tipo mesmo da aluna estudiosa, sempre pronta para responder tão logo um professor faz uma pergunta. E, da mesma forma, os comportamentos de Crabbe e Goyle, os dois acólitos do jovem Draco Malfoy, agressivos, racistas e estúpidos, são calcados no comportamento de jovens neonazistas. Mas, por outro lado, os personagens são providos de uma densidade psicológica que os torna muito mais próximos de pessoas reais: sobre certos pontos, Hermione, Harry ou Rony se conduzem como muitos jovens da idade. Bem mais, embora sejam, na primeira vez que aparecem no romance, personagens extremamente estereotipados, a personalidade deles aos poucos se afina, ganha outras nuanças, mais complexas, e contribui para introduzir sub-repticiamente a ficção no real. Em suma, o que torna esses personagens tão atraentes – e eles são atraentes, apesar dos detratores – é uma dosagem muito sutil entre as qualidades e os defeitos e, paralelamente, entre a fraqueza ou fragilidade literária e a força de convicção que emana da determinação e que vale como atestado de vida ou vitalidade. É ainda por estarem próximos dos adolescentes embora sejam um pouco edulcorados ou melhorados.

Enfim e sobretudo, sem serem profundamente diferentes dos leitores, vivem num meio extremamente sedutor, por uma razão essencial: em nenhum momento têm uma existência vazia. A leitura dos *Harry Potter* pode então ser vivida como uma desforra sobre o nada. Com efeito, a identificação com esses personagens sempre ativos e seguros da legitimidade de seu combate nos dá uma plenitude de ser, ali onde, ao contrário, na realidade, temos antes o sentimento do absurdo da vida. Aliás, a construção da obra é bem judiciosa para que, no início do romance, sejamos precisamente confrontados com a própria imagem dessa vacuidade. Harry é, de início, um ser que experimenta intensamente a insuficiência de seu estatuto: ignora tudo sobre os pais, os Dursley lhe recusam até o direito de aparecer, forçando-o, por exemplo, a ficar no quarto quando convidados estão presentes. Assim, ele nem sequer tem direito a uma identidade precisa: "Os Dursley costumavam falar de Harry fazendo como se ele não fosse – ou melhor, como se fosse um ser nojento, uma espécie de molusco incapaz de entender o que eles diziam." Ele não tem objetivo algum a não ser a esperança de não estar mais na mesma escola que o primo Duda. E não tem amigos que possam consolá-lo ou apoiá-lo tanto que os dias passam sem qualquer atividade que possa satisfazê-lo. Em suma, quando inicia sua existência literária, o jovem herói está confrontado com o nada. Ao vir buscar Harry no dia de seus 11 anos, Hagrid resume em poucas palavras sua vida antes que ele fique sabendo que é bruxo: "Vocês vão querer me dizer – rosnou Hagrid para os Dursley – que este menino, este menino!, não sabe nada, de NADA?[1]" Ao vazio sucede então rapidamente uma forma de plenitude, ainda mais tranqüilizadora uma vez que o nada de existência no qual o mantinham os Dursley era angustiante.

A metamorfose do garoto, que, de nada, se torna tudo, conjuga-se em três tempos. Primeiro, o estatuto social e a identidade que faltavam cruelmente a Harry lhe são repentinamente concedidos para além de suas esperanças: ele que era a pessoa menos reconhecida do mundo trouxa torna-se a pessoa mais conhecida do mundo dos bruxos. Harry arranja até amigos e descobre estar cercado de

[1] J. K. Rowling, *Harry Potter e a Pedra Filosofal*, p. 48, trad. Lia Wyler, Ed. Rocco, Rio de Janeiro, 2000.

pessoas que dariam a vida para protegê-lo, enquanto que, antes, era constantemente maltratado e odiado. Em seguida, vai à desforra sobre o tédio que o roía no dia-a-dia na casa dos Dursley: uma vez iniciadas, as aventuras se sucedem com tal rapidez que os jovens heróis, constantemente solicitados, não têm tempo de descansar. É até freqüente que várias intrigas se justaponham, forçando as crianças a se implicarem em várias ações ao mesmo tempo. E embora Harry se queixe regularmente da inação que os Dursley lhe impõem quando volta para a casa deles, as interrogações suscitadas pelos novos acontecimentos preenchem amplamente os momentos de inatividade. Enfim, a existência de Harry Potter e seus amigos é amplamente legitimada pelo combate que eles travam contra o mal. Bem mais, toda a comunidade de bruxos espera do "sobrevivente" que ele a livre definitivamente do ditador e seus crimes.

Assim, entendemos a satisfação experimentada pela identificação com o pequeno órfão: todas as dúvidas sobre nós mesmos desaparecem como que por encanto quando nos projetamos, no tempo de uma leitura, na cabeça do herói ou de seus amigos. Enquanto o mundo moderno às vezes nos força a temer a solidão, a vida em Hogwarts reforça as relações sociais, criando amizades sólidas e permitindo escapar à angústia do vazio engendrada pela solidão. Enquanto nós mesmos às vezes penamos em dar um sentido indiscutível às nossas vidas, o contexto moral da luta contra Voldemort permite transcender tais interrogações. Enfim, o maniqueísmo que preside à criação dessa figura maléfica permite que escapemos por um tempo às dúvidas que nos assaltam quando pensamos nas implicações políticas do mundo contemporâneo e nas soluções propostas por nossos governantes. Tanto podemos duvidar da pertinência das lutas políticas atuais, tanto nenhuma dúvida subsiste quando a pessoa a ser combatida é Voldemort. Assim, o romance satisfaz um ideal sempre presente em cada um de nós mas que culmina na adolescência: uma vida cheia de efervescência e imprevistos, cercada de amigos sinceros, que tira sua legitimidade do combate moral que ela engaja.

Temas que entram em ressonância com o espírito de uma época

Numa segunda abordagem, interroguemo-nos sobre a inscrição do romance na edição e, no caso em questão, sobre uma dessas especificidades: por que um livro concebido para a juventude foi tão apreciado pelos adultos? É que vários temas do romance, embora se integrem ao universo fictício criado por Rowling, entram em ressonância com o espírito de nossa época. A psicologia dos personagens notadamente está em acordo com algumas das idéias contemporâneas sobre a construção da infância. Por isso, os personagens agradam às crianças porque correspondem à imagem que elas gostariam de dar de si aos pais. E agradam aos adultos por refletirem ou a criança ideal ou a criança tal como eles pensam que ela será construída por sua educação. Por exemplo, o personagem de Harry é construído sobre o modelo do órfão resiliente: embora passe por duras provações, ele consegue apesar de tudo superar os obstáculos. A mensagem que isso passa tranqüiliza muito os adultos que por vezes duvidam da educação que dão: ao lerem o romance, podem tranqüilizar-se pensando que, de qualquer modo, a criança tem capacidade de "dar a volta por cima" e até de se servir dos obstáculos que encontra para ficar mais resistente. E inversamente, Duda, o primo horrível, é apresentado como uma vítima de sua educação calamitosa, que ela mesmo se explica pelo drama que rói secretamente a família Dursley. Pois é possível pensar que Duda é entupido de comida essencialmente porque Harry é deixado com fome; só é enchido de presentes porque Harry não tem nenhum; tem dois quartos porque Harry não tem nenhum e dorme debaixo de um armário; enfim, seus pais transbordam de amor por ele porque detestam Harry. Em suma, Duda, a despeito de todos os seus defeitos, é uma vítima: esse garoto, tornado obeso e estúpido com tantos mimos, é fruto da culpa de seus pais, que, como que para se recuperarem dos sofrimentos que impõem a Harry e provarem a si mesmos que são excelentes pais, precisam supervalorizar Duda. Aí ainda, a percepção que Rowling nos dá da educação é conforme à ideologia contemporânea que, em grande parte, torna os pais responsáveis pelos defeitos dos filhos, e que por outro lado descobre nos segredos de família uma das causas dos comportamentos patológicos dos pais diante dos filhos.

Um outro elemento do romance mostra estar em harmonia com as idéias contemporâneas: a criança, a despeito de alguns interditos específicos à sua jovem idade, vê-se dotada de competências e responsabilidades similares àquelas dos adultos, até mesmo, em certos casos, mais importantes. Harry é considerado desde seu décimo-primeiro ano como o único capaz de evitar à comunidade bruxa a terrível ditadura de Voldemort. É praticamente o único, com Dumbledore, o diretor do colégio, a não ser tributário do temor supersticioso que impede os bruxos de citar o nome de Voldemort. Logo, há nesse garoto qualidades que o elevam ao nível de um adulto, ainda que, por outro lado, sua intrepidez, e alguma de suas trapalhadas, claramente o coloquem na infância. Aliás, é notável que dois dos romances de *fantasy* mais fecundos destes dez últimos anos – no caso, os *Harry Potter* e a trilogia de Philip Pullman *Mundos paralelos* –, ambos aprovados por adultos, construam um universo onde os adultos baixaram os braços diante das múltiplas ameaças que obscurecem o futuro e recorrem a crianças para protegê-los. Cabe à pequena Lyra, em *Mundos paralelos,* e a Harry, ambos com 11 ou 12 anos no início de suas aventuras, serem os salvadores deste mundo em perigo e, literalmente, saírem em guerra contra as forças do mal. Ora, pode-se estabelecer um paralelo entre o estatuto da criança nesses dois romances e o lugar dela em nossa sociedade: nunca as crianças dos ocidentais terão sido objeto de tantas atenções e discursos. E nunca, na literatura que lhes é destinada, terão sido consideradas com tanta clareza, do alto de seus 10 ou 11 anos, como salvadores. Assim, tudo se passa como se a representação da criança na literatura estivesse ligada à evolução da condição social da criança, como se refletisse o lugar da criança na sociedade contemporânea. Aqui, a literatura antecipa ligeiramente sobre essa condição social, embora contribua para a elaboração de uma certa idéia da infância. *Harry Potter e a Pedra filosofal** ressalta essa valorização extrema da criança contemporânea. Após ter sido apresentado nos primeiros capítulos como uma criança comum, sem outra particularidade que ser maltratado quando os outros recebem muitos presentes, Harry vê-se brutalmente investido de um estatuto excepcional. Como prova, este episódio em que Harry aparece pela primeira vez no *Caldeirão Furado*, um bar freqüentado por bruxos:

> – Meu Deus – exclamou Tom [o *barman*], fitando Harry. – É... será possível?
> O Caldeirão Furado repentinamente parou e fez-se um silêncio total.
> – Valha-me Deus – murmurou o velho Tom. – Harry Potter... que honra.
> E saiu correndo de trás do balcão, precipitou-se para Harry e agarrou suas mãos, as lágrimas nos olhos.
> – Seja bem-vindo, Sr. Potter, seja bem-vindo.
> Harry não sabia o que dizer. Todos tinham os olhos nele. [...]
> – Sempre quis apertar sua mão. Estou nas nuvens.
> – Encantado, Sr. Potter, nem sei lhe dizer o quanto, Diggle é o meu nome, Dédalo Diggle.[2]

Até então ignorado, Harry Potter torna-se bruscamente uma criança tão miraculosa que os adultos não sabem mais o que fazer para lhe testemunhar todo o reconhecimento. Assim, a obra nos proporia ler, condensada em alguns capítulos, a história da infância no Ocidente. Uma história da infância que, da criança desprezada, da criança que queriam adestrar ("aceito que você seja meio estranho, provavelmente nada que uma boa surra não pudesse ter curado"[3], o previne o tio,

* O título em francês foi *Harry Potter à l'école des sorciers* [Harry Potter na escola dos bruxos]. Nas citações, vamos, sempre que possível, usar as traduções brasileiras feitas por Lia Wyler para a Editora Rocco. (N. T.)

[2] J. K. Rowling, *Harry Potter e a Pedra Filosofal*, trad. Lia Wyler, Editora Rocco Ltda. – Rio de Janeiro, 2000, p. 63/64.

[3] *Ibid.*, p. 53.

Vernon Dursley), nos fez passar à criança que queriam valorizada ao extremo, e para a qual se voltam todos os olhares.

É igualmente notável que, nos dois romances, o estatuto privilegiado da criança não se declare apenas no conteúdo da obra mas também em sua recepção pelos adultos. Ao romper os diques que separam a literatura adolescente e a literatura adulta, e por extensão a adolescência e a idade adulta, o livro de Rowling deve ter caído no momento oportuno para satisfazer uma demanda de fusão – ou de confusão – muito atual entre os universos da juventude e da idade adulta. Da mesma forma, o olhar lançado sobre a escola é ambivalente o bastante para poder adaptar-se ao espírito de nossa época. Com efeito, o colégio dos bruxos onde Harry estuda é, com toda evidência, calcado em nossos colégios europeus e, fato não desprezível, é o lugar privilegiado das aventuras do jovem rapaz. Os dias ali são ritmados por cursos (história, botânica...); os alunos se queixam de alguns dos professores e respeitam outros ao ponto de fazerem deles confidentes até mesmo gurus; têm deveres para entregar, fazem provas de fim de ano... Mas qual é o impacto real do ensino que recebem? Olhando bem de perto, a escola só tem uma função secundária na educação das crianças. As lições que Harry tira de sua presença no colégio costumam ter apenas uma relação indireta com o ensino escolar, ou porque, excepcionalmente, um professor o tenha convocado para passar-lhe um sermão ou para aconselhá-lo, ou porque acontecimentos extraordinários no colégio incitam meninos e meninas a serem perspicazes, corajosos e solidários uns com os outros. O fascínio pelos *Harry Potter* viria em parte desse desequilíbrio entre o ensino escolar e uma educação pelo perigo, supervisada por um professor mais psicólogo que pedagogo? E é preciso ver nisso o sinal ou o sintoma de uma desconfiança crescente para com as possibilidades de integração e "êxito" pelos estudos? A resposta, mais complexa, se adapta bem às hesitações contemporâneas: se Harry e Rony aprenderam pouco da escola, Hermione deve seu sucesso a seu lado estudioso e seus conhecimentos escolares. Enfim, escola e colégio continuam sendo os lugares privilegiados da socialização, ao ponto que podemos nos espantar, em nossa época que se diz mais que nunca individualista, de ver o estatuto privilegiado dado à vida num internato.

O sucesso se nutre assim não só da aptidão para agradar às crianças, aos adolescentes e aos adultos, mas igualmente da revelação dessa convergência entre adultos, crianças e adolescentes em torno de um mesmo livro. Convergência que em parte poderia ser explicada pelo pudor que preside à escrita: ainda que os personagens estejam apaixonados, a romancista recusa por enquanto qualquer evocação sexual ou erótica, a não ser que a esconda sob uma forma simbólica. Por exemplo, no tomo VI, a descrição do "juramento inquebrável" que liga Snape e Narcisa Malfoy repousa sobre toda uma simbólica sexual, mas sob uma forma suficientemente velada para que possamos desprezá-la, quando a atenção está captada pela intriga principal:

> Snape debruçou-se sobre Narcisa, tomou-a nos braços, ajudou-a a se levantar e sentar-se no sofá. [...] Ela se ajoelhou aos pés de Snape, pegou suas mãos e as beijou. "Severo, você chegaria a fazer o Juramento Inquebrável?" [...] O olhar negro de Snape pousara-se fixamente nos olhos azuis e banhados de lágrimas de Narcisa. [...]) "Sim, Narcisa, farei o Juramento Inquebrável." Ele se ajoelhou diante de Narcisa e os dois juntaram as mãos. [...] Você aceita, Severo, cuidar de meu filho quando ele tentar realizar os desejos de Lord Voldemort?
> – Sim – respondeu Snape."
> Uma língua fina de fogo brotou da varinha e enrolou-se em volta das mãos deles feito um arame em brasa.
> " – E você aceita fazer tudo o que estiver em seu poder para protegê-lo?"
> Uma segunda língua de fogo jorrou da varinha e se entrelaçou com a primeira, formando uma fina corrente brilhante.
> " – E se for necessário... se Draco por acaso fracassar – murmurou Narcisa (a mão de Snape tremeu na dela, mas ele não a retirou), você aceita terminar você mesmo essa tarefa?" Brotou uma terceira língua de fogo, que se enroscou em volta das duas outras, antes de apertar bem

forte feito uma corda em volta das mãos juntas dos dois, como uma serpente de fogo.[4].

Notemos que, nesse momento preciso do romance, o suspense está no auge: Snape, personagem central, que sempre teve a confiança de Dumbledore, revelou-se, algumas páginas antes, ser um agente duplo. Pior: o leitor acaba de saber pela boca do próprio Snape que, há seis anos, ele abusou dessa confiança para passar informações a Voldemort. Ao ficar sabendo que Snape responde favoravelmente à suplica de Narcisa, o leitor está aparentemente seguro da traição de Snape. A cena do juramento inquebrável é, portanto, de importância capital para a continuação das aventuras já que confirmaria a perfídia e duplicidade de Snape. Compreende-se, então, que o leitor, surpreso, esteja tão absorvido pelo desfecho do episódio que ele não vê nada de mais nesse "Juramento inquebrável" a não ser um sortilégio inédito, tal como Rowling nos acostumou a descobri-los. Entretanto, isolado de seu contexto, esse juramento ganha uma dupla conotação, sexual e religiosa. Assim, a imagem condensa o voto pelo qual marido e mulher se juram fidelidade e, através da descrição das línguas de fogo que se unem, a projeção de uma primeira noite de amor. Por isso, a decisão de Snape perde seu caráter de evidência, torna-se mais enigmática: apaixonado de longa data pela mãe de Draco, Snape não foi incapaz de resistir às lágrimas daquela que ele ama secretamente? Não agiu impulsivamente sob o efeito de sua louca paixão? A dúvida então ganha terreno: afinal, é inverossímil pensar que Snape só acedeu ao pedido de Narcisa para melhor enganar Voldemort? Talvez esteja agindo por ordem de Dumbledore? Aliás, por que a autora várias vezes faz questão de precisar que Snape evita o olhar de Narcisa Malfoy? Poderíamos multiplicar os exemplos: o leitor é freqüentemente convidado a fazer uma investigação policial em que, contanto que releia atentamente a passagem, vê multiplicarem-se as interrogações e abriremse novas pistas.

[4] J. K. Rowling, *Harry Potter et le prince de Sang-Mêlé*, p. 46-47 (N. T.: Traduzido da edição francesa).

Uma arte do suspense e uma escrita tentacular

Este trecho nos ajuda a entender os meios empregados pela escritora para captar a atenção e nos introduz em outra abordagem possível do texto literário que se concentra na estrutura do romance e na forma que este toma. Com efeito, Rowling ali emprega o que se poderia qualificar de forma literária de uma mensagem subliminar. Como escolheu deixar adormecida a sexualidade dos personagens, ou só evocá-la de modo bem pudico, ela não faz a menor evocação explícita de uma união sexual. E no entanto, essas poucas páginas concentram uma seqüência de indicações veladas sobre uma união sexual virtual entre Snape e Narcisa, do entrelaçamento daquela língua de fogo que os une à afirmação de uma "serpente de fogo", ou de uma ligação mágica indestrutível provocada pelo amor ou a tentação. Subliminares, essas sugestões não são percebidas conscientemente mas orientam inconscientemente a leitura, e influem, sem dúvida alguma, no prazer da leitura. De modo mais geral, Rowling esmera-se em embaralhar as pistas ao ponto que, quando pensamos ter descoberto uma, percebemos que várias outras são possíveis, que vão em direções opostas. Embora mostre o rigor da autora para com o universo que ela construiu, a grande quantidade de detalhes, a abundância das referências, a riqueza da imaginação constroem uma escrita em tentáculos, em que o corpo do texto se desdobra em várias direções, mas no entanto não perde sua unidade.

Essas direções plurais explicam a multiplicação das releituras do texto: uma vez esgotada a pista do romance de aventuras de ritmo intenso, resta ao leitor deleitar-se com o conto de fadas, com o romance psicológico ou o romance de aprendizado. Ainda mais que, longe de confinar-se ao universo da bruxaria, a obra é nutrida de referências à mitologia grega (Fluffy, o cão de três cabeças que proíbe o acesso à pedra filosofal, em referência a Cérbero, a "estupefixão" que lembra o poder da Medusa, a Górgona...), às lendas celtas (com seus trolls e gnomos), aos contos (a cabana à beira de uma floresta cheia de seres estranhos, o jogo de xadrez vivo em referência ao jogo de cartas de Alice...), à Bíblia (a Serpente, God/Godric [Gryffondor] Grifinória oposto à serpente/ Sonserina*), à história da humanidade (alusão levemente velada ao nazismo através de Voldemort, herdeiro de Salazar Sonserina, de iniciais SS), à atualidade mais contemporânea (atos terroristas, em acordo com a atualidade, são por exemplo inseridos nos últimos volumes)[5], às obras da literatura e aos conceitos-chave da psicanálise. Até o mito de Fausto é utilizado, quando os alunos punidos pela maléfica professora Umbridge vêem o próprio sangue virar tinta sob o efeito de uma pena enfeitiçada. E o que dizer da invenção dos dementadores, seres ruins que abraçam as vítimas para lhes roubar a alma, senão que vai se inspirar na origem dos grandes mitos da humanidade, ao mesmo tempo que retém de passagem algo dos Cavaleiros negros do *Senhor dos anéis* ou dos Espectros devoradores de alma do livro de Philip Pullman, *Mundos paralelos*. O convite à leitura psicanalítica por outro lado é permanente, até nos nomes dos lugares: se a "floresta proibida" convoca nossa memória dos contos de fadas e seus relatos de perdas e cabanas ameaçadoras, ela é suscetível de uma leitura psicanalítica, a floresta remetendo a uma sexualidade feminina, suscitando a curiosidade mas ainda proibida. A queda ao longo de um corredor sombrio não é apenas uma referência a Alice mas prossegue por uma espécie de encenação do Édipo: diante de uma mãe desolada, um pai condena o próprio filho por traição e o envia a uma morte quase certa. Da mesma forma, a "Câmara secreta", que põe frente a frente Harry e Voldemort, o assassino de sua mãe, evoca, até de maneira velada, o que Freud chama a cena primária pela qual a criança assiste acidentalmente às relações sexuais entre os pais e que interpreta como uma agressão da mãe pelo pai. Quanto aos sonhos recorrentes de uma serpente que desliza num labirinto até o escuro "Departamento dos mistérios", mordendo de passagem o pai do melhor amigo de Harry, eles também assumem, no que poderíamos chamar uma subleitura

---

* Em francês *serpentard* (N. T.).

[5] Ver "Les spectres du thatcherisme" [Os espectros do thatcherismo], em que K. E. Westman estabelece relações diretas entre episódios de uma atualidade imediata e os acontecimentos dos diferentes tomos (in *The Ivory Tower and Harry Potter*, p. 305-321).

inconsciente, conotações sexuais... Em suma, outros tantos temas que abrem ao inconsciente dos desejos.

Logo, Rowling lança mão de todos os meios, tanto que sua imaginação por enquanto não falha. "Pó de Flu" que permite transportar-se de uma lareira a outra; "Espelho de Ojesed", que reflete não o rosto e sim o desejo mais profundo, como para nos lembrar que nos definimos por nossos desejos bem mais que por nossa aparência física; "Testrálios", animais fantásticos que só as pessoas que já foram confrontadas com a morte podem ver. São, além do mais, descobertas a um só tempo cheias de imagens, sugestivas e inteligentes: assim, durante a copa do mundo de quadribol, todos os que apostaram num time são pagos em "ouro dos leprechauns", um ouro que tem a particularidade mágica de volatilizar-se no dia seguinte ao dia em que se ganhou: a idéia de que o dinheiro obtido por jogadores desaparece quase tão rápido quanto é ganho, mostra a preocupação da autora em dar sentido às suas invenções... Essa imaginação fértil, abundante em criações inéditas, nem por isso foi um obstáculo a uma construção coerente e rigorosa, a uma grande precisão dos detalhes e a um estilo bem cuidado.

Como observa Nicole Piégay-Gros, a intertextualidade é vetor de prazer: "É precisamente porque o intertexto pode não ser percebido que ele suscita, quando é identificado e compreendido, um prazer certo: aquele que nasce da piscadela de olho entendida, do humor partilhado; prazer igualmente de uma compreensão em meias palavras, de uma troca com a memória, o saber, a leitura de um autor; prazer, enfim, de reencontrar, perdido na memória, o rastro de um texto cuja percepção é mudada por sua inclusão num outro texto."[6] E a multiplicidade das referências não proíbe a coerência: cada elemento conflui num conjunto bem planificado, e a preocupação com o detalhe torna o romance mais autêntico, o que talvez explique porque os adultos têm prazer em lê-lo. Ao tomar emprestado seus temas e seus personagens a universos tão variados quanto os contos e lendas, a mitologia, a Bíblia ou a história

[6] N. Piégay-Gros, *Introduction à l'intertextualité*, Paris, Lettres Sup, 2003.

do mundo, Rowling vê a cultura como uma imensa mistura de todos os elementos disponíveis. Ela integra assim as contribuições das novas tecnologias, cuja atração junto aos jovens é conhecida. Essa mistura de culturas corresponde bem às possibilidades oferecidas pela internet onde se assiste a uma abertura para todas as culturas sem fronteiras nem separações. A aptidão da autora para digerir num conjunto coerente elementos oriundos de culturas diferentes é, além disso, extremamente tranqüilizadora: enquanto podemos ter o sentimento de perder nossas referências diante da extensão brutal e em aparência ilimitada oferecida pela Internet, o romance de Rowling nos apresenta um exemplo de abertura bem sucedida que, longe de explodir em conhecimentos esparsos, recolhe numa forma harmoniosa elementos variados. Bem mais, através de invenções como o Mapa do Maroto, a capa da invisibilidade, esse romance fala à geração dos *screenagers*, fornecendo-lhes metáforas, que funcionam como verdadeiras ferramentas da imaginação para integrar, modelar ou traduzir no imaginário a experiência desse novo espaço que é o espaço virtual. Assim acontece com a "teleportação" ou o "desaparatamento", duas invenções que permitem transportar-se de um lugar a outro por simples contato com um objeto cotidiano; assim, ainda com a capa da invisibilidade, que permite estar presente em/sobre um lugar sem ser visto nem conhecido, ou o Mapa do Maroto, que permite saber, uma vez perfurado ou decifrado o código de entrada da carta, quem se encontra em/sobre tal ou tal lugar e quem dele se ausentou. Esses diferentes conceitos dão chaves que permitem investir de imaginário uma experiência real que, até então, disso estava desprovida: a experiência nova do ciberespaço, em que uma forma inédita de teleportação permite que nos livremos das barreiras do espaço real. Para criar esse imaginário moderno, que, com cara de quem não quer nada, fala do universo das novas tecnologias, era preciso um real talento, ao qual o sucesso desse romance presta homenagem.

Mas a escrita tentacular de Rowling não se resume à concordância entre imaginário e novas tecnologias. Todo o talento de Rowling então se revela: como o relato não foi acabado e suscitando uma série de interrogações relativas à continuação, Rowling soube criar um elã em seus leitores que, de posse de alguns indícios (o título do próximo livro, o anúncio de uma morte, o sorriso enigmático de um personagem ou o olhar inquieto de outro...), participam da criação ao imaginarem a própria continuação. Dos indícios, a cada novo tomo, ela deixa tantas pistas abertas que nos surpreendemos imaginando toda uma série de hipóteses mais ou menos malucas. O sexto tomo não fugiu à regra: Snape é realmente diabólico? A cicatriz de Harry seria uma "horcrux" (uma das sete almas de Voldemort)? Dumbledore de fato morreu? Ou, ainda, Snape salvou Harry matando Dumbledore? Talvez seja aí que se deva buscar sua verdadeira originalidade: no dinamismo que ela soube insuflar em seus jovens leitores, e que coincidiu com a emergência da internet e a criação de grupos de discussão onde trocar novas pistas para a seqüência do relato. Ao navegarmos nos *sites* dedicados ao universo de Hogwarts, ficamos surpresos com a energia criadora que esses romances engendraram em seus fãs: espantosos pelo número e a qualidade, esses *sites* costumam ter uma bela estética, são cheios de humor e fineza e contêm análises judiciosas. Muitos fãs não pararam na leitura das obras, mas conceberam em torno dos *Harry Potter* um verdadeiro trabalho artístico e intelectual. Portanto, é a uma leitura-ação que a autora nos convida, uma leitura ativa que não pára na imaginação sonhadora de que nos falava Bachelard, mas que incita a prosseguir o trabalho do autor; é igualmente uma leitura popular, em que o estilo, simples sem ser vulgar e rigoroso sem ser empolado, é bem acessível para ser imitado e para que os próprios leitores entrem no jogo da criação.

Se uma das chaves do sucesso é o fato de o romance não acabar, é ainda porque os leitores vêem nisso uma representação do futuro: da mesma forma que ignoramos o que nos espera na vida, ignoramos aquilo que, depois, espera Harry Potter. A preocupação com o destino do herói quase chega a fazer a ficção entrar no real, ainda mais que as interrogações suscitadas pelo romance (o aumento da intolerância racial, a possibilidade de uma aliança entre os oprimidos – os gigantes, os elfos domésticos... – e o inquietante Voldemort) estão de acordo com uma atualidade em que as guerras ameaçam. Mas, ao mesmo tempo, a leitura de *Harry Potter* tranqüiliza mais que inquieta: ao recorrer ao maravilhoso, ao piscar o olho para o conto de *Cinderela* no primeiro tomo, Rowling colocou a obra sob o signo do conto de fadas. Tudo isso dá a ilusão de que, no real como no romance, um autor todo-poderoso impedirá o triunfo do mal. Assim, ainda que Harry tivesse morrido, o essencial estaria salvo: a decisão sobre sua sorte não cabe ao destino, ao acaso ou à força das coisas, ou de qualquer outra maneira que chamemos esses acontecimentos que não dependem de nós, mas à decisão livre do autor. Logo, é uma desforra sobre o absurdo da morte e das guerras que Rowling nos propõe: graças à magia do livro, a morte escapa ao arbítrio assustador das guerras e outros "jogos da sorte" para ficar nas mãos de um ser humano que, após reflexão, decidirá soberanamente a sorte dos heróis.

Assim, entendemos que uma pluralidade de abordagens seja indispensável para interpretar esse romance e seu sucesso. O encanto do livro vem desse feixe de razões tão amplo. Renovando o gênero esquecido do romance-folhetim, que teve um sucesso considerável no século XIX, Rowling soube atualizá-lo: secundada por *sites* na internet, uma real interatividade instalou-se, alimentada por uma atualização regular do próprio *site* e por afirmar repetidamente que estava à escuta dos leitores. Ao lermos suas entrevistas, percebemos que ela leva em conta as hipóteses dos fãs, nem que seja para afastá-los de sua própria criação e preparar o efeito surpresa. Aliás, o paralelismo é impressionante entre a introdução ao tomo VI de sete horcruxes, esses objetos que vão recolher uma parte da alma de Voldemort a fim de lhe assegurar uma relativa imortalidade, e a divisão do romance em sete tomos, como se, em cada volume, o autor tivesse deixado uma parte da alma do livro, até que, acabado o sétimo tomo, a obra morra ao mesmo tempo que a aventura. A divisão do livro em tantos volumes quanto almas também poderia simbolizar a divisão do romance que Rowling viu-se aos poucos forçada a fazer com seus fãs mais assíduos.

PRIMEIRA PARTE

Obra, autor, sociedade: abordagens psicológicas e sociológicas

HARRY POTTER: A EMERGÊNCIA DE UM MITO CONTEMPORÂNEO

Benoît Virole

Em 1998, a publicação do primeiro tomo de *Harry Potter* na tradução francesa de Jean-François Ménard gerou um sucesso notável junto aos jovens leitores, fora de qualquer apoio comercial privilegiado. Muitas crianças de dez anos de idade, até menos, às vezes medíocres leitores, devoraram o livro e os seguintes com um fervor renovado a cada publicação. O fenômeno foi tão poderoso que chegou a ser diretamente sentido nas consultas com psicólogos em que crianças com problemas de leitura puderam evocar a atração espantosa sentida ao lerem o jovem bruxo. O material colhido durante essas entrevistas clínicas em que era evocada a leitura de Rowling está na origem de nosso ensaio de análise do sucesso de *Harry Potter*[1]. Análise que evidentemente toma as vias da interpretação psicanalítica aplicada às aventuras do jovem herói mas que será levada a se estender à significação antropológica do espantoso sucesso planetário daquilo que foi, no início, uma simples história para crianças...

No mundo literário, a evocação de *Harry Potter* costuma causar irritação. Aí está uma obra, já que é preciso bem chamá-la assim,

[1] B. Virole, *L'enchantement Harry Potter, ou la psychologie de l'enfant nouveau*, Paris, Hachette Littératures, 2002.

situada nos antípodas dos valores estabelecidos em matéria de literatura, sustentada por interesses claramente comerciais, que em poucos anos chegou ao cume de uma glória planetária e de um êxito financeiro sob todos os aspectos extraordinário. O fato é esse. Mas não contente de ter ocorrido uma vez, esse sucesso persevera e se repete a cada episódio de um folhetim ritmado pelo jogo do desejo sabiamente orquestrado numa partitura de linhas complexas a associar escrita, criação cinematográfica e indústria de videogames. O sucesso, fora do comum, encontrado pela obra de Rowling, é freqüentemente atribuído à eficácia do marketing, das campanhas de promoção, talvez até à emergência de um consumo cultural de massa. Essa explicação não é desprovida de verdade. A existência de uma indústria conseqüente dos produtos derivados basta para compreender que o sucesso de *Harry Potter* de fato resulta de uma estratégia global de mercado destinada a explorar comercialmente, às vezes até a última gota, o fascínio do público pelas aventuras do jovem bruxo. A realização dos filmes segue regularmente a publicação das obras. O livro constitui um primeiro produto consumível que convida ao consumo de um segundo, diretamente derivado, e assim por diante. Estreitamente controlados no plano do conteúdo e da realização pela autora, os filmes reproduzem o relato escrito de maneira notavelmente fiel. *Harry Potter* também é a primeira obra a integrar realmente os dados novos do mercado dos *videogames.* Universo fechado, totalmente criado, unidades específicas de tempo, unidade de lugar com espaços diferenciados como quadros, aquisições e perda de poderes, construções e perda de aliança, projeção nos heróis, versões sucessivas, expectativas quanto ao próximo produto, todos esses elementos estruturais dos *videogames* estão presentes na escrita primeira de Rowling. Livro, filme, *videogame* são assim os três lados de um mesmo produto multimídia que desenha dessa maneira a perspectiva daquilo que talvez sejam os objetos de "cultura" de massa de amanhã: objetos compósitos desdobrados nos diferentes espaços do consumo. Ressaltemos, no entanto, o fato de que o objeto fonte, primeiro, desse objeto compósito continua sendo um livro. Logo, há por certo material para realizar uma análise sociológica aprofundada desse sucesso. Entretanto, as estratégias de mercado não poderiam sozinhas explicar o sucesso já que muitos outros produtos foram lançados e apoiados dessa maneira sem ter tido destino similar. O marketing, a evolução e as expectativas do mercado, as mudanças devidas à globalização da cultura, certamente tiveram um papel importante mas só fizeram ampliar um sucesso literário bem real junto ao público jovem. Logo, há no caldeirão mágico da escrita de Rowling uma receita singular, que pegou a onda...

Tema e estilo

Tentemos assinalar alguns dos ingredientes dessa misteriosa receita. Sabemos que Harry Potter é um jovem herói cujo destino trágico (a morte dramática dos pais) e singular (Harry é único, ele traz na testa uma marca indelével de predestinação) vai causar a identificação do jovem leitor, ele próprio preso no imaginário inconsciente de seu próprio romance das origens. Viver uma vida de exceção e ser o filho de um casal excepcional, mas desaparecido, é uma fantasia universal ligada ao complexo de Édipo e, a esse título, constitutiva do patrimônio humano. Trata-se aí, por certo, de um tema comum a muitas outras obras literárias para a juventude mas Rowling o completa de maneira interessante ao fazer de Harry um bruxo capaz de múltiplos prodígios e, portanto, detentor de uma forma de todo-poder que ele no entanto vai ter de aprender a dominar. A iniciação de Harry, isto é, o aprendizado daquilo que é possível e daquilo que é proibido, constitui um segundo ingrediente que reforça o laço do jovem leitor, com freqüência pré-adolescente, com o herói e isto ainda mais que essa iniciação implica a possibilidade da transgressão. Essa iniciação à magia e ao mundo dos bruxos é, assim, a metáfora de uma iniciação ao mundo adulto. É tanto mais interessante porquanto se desdobra no seio de uma sociedade imaginada, construída pelo autor, com regras próprias, um vocabulário particular, rituais específicos, etc. que são percebidos pelo leitor (às vezes mais pelo leitor adulto) como pastiches dos constituintes reais de uma sociedade. A encenação de uma sociedade com suas próprias regras e estruturas, isto é, finalmente a constituição de um universo virtual, é um dos ingredientes maiores da atratividade imaginária da obra de Rowling.

Esses poucos ingredientes misturados em nosso caldeirão literário não justificariam o sucesso se não fossem valorizados por uma liga notável. O estilo narrativo de Rowling é esse catalisador singular que transformou a massa dos ingredientes num prato hoje quase universalmente consumido. É um estilo direto, que junta seqüências narrativas curtas, dispostas em referências espaciotemporais fixadas e claramente identificadas mas sem descrição realmente detalhada[2]. Trata-se aí de um procedimento que pode desconcertar os apaixonados da língua escrita. Aliás, muitos educadores sequer consideram Harry Potter uma obra literária de verdade e a usam em aula de maneira oportunista, tapando o nariz. Entretanto, há aí, nesse estilo, algo particularmente eficaz: frases curtas com freqüência construídas sobre a estrutura nuclear essencial sujeito verbo objeto; uso moderado e banal dos adjetivos destinados a evitar a desorientação semântica; diálogos múltiplos. É uma escolha estilística que alguns podem criticar mas que é preciso convir que prende. Em seguida, é uma construção narrativa simples, eficaz e construída sobre o princípio de uma tripla dinâmica; um enigma à altura da obra, o das origens de Harry, um enigma à altura do livro e, enfim, um enigma ou uma ação significativa à altura do capítulo. A leitura pode assim ser segmentada sem dificuldades. Mesmo que o leitor não chegue ao fim do livro, o que é menos raro do que se pensa, ele tem a satisfação de ter pelo menos lido a resolução de um enigma secundário. O tratamento do contexto também é inteiramente singular. É constante e se aparenta com os quadros dos *videogames*. Os lugares (colégio, floresta proibida, etc.) são padronizados. A (breve) descrição deles é feita de uma vez por todas e não há, portanto, necessidade de voltar a ela. O tempo

---

[2] Isso no entanto só é verdade para o livro. O encanto do filme, bem feito, tirado de *Harry Potter* deve muito ao esplendor dos cenários. De certa maneira, o filme remete ao livro como a uma sinopse. O *videogame* utiliza os cenários do filme, fixando assim uma espécie de carne visual sobre os elementos narrativos do livro, ele próprio, na verdade, com poucas descrições.

é ritualizado pelo desenrolar do ano escolar. Foi um golpe de gênio da parte de Rowling pois deu assim aos jovens leitores uma identificação imediata, estável, e lhe permitiu focalizar mais a ação, sem ter que dar atenção a um meio sempre em mudança. Quando tudo se mexe, os personagens, os lugares, os tempos, as ações, os enigmas, obtém-se uma dinâmica de evocação mental muito complexa e é certo que ela não se dá bem com as capacidades de atenção das crianças de hoje. Assim, o sucesso de *Harry Potter* nos convida a reter a importância do estilo e da construção formal para leitores que não podem mais suportar uma construção narrativa longa demais e precisam de desfechos rápidos de modo a prender a atenção. Logo, parece de fato existir uma mudança nas expectativas literárias das crianças devida, com toda certeza, ao impacto dos modos de vida, à aceleração da transmissão da informação, ao desdobramento extensivo das imagens. Por outro lado, não há razão para pensar que se trata aí de uma desvalorização da literatura infantil. Esse tipo de estilo está presente desde os primórdios da literatura popular e Rowling, afinal, inscreve-se bem no *continuum* da história da literatura infantil. Também poderíamos ressaltar a forma de composição modular (com um tomo por ano) que seria contrária aos cânones da literatura mas isso também existe há bastante tempo com os folhetins literários. Em suma, a forma da obra de Rowling não possui muita originalidade própria se não for ter sabido condensar até o extremo qualidades de concisão e tratamento do quadro que estiveram em simbiose perfeita com os estilos cognitivos predominantes das crianças de hoje.

Harry no divã

Mas o estilo não é tudo. Ele está em estreita sinergia com um fundo temático notável que foi por vezes criticado e caricaturado. A história de um órfão em busca das origens não é um clichê da literatura feminina. Trata-se aí de um julgamento depreciativo que dá muita importância a obras conseqüentes da literatura. Pensemos, por exemplo, em *Sem família* de Hector Malot. Mas, sobretudo, ele desvaloriza um tema que em si não está isento de verdade psicológica. O romance das origens de si de fato é uma fantasia universal. Qual é a criança no mundo que, em seus devaneios ou em suas fantasias mais secretas, não imaginou por um instante ser oriunda de outro casal que aquele de seus pais reais? Assim, a história de Harry é claramente a expressão de fantasias edipianas. Harry é uma criança única cujos pais morreram prematuramente numa catástrofe primária. Harry só saiu vivo graças ao sacrifício de sua mãe. Harry vai em seguida guardar pela vida inteira um rastro singular desse acontecimento primário sob a forma de uma cicatriz como um raio no meio da testa. É uma marca do passado e um rastro do traumatismo inicial. Também é um sinal de demarcação no sentido em que a cicatriz também simboliza o destino particular de Harry e o impede de se confundir com a família de trouxas que o acolhe, os Dursley. Estes são apresentados sob uma forma abjeta que alia maldade e burrice, a exemplo dos pais reais no romance das origens. Perseguido e humilhado, Harry vive ou, antes, sobrevive, na busca da lembrança de seus verdadeiros pais paramentados de todas as virtudes da idealização. A utilização da magia vai permitir que ele realize várias vezes sua fantasia ao ver os pais num espelho ou encarnando-os momentaneamente graças à sua varinha mágica (t. IV). Entende-se melhor, então, a fascinação sentida pelas crianças ao lerem Harry. Sob a pena de Rowling, elas encontram a expressão romanceada de um dos desejos mais profundos do mundo das fantasias inconscientes, o da reconstrução das origens de si. Todos esses elementos que figuram as problemáticas inconscientes da infância incontestavelmente contribuem para o interesse das crianças por Harry Potter pois permitem uma representação externa, transformada pela elaboração literária, de suas fantasias inconscientes. A leitura de *Harry Potter* entra assim no quadro bem conhecido do interesse catártico dos contos de fadas e das histórias até as mais cruas e aterrorizantes[3]. Com efeito, o domínio do mundo interior das fantasias passa necessariamente por sua simbolização através de representações externas. No entanto,

---

[3] B. Bettelheim, *Psychanalyse des contes de fées*, trad. do americano por Théo Carlier, Paris, Robert Laffont, 1976.

Harry Potter possui uma dimensão outra que a da expressão de um romance das origens. Ao explorar esse tema no interior de um sistema de criação de um mundo novo, Rowling soube superar a utilização de uma fantasia imaginária comum ao sublimá-la numa verdadeira dimensão mítica. Identificada pelos antropólogos nas culturas ditas "primitivas", a dimensão mitológica existe da mesma forma em nossa civilização. Os mitos são necessários. Eles preenchem uma função de conciliação racional entre as grandes oposições constitutivas de uma dada cultura. Assim ocorre com as oposições entre a natureza e a cultura, entre o feminino e o masculino, o cru e o cozido[4]. Logo, o mito é um relato que explica a origem dessas oposições e lhes dá sentido. Essa função mítica está, de modo bem nítido, em ação em Harry Potter. A dimensão mítica está desde já instalada pela prefiguração do destino que faz de Harry um herói engajado num percurso simbólico de descoberta das próprias origens. Esse percurso é, em seguida, uma verdadeira iniciação cultural num mundo onde convivem em boa inteligência as crianças aprendizes de bruxos e os professores adultos. É uma iniciação num mundo onde também existe uma lei nova, a do ministério dos bruxos, que permite a distinção dos valores do bem e do mal já que existe uma boa magia e uma má magia. É também uma iniciação num mundo feito de novas categorias de pensamentos onde as experiências de magia causam um questionamento das certezas do mundo comum.

Bem próximo da estrutura profunda

Em *Harry Potter*, a forma, isto é, a expressão literária, junta-se ao fundo, a saber, a estrutura mítica do universo em volta do jovem bruxo. Como em todo mito, a história de Harry é a de um percurso existencial num mundo simbólico. Harry no fundo procura restabelecer o equilíbrio de uma situação original que foi desestabilizada pelo

[4] Ver C. Lévi-Strauss, *La pensée sauvage*, Paris, Plon, 1962.

assassinato de seus pais por Lord Voldemort. As peripécias de suas aventuras são variações sobre um tema central que é seu enfrentamento com o anti-herói Voldemort; o desfecho é o conhecimento de sua origem. Esse percurso se efetua num universo marcado pela bipartição (o mundo dos bruxos / o mundo dos trouxas, Hogwarts / a floresta, etc.). Esses lugares são posições no interior de um sistema e se definem, portanto, por oposição diferencial com outros, e não por seu valor absoluto. É por isso que descrevê-los afinal importa pouco e permite que o jovem leitor evite as descrições das quais todos sabem que pedem um esforço de atenção. Trata-se aí da mesma lógica que preside aos mitos e aos contos. Os lugares são, antes de mais nada, posições onde se desenrolam ações simbólicas. O tempo é igualmente padronizado numa cronologia imutável dos acontecimentos. Assim, cada tomo corresponde a um ano escolar e é construído sobre o mesmo esboço temporal: fim das férias de verão no mundo dos trouxas, exposição da intriga, partida para Hogwarts, intriga, desfecho, retorno ao mundo dos trouxas. A ausência de variações do quadro atende a uma necessidade de ressaltar a dinâmica da ação, mas também está ligada à instalação de um esquema narrativo padrão subjacente ao conjunto da obra. Desde Algirdas Julien Greimas, sabemos que todo relato pode ser descrito como a produção de uma espécie de entidade oculta, subjacente mas não explícita, que chamamos uma *estrutura narrativa*[5]. Essa estrutura possui propriedades generativas. Produz elementos de relato que, juntados, constituem o conjunto de uma história. Os trabalhos dos semiologistas mostraram que essa estrutura narrativa, com freqüência relegada ao nível de estereótipo escolar, tem globalmente a forma de um quadrado esticado entre quatro pólos. O primeiro pólo corresponde a uma situação inicial. Em geral, é uma situação de equilíbrio e paz. Em muitos mitos, essa posição corresponde à figuração do estado de cultura em oposição ao estado de natureza. Em seguida, essa situação sofre uma transformação radical que a desequilibra, sob a forma de

[5]Ver A. J. Greimas, *Du sens*, I, II, *Essais sémiotiques*, Paris, Le Seuil, 1983.

uma privação ou de um ataque emanando da posição antagonista. Nos contos de fadas, esse acontecimento inicial, traumático, costuma ser o do seqüestro da princesa do reino que o herói vai em seguida dever libertar do seqüestrador. O restabelecimento da situação de equilíbrio impõe a constituição de um herói. Com freqüência apresentado como pobre e fraco, ele deixa sozinho a posição inicial. Em seguida, passa freqüentemente por provas qualificantes e encontra a ajuda de personagens ou objetos. Num dado momento, transpõe uma fronteira geográfica para chegar a um espaço desconhecido e inquietante. Enfrenta então o anti-herói enviado pelo poder antagonista e apresentado ou sob a forma de um monstro ou de um personagem de poderes temíveis. Durante um combate singular, ele o vence em geral com a ajuda de um coadjuvante conquistado durante uma prova qualificante. Daí decorre a derrota do poder antagonista e o restabelecimento da situação anterior de equilíbrio. Por exemplo, nos contos de fadas, o herói volta ao castelo com a princesa, casa-se, sobe ao trono e tem muitos filhos. Essa estrutura corresponde a uma dinâmica interativa entre espécies de arquétipos, que são subjacentes às representações mentais e permitem a inteligibilidade de um relato pelo espírito humano.

A origem dessa estrutura permanece bem misteriosa. Essa estrutura pode ser considerada um modo de produção que resulta das pressões que se referem à expressividade. Estamos, então, em presença de uma estrutura que pertence ao registro da língua. Resta entender por que essas posições são valorizadas (*axiologizadas*, no jargão semiótico) em termos positivos (o herói provido de boas qualidades) e em termos negativos (o anti-herói, as forças do mal...). Num plano psicanalítico, pode-se então considerar que essa estrutura funciona como uma figuração dos conflitos entre representações inconscientes das quais sabemos que se aglomeram em torno de formas (*imagos*) boas (amantes, caridosas) e más (sádicas, aterrorizantes). Abaixo de todo recife à flor d'água afinal haveria, após vários desvios e substituições, a luta entre os bons e os maus objetos fantasmáticos do inconsciente[6].

[6] Ver M. Klein, *Essais de psychanalyse*, Paris, Payot, 1982.

Se analisarmos a história global de Harry, encontramos facilmente os elementos dessa estrutura. A situação inicial corresponde à célula familiar de Harry com seus dois pais. A catástrofe de desestabilização é a da agressão inicial por Voldemort. Harry torna-se em seguida o herói da história. Encontra auxiliares (Rony e Hermione), passa por provas qualificantes (o aprendizado da magia), transpõe as fronteiras, penetra espaços proibidos (a floresta proibida) e acaba combatendo em duelo o anti-herói (Voldemort). Essa mesma estrutura também existe na dimensão de cada obra. Assim, a situação inicial corresponde ao início do ano escolar. Ocorre, então, uma desestabilização emitida por Lord Voldemort (ou um sinal nefasto, ou o anúncio de que Sirius Black vai matá-lo, etc.), em seguida Harry parte para Hogwarts, vive aventuras diversas mas que acabam todas por um enfrentamento singular com um avatar de Lord Voldemort, depois pela vitória de Harry e o retorno à situação inicial; embora Harry esteja um ano mais velho e tenha adquirido novos conhecimentos e competências.

A receita mágica que gerou essa força atrativa de *Harry Potter* sobre o imaginário dos leitores deve-se à fraca distância que separa, por um lado, o conteúdo do relato e, por outro, sua estrutura subjacente. Essa mesma análise pode explicar a profusão de personagens, resultante dessa escolha centrada na ação. É preferível criar um novo personagem ou um novo objeto dotado de uma intenção de ação específica em vez de complicar um personagem já existente dotando-o de intenções múltiplas eventualmente contraditórias. Isso levaria a desenvolvimentos supostamente tediosos e tornaria mais lenta a ação. Esse *parti pris* centrado na simplificação do quadro, na negação da interioridade dos personagens – em todo caso nos três primeiros tomos, pois ao longo da obra a psicologia dos personagens torna-se nitidamente mais densa – em proveito exclusivo da dinâmica de ação não deve ser medido de acordo com valores pedagógicos ou boas formas literárias. É, na realidade, o resultado de uma escolha estilística intencionalmente orientada para a aproximação da estrutura generativa. Em termos lingüísticos, o eixo paradigmático – o da oposição simultânea das posições arquetípicas no interior de um discurso – é nitidamente dominante sobre o eixo sintagmático – produção linear dos elementos de relato. Essa escolha está em harmonia com a evolução geral dos modos atuais de comunicação que privilegiam a condensação simultânea da informação (imagem) sobre a complicação do discurso (texto escrito linear). O que não é contraditório com o tamanho das obras de *Harry Potter* que vai, aliás, num crescendo. É possível reter a atenção do leitor e, portanto, fazer até que ele leia textos consistentes, se estes produzirem nele uma evocação mental em harmonia com sua forma de pensamento. Está aí toda a magia do estilo de Rowling, que soube escrever levando em conta as grandes pressões da produtividade do sentido. Ela utilizou as grandes oposições arquetípicas de todo relato mítico colocando-as a serviço de uma produção adaptada às dimensões cognitivas e às necessidades de imaginário do jovem leitor de hoje.

Representação de um novo mundo e problema da evocação mental

A prevalência do tema da magia negra nos *Harry Potter* inquietou muito os pais e os educadores que, por vezes, puderam ali descobrir o indício significativo de uma espécie de renegação da realidade que caracterizaria as jovens gerações. Não é certamente falso e é possível ler no gosto pela magia uma espécie de alegoria do todo-poder infantil. Mas ficar aí é um pouco curto pois o universo da magia é, antes de tudo, a possibilidade de dispor de um campo de aventura, de um espaço dos possíveis. Afinal, não existem mais zonas virgens no mapa do mundo onde se pode imaginar ilhas com tesouros ou lugares inexplorados. Ora, a aventura em matéria de literatura deve dispor de espaços desconhecidos capazes de fazer sonhar. O mundo imaginário da magia permite essa criação de um espaço novo limitado unicamente pela imaginação da romancista. Fato particularmente notável em Rowling, essa criação imaginária de um mundo mágico fornece à criança códigos de compreensão do mundo real. O universo social de Harry está clivado por leis e códigos, categorizado em grupos de pertencimento, na maior parte do tempo em competição. Também é marcado por relações de aliança, conflito, etc. Em suma, trata-se aí de uma representação de um mundo simplificado em relação ao mundo real e que transmite ao leitor uma maneira de ver o mundo, uma estrutura normativa de certo modo. Leitores adultos vão sentir prazer no humor das aproximações entre o mundo de *Harry* e o mundo real, e crianças vão adquirir esquemas de compreensão do mundo que elas vão misturar com suas outras experiências de vida.

É nesse sentido que o sucesso de *Harry Potter* nos ensina algo não só sobre o que nos falta mas também sobre a relação entre a leitura e a cultura. A maneira como a sociedade bruxa é construída nos informa sobre as expectativas das crianças em termos de inteligibilidade do mundo. A sociedade tornou-se tão complexa que ficou impossível para um adulto, experiente e culto, ter dela uma inteligibilidade global. Ora, as crianças precisam de um mapa de orientação no mundo para que possam abordar o futuro sem angústia. Nas sociedades primitivas, os mitos assumiam esse papel. Hoje, talvez precisemos aceitar que obras como a(s) de *Harry Potter* preencham essa função num universo cultural cada vez mais globalizado. Um dos problemas colocados por essas obras de um novo tipo é que, embora oriundas da literatura, dali escapam para se tornar obras multimídia nas quais o trabalho de interiorização do leitor desaparece em proveito de um consumo coletivo de imagens. Com efeito, ler é adquirir novas normas interiores e modificar as antigas através de uma evocação mental privada. Durante a leitura de um relato, mais precisamente de um conto ou um romance, evocamos mentalmente representações dos personagens, do quadro. Essas evocações são estritamente privadas. São uma criação idiossincrásica, única, utilizando as lembranças conscientes e inconscientes da experiência de uma vida. Em paralelo com a leitura das linhas do livro, um fluxo de representações mentais se desdobra na mente do leitor. Para alguns, essas representações são verdadeiras imagens mentais de forte conteúdo visual. Para outros, essas representações não são, estritamente falando, imagens mentais conscientes de conteúdo visual mas comportam sensações cinestésicas, auditivas, olfativas, afetos, puras cognições, etc. Essas representações mentais não pertencem a um repertório fixo. Elas estão em constante reorganização ainda que busquem no fundo da experiência vivida. Por exemplo, a leitura de um conto similar com vários anos de distância pode gerar na mente de um mesmo leitor evocações com imagens diferentes. Todo o prazer e o poder de transformação da leitura ali se situam. A leitura é um processo de geração de representações mentais a partir de um texto, ele mesmo oriundo da construção mental do autor.

Ora, hoje, com a sistematização das versões filmadas associadas estreitamente ao processo de criação, assistimos a uma explicitação pública, comum, partilhada, padronizada do imaginário. Impossível ver Harry Potter de outro modo que sob os traços do ator que encarna esse papel na tela ou os monstros de Hogwarts de outro modo que a imagem padronizada que deles foi dada. Mesmo que ninguém veja de fato o mesmo filme e que exista, portanto, uma ontologia subjetiva da relação com a imagem filmada, a relação entre o texto e a evocação mental é de qualquer modo qualitativamente mudada quando imagens são sistematicamente, e de maneira generativa, associadas a uma obra literária. A ruptura na história da literatura gerada pela difusão multimídia de obras como *Harry Potter* talvez esteja bem aí. O aspecto privado, íntimo, da evocação mental é substituído por uma comunicação globalizada de imagens padronizadas. É sobre esse ponto que existe uma verdadeira problemática a respeito de *Harry Potter* como para outras obras que se vêem sistematicamente casadas com filmes. Acasalamento que não é redutível a uma simples adaptação mas constitui um produto genérico comum. A evocação mental privada na leitura de um romance de aventuras torna-se uma participação num imaginário coletivo construído sobre uma forma de idolatria. Enquanto a entrada na leitura deveria ser o tempo de uma entrada na subjetividade reflexiva pelo efeito do trabalho de evocação mental, assistimos a uma entrada no consumo coletivo de um produto, é verdade que remetendo, no fim das contas, a significações privadas, mas que permanecem profundamente formatadas num imaginário imposto por uma lógica de mercado.

* * *

Esses poucos ingredientes que isolamos do caldeirão mágico de Rowling estão longe de explicar o sabor complexo de sua obra. Foram isolados de outros que têm a ver com uma análise sociológica e propriamente literária fora de nosso alcance. Simplesmente tentamos mostrar que o sucesso de *Harry Potter* não é usurpado no plano psicológico, até ao abstrair-se da máquina comercial que a ele está agora associada. Em primeiro lugar, a proximidade do tema do órfão em relação a uma fantasia inconsciente universal deve ser creditada ao êxito de uma obra e não a seu déficit. Não significa que basta construir uma história com um órfão para fazer dela uma obra-prima da literatura infantil. Mas, quando um estilo original e uma forma de gênio narrativo põem-se a serviço de tal história, convém então esperar que ela atinja uma grande massa de leitores. A identificação do leitor com Harry é portanto compreensível. É tanto mais notável que é trans-temporal: identificação com o passado – pela evocação do romance recalcado das origens –, identificação com o presente – pela atualidade da vida de um estudante –, identificação com o futuro – com a expectativa da realização de si, da passagem à adolescência, depois ao mundo adulto. Aqui, foi a dimensão do romance iniciático que muito funcionou no sucesso de *Harry Potter*. Este deveria nos ensinar algo sobre a insuficiência de nossa cultura em propor aos adolescentes histórias de passagem, de acesso à idade adulta. A falta dessas estruturas simbólicas que permitem a representação da passagem e do encaminhamento da adolescência ao mundo adulto é gritante. Ora, essas estruturas são necessárias. Os adolescentes hoje as buscam nas identificações com os heróis, atores, etc., logo, com produtos de consumo embora pudéssemos imaginar que elas estão presentes no próprio interior das estruturas sociais.

Entretanto, resta compreender como um relato que põe em cena a iniciação de um jovem bruxo num colégio inspirado nas instituições inglesas e que descreve um mundo organizado conforme leis que são pastiches da sociedade ocidental possa ter gerado um tal fascínio em culturas tão diversas e para quem os acasos da vida de um estudante num internato inglês não têm ecos particulares. De certo modo, a grande questão permanece a da significação antropológica do sucesso mundial do romance. Se formos mais além das racionalizações em termos de sucesso de marketing, mais além da análise das qualidades efetivas de escrita e conteúdo psicológico da obra, mais além da constatação que as crianças da globalização têm necessidade de um mito iniciático universal, precisamos com toda certeza compreender a onipresença da magia como a verdadeira implicação antropológica colocada pelo sucesso de *Harry Potter.* Talvez se trate de uma magia degradada na técnica. A magia manejada pelos bruxos é antes de tudo funcional. Agir à distância, comunicar com os ausentes, fazer os objetos se mexerem, transformar o mundo, a magia de *Harry Potter* é por certo orientada antes de tudo para o uso pragmático. Entretanto, também é essa magia que permite comunicar com o além, fazer os mortos reviverem, compreender o passado e, finalmente, ler o sentido do universo. Também deve ser limitada, circunscrita em enclaves precisos cuja transgressão é fundamentalmente sacrilégio. Sacrilégio, sim, pois é bem efetivamente uma ressurgência da representação do sagrado que corre sob toda a obra de Rowling. O mundo dos *trouxas* e o mundo dos *bruxos* reproduzem a clivagem fundamental entre o profano e o sagrado, entre o mundo secularizado de uma sociedade de mercado tornada imbecil (a família Vernon) e um mundo sagrado, decerto perigoso e ambivalente, mas onde a questão do sentido é não só central mas a única verdadeira questão. Não é o menor dos paradoxos do sucesso de *Harry Potter.* Essa obra espantosa, sustentada pelos fluxos seculares e tão profanos do mercado liberal, veicula em escala planetária uma visão secreta do sagrado.

Referências bibliográficas:

Greimas A. J., *Du Sens, Essais sémiotiques*, Paris, Le Seuil, 1983.
Klein M., *Essais de Psychanalyse*, Paris, Payot, 1982.
Lévi-Strauss C., *La pensée sauvage*, Paris, Plon, 1962.
Virole B., *L'enchantement Harry Potter ou la psychologie de l'enfant nouveau*, Paris, Hachette Littérature, 200.

LEITURAS "SOCIAIS" E LEITURAS "POLÍTICAS" DE *HARRY POTTER*: SITUAÇÃO E PERSPECTIVAS

Pierre Bruno

As críticas feitas à obra de J. K. Rowling costumam se caracterizar por sua forte politização. Próximas de movimentos religiosos que não podem ser reduzidos apenas a seus componentes fundamentalistas ou de correntes de pensamento progressistas ou "liberais" (no sentido americano do termo), essas abordagens nem por isso deixam de constituir blocos ideológicos ou teóricos homogêneos.

As críticas de inspiração religiosa sofrem do declínio dos valores que as sustentam nas populações diplomadas – e isso talvez seja mais sensível na França onde a constituição da figura do intelectual em boa parte se construiu na luta contra uma religião então dominante. Essa leitura dos textos pode assim ser instrumentalizada por certos meios de comunicação ou autores favoráveis à obra de Rowling que, evitando toda referência às críticas "sociais" e só apresentando como oponentes homens de fé, dão a esses textos (como a seus próprios escritos) uma tinta intelectual, leiga e progressista. Por outro lado, essas críticas sofrem objetivamente (e isto sem fazer um juízo qualquer sobre as crenças em questão) de suas fracas implicações literárias. Trata-se aí de uma crítica que não qualificarei de "moralizadora" (esse termo sendo correntemente utilizado num objetivo discriminante) mas, antes (e para retomar o termo de Pierre Macherey), de "normativa" na medida em que ao reduzir a interpretação da obra a uma verdade exterior e/ou oculta nela,

ela lhe impõe uma grade de leitura preestabelecida e visa mais à avaliação que à interpretação do sentido[1].

Talvez a dimensão normativa nem sempre esteja ausente das leituras sociais (ou, pelo menos, da maioria delas). Ao contrário mesmo, um dos fundamentos das teorias críticas progressistas da literatura é o vínculo que elas estabelecem entre questionamento das hierarquias e dos valores literários e questionamento das hierarquias e dos valores sociais – estes últimos devendo, na ótica "progressista" que prevalece, ser superados[2]. Entretanto, reduzir essas críticas a simples juízos de valor sobre o caráter "reacionário" ou "sexista" de uma obra ou, como fazem com freqüência seus detratores ao qualificá-las de "marxistas", a uma visão homogênea do mundo conduz a ignorar o fato de que, sem renegar suas implicações sociais, essas críticas inscrevem-se, por outro lado, numa tradição crítica longa e complexa marcada na França, decerto, pela influência das diversas declinações do marxismo mas também, mais tardiamente, pela da sociologia bourdieusiana. Para além de sua temática comum, que pode dar a ilusão de uma mesma sensibilidade "política", esses trabalhos, portanto, nem por isso resultam da mesma tradição crítica. Um dos riscos seria então ocultar a teoria literária e os modelos explicativos que sustentam essas abordagens (como a crença num sentido segundo dos textos fundado em estruturas subjacentes à aparente clareza do relato) para reduzi-las a uma mera questão de opinião. O segundo risco – senão o risco primeiro – seria subestimar os efeitos de campo e ligar de modo estreito demais a dimensão "política" da crítica (isto é, seu estudo da ordem social apresentada no livro e julgada, segundo os autores, mercantil demais, conservadora demais, sexista demais...) e as clivagens próprias ao campo "político". Assim, se a escolha dos temas tratados segundo as áreas culturais (por exemplo, a importância do estudo do sistema escolar na França) pode concordar com tradições críticas locais, permanece difícil explicar a raridade dessa crítica em nosso país por

[1] P. Macherey, p. 50. Ver a bibliografia do fim do artigo.

[2] Para mais detalhes sobre essa corrente crítica, ver T. Eagleton, *Critique et théorie littéraires: une introduction*, e A. Compagnon, *Le démon de la théorie. Littérature et sens commun*.

critérios políticos nacionais. Da mesma forma na França, as críticas mais virulentas[3] feitas contra a obra de Rowling foram publicadas por dois jornais decerto "de esquerda" mas que não contam entre os títulos que se mostram como os mais radicais (*Le Monde* e *Libération*), ao passo que outros periódicos, que poderíamos ter acreditado mais virulentos diante dessa faceta da globalização cultural (*Le Monde diplomatique* ou *L'Humanité*), acabaram sendo muito mais benevolentes – pelo menos quanto aos valores e à ideologia da obra.

Assim, se as leituras "políticas" da obra escapam a qualquer redução "política", tampouco podem ser reduzidas a simples juízos normativos sobre o grau de "sexismo" ou de "racismo" da obra – ainda que sejam essas questões que alimentem as polêmicas contraditórias. Elas também se referem – e primeiramente – a questões de história literária e ao estudo estruturalista de elementos concretos do texto (a imagem da escola, por exemplo) como poderiam também ter se referido (mas é verdade que, com freqüência, se construíram em parte contra a primazia da noção de autor) ao estudo da vida de Rowling ou, pelo menos, à sua apresentação nos meios de comunicação. Numerosos artigos publicados no Reino Unido e sobretudo nos Estados Unidos mostram uma leitura muito liberal da vida da autora nos países anglo-saxões[4]:

> Vejam a Sra. Rowling, mãe solteira que começou a escrever suas obras num pequeno café de Edinbourgh. Hoje, aí está multimilionária e em breve chamada a receber a Ordem do Império Britânico das mãos da rainha da Inglaterra. É verdade que, neste mundo da livre empresa, as pessoas comuns podem se tornar vedetes, até mesmo aristocratas. E se o esforço individual puder superá-lo, o sistema de classes sociais perde

[3] I. Yocaris, "Harry au pays du marché triomphant », *Le Monde*, 4 de junho de 2004, p. 16 ; P. Bruno, « Moldus, Poufsouffles et stéréotypes », *Libération*, 20-21 de janeiro de 2001, p. 7.

[4] Notemos, sem entrar aqui em detalhes, que a questão da politização implícita da Crítica deve duplicar-se daquela da crítica da Crítica como se as leituras "marxistas" da obra obrigassem alguns de seus defensores a confessar, como a contragosto, seus próprios pressupostos partidários.

muito de sua força [...] Suspeitamos forte que a própria história da Sra. Rowling cause aos marxistas mais dor que as ficções que ela cria[5].

Estruturas narrativas e clichês: culto do herói, sexismo, racismo...

A dimensão literária das leituras políticas de *Harry Potter* já se avalia pelo fato de que, embora tratem das representações e das implicações sociais desse *best-seller*, elas também se ligam à posição da obra numa oferta de textos historicamente constituída. Com efeito, as críticas concordam menos com o lado "reacionário" das idéias que com o "conservadorismo" de suas estruturas narrativas.

Para alguns críticos, como Jack Zipes, a série, inspirando-se fortemente nos contos tradicionais, explora as mesmas estruturas de um volume a outro[6]. Para outros, ela também se situa, por numerosos pontos, na linha de pensamento do *Clube dos Cinco* e outros relatos de enigmas com seus clichês inspirados nos contos ou em paraliteraturas mais antigas (velhas moradas, mensagens cifradas, passagens secretas, subterrâneos, salas ocultas e outros golpes de teatro inevitáveis em fim de relato), sua apresentação demagógica dos adultos com freqüência ridículos e em geral incapazes de resolver crises e enigmas, mas também suas estruturas de conjunto. Assim, é instrutivo comparar um volume das aventuras de Harry Potter com a análise estruturalista dos volumes do *Clube dos Cinco* proposta por Marie-Pierre e Mathieu Michel-Colas[7] para notar perturbadoras semelhanças. Mesma importância tanto quantitativa quanto qualitativa de uma fase inicial de prelúdio consagrando a ruptura com o universo da vida comum e a constituição (ou reconstituição) do grupo de herói, mesma fase de busca com seus

---

[5] *The Wall Street Journal*, 31 de janeiro de 2001 (trad. pessoal).

[6] Cf. J. Zipes, *Sticks and Stones: The Troublesome Success of Children's Literature from Slovenly Peter to Harry Potter*, p. 176-177.

[7] M.-P. e M. Michel-Colas, *Le dossier Club des Cinq*.

mistérios a serem elucidados, objetos a serem descobertos, crimes a serem evitados e exploração de um espaço desconhecido. Mesma fase de enfrentamento com o inimigo. Mesma fase final de glorificação do ou dos heróis.

De modo mais amplo, Rowling retoma um fundo variado de estereótipos literários. A imagem do herói é singularmente conservadora. Como S. A. S. Malko Lange, Harry Potter (apesar dos cabelos revoltos e dos óculos de intelectual) é um ser excepcional, herdeiro de uma linhagem superior, reconhecido e admirado (ou invejado) por todos, desejado de modo mais ou menos secreto por todas, tratado com todas as atenções e dotado de virtudes tanto intelectuais quanto físicas (de uma precocidade notável, ele é o melhor bruxo e o melhor esportista de sua escola). A autora também utiliza numerosas outras técnicas de sedução do leitor que, ali também, eram encontradas em Enid Blyton, como a evocação complacente de abundâncias materiais das quais uma das formas mais triviais é a obsessão alimentar. Como nos mais antigos *Martine* ou nas aventuras do Clube dos Cinco, os heróis se entopem de comidas suculentas e bebidas açucaradas, por exemplo ao chegarem a Hogwarts onde, como de hábito, lhes servem: "rosbife, galinha assada, costeletas de porco e de cordeiro, pudim de carne, (depois) tijolos de sorvete de todos os tipos que se possa imaginar, tortas de maçãs, tortinhas de caramelo, bombas de chocolate, roscas fritas com geléia, bolos de fruta com calda de vinho, morangos, gelatinas, pudim de arroz"[8]. Nesse mundo, o dinheiro é fácil, para os heróis, pelo menos: enquanto o primeiro episódio do *Clube dos Cinco* permite aos heróis encontrar um tesouro familiar, montanhas de ouro esperam Harry Potter nos porões de um banco. Esses heróis são consagrados pela posse de objetos desejados por todos (ele tem a vassoura mais bonita) e valorizados tanto por um personagem de servidor devotado, supersticioso e ingênuo (Hagrid ou Maria que não ficam muito a dever a Bécassine*) quanto por uma dupla

[8] J. K. Rowling, *Harry Potter e a Pedra Filosofal*, *ibid.*, p. 109/110.

* Primeiro personagem feminino francês de histórias em quadrinhos, criado em 1905. Tornou-se sinônimo de menina boba. (N.T.)

de acólitos inferiores, dois "escadas", um homem e uma mulher (cf. Mickey, Pateta e Minnie, Mandrake, Lotar e Narda ou Sacha, Pierre e Ondine).

Esses estereótipos literários, quando tocam na representação das minorias ou identidades dominadas, muito rápido coincidem com problemáticas políticas. Certas feministas americanas espantaram-se de ver a que ponto nessa obra os personagens femininos, jovens ou adultos, são menos numerosos, menos importantes e menos valorizados que os personagens masculinos[9]. As obras em geral reproduzem os estereótipos que tocam nos atributos morais, físicos ou psicológicos tradicionalmente atribuídos aos dois sexos e isto até nos detalhes mais insignificantes (a varinha mágica de uma mulher é macia e rápida; maior, a de um homem é poderosa e eficaz). Daí numerosos adjetivos discriminantes colados às descrições dos personagens femininos e uma reprodução de relações antigas de dominação. Tomemos, para exemplo, o personagem de Hermione, cujo papel importante na intriga em geral serve para contestar a acusação de sexismo. A jovem heroína por certo não é inútil ou totalmente incompetente mas não é menos verdade que o principal personagem feminino do relato remete a uma forma inferior de inteligência. Ela trabalha muito mas sem talento ao passo que o herói, este, sabe agir sem ter necessidade de aprender pela graça de seus dons naturais.

A representação das mulheres nos *Harry Potter* pôde assim conduzir certos críticos a questionar os valores políticos veiculados por esses relatos e ainda mais que as diversas minorias também estão sub-representadas. Além disso, quando Hermione se engaja, é verdade que sem grandes resultados, em favor da libertação dos elfos domésticos (uma mulher que se engaja só pode, parece, fazer isso no âmbito das atividades domésticas – tradicionalmente femininas), a autora faz estes últimos se exprimirem, tratados como escravos, numa linguagem pobre, o que não deixou de chocar. Aliás (estariam satisfeitos com sua sorte?),

[9] Ver, a esse respeito, o artigo de c. Schœfer, *Harry Potter's girl trouble*, na revista eletrônica *Salon*.

esses escravos não parecem muito preocupados em se revoltar, o que reduz a nada os esforços da pobre Hermione.

Entretanto, se o conservadorismo narrativo é quase consenso, o grau de racismo e de sexismo presente na obra não é partilhado por todos. Certas feministas americanas acham o personagem de Hermione positivo. Andrew Blake[10] afirma que o sistema escolar não é racista e dá como exemplo visível da boa integração de alunos oriundos de minorias. Lee Jordan, de ascendência antilhana, é o comentarista esportivo dos jogos de quadribol. Não se pode por isso pensar que o fato de relegar os "negros" nas atividades esportivas só faz modernizar a oposição entre competências intelectuais que permanecem o apanágio dos "brancos" e o domínio do corporal, da força, da matéria, que são atribuídos a grupos não mais inferiores (senhor e escravo) mas doravante diferentes (sábio e esportista). O que prova bem a permanência de um racismo decerto modernizado mas sempre subjacente.

A escola como parábola: uma visão reacionária?

O estudo da modernidade das estruturas literárias costuma duplicar-se daquele da modernidade das estruturas sociais representadas na obra. Problemática em geral bem desprezada pela crítica anglo-saxã ou, pelo menos, julgada menos discutível (para Andrew Blake, por exemplo), a análise do sistema escolar é comumente partilhada pelos críticos franceses que nele encontram uma visão arcaica e desigual da escola. É verdade que a crítica social com freqüência percebeu, na França, esta última como um dos vetores, senão o vetor primeiro, de reprodução depois de amplificação das desigualdades sociais. Assim, é significativo ver que o sistema escolar, na obra de Rowling, acaba dotado do poder de criar as hierarquias sociais que séries mais antigas pareciam considerar fundadas de uma vez por todas. No *Clube dos Cinco*, as estritas hierarquias sociais

---

[10] A. Blake, *L'irrésistible ascension de Harry Potter.*

respeitadas pelos heróis[11] são apenas as do nascimento. Em Rowling, a elite, definida no seio do colégio de Hogwarts pelo sistema das Casas, compõe-se indistintamente de bruxos filhos de bruxos (Harry), de membros de classes em declínio (Rony) e de membros de classes ascendentes (Hermione, filha de trouxas dotada de poder mágico)[12].

Assim, o conjunto dos romances de Rowling reproduz uma visão do mundo muito hierarquizada e profundamente desigual ao proceder a um trabalho de definição e classificação dos atores sociais, mais original que o tema mais convencional da luta contra o mal. Por um lado, os jovens bruxos distinguem-se, no sentido mais bourdieusiano do termo, dos trouxas, termo impreciso que caracteriza as pessoas inferiores que não possuem poderes mágicos nem podem compreendê-los. Se são, no caso da família adotiva de Harry, identificados socialmente aos "pequeno-burgueses", o que pode tornar a expressão desse racismo social mais aceitável no contexto aparentemente progressista da obra, também remetem ao "gordo", ao "pesado", ao "espesso", na verdade a uma vulgaridade toda "popular". Comendo demais, bebendo demais, falando alto demais e arrotando, os trouxas, de idéias retrógradas e securitárias, são normais, sem imaginação. Vêem televisão, comem hambúrgueres que só podem ser borrachudos, visitam parques de atrações e nunca abrem um livro. Esses seres são ainda mais definidos como sub-homens já que, conforme estereótipos antigos, costumam ser identificados a animais, principalmente ao porco.

Essa distinção primordial duplica-se de uma hierarquia interna ao grupo dos bruxos e mais precisamente ao estabelecimento escolar onde se desenrola a quase totalidade da ação. Este último é fortemente hierarquizado por um sistema de casas (em número de quatro) às quais os jovens são ligados, tão logo chegam, pela escolha indiscutível (mas cuja justeza presumidamente deve dissipar o arbítrio) de um chapéu

---

[11] Ver as saborosas páginas que lhes dedicam Marie-Pierre e Mathieu Michel-Colas, p. 99 e segs.

[12] Para uma leitura estruturalista da obra: P. Bruno, *La culture de l'enfance à l'heure de la mondialisation*, p. 195-212.

mágico. O grupo mais baixo é o dos Lufa-lufa, "que gostam de trabalhar" e que tudo remete ao universo dos trouxas. Servidos pelo fantasma de um monge gordo, são definidos pelo caráter medroso, o passo pouco seguro, a desconfiança e a burrice das opiniões ("os alunos limitados são numerosos em Lufa-lufa...", p. 84). O grupo que é imediatamente superior a eles, os Corvinal, "eruditos que querem de tudo conhecer", é pouco representado e aparentemente tem como função primeira, outro atributo tradicional dos grupos dominados, fornecer companheiras ao grupo a que pertence o herói. De fato, as intrigas giram em torno da rivalidade entre os dois últimos grupos, os bons de Grifinória, "os mais ousados e mais fortes", dos quais Harry Potter é membro, e os maus de Sonserina, "verdadeiros velhacos". A alegoria política é aí evidente. Evidente demais, talvez. Os Sonserina encarnam os herdeiros, os grupos dominantes reacionários. A autora dá com insistência a seu líder discursos elitistas e os identifica claramente com o nazismo. Não querem proibir o acesso à escola de bruxaria a quem não for filho de bruxo? Não zombam regularmente da pobreza de alguns de Grifinória? Por outro lado, estes (cuja cor emblemática é o vermelho) compõem-se essencialmente de bruxos filhos de trouxas e de alguns filhos de bruxos arruinados que servem de "escadas" cômicas aos primeiros pela falta de jeito ou pelas ridículas ambições. Esse grupo, para o qual vai toda a simpatia do autor e com o qual o leitor supostamente se identifica, é apresentado como a verdadeira elite social. Assim, para além das problemáticas específicas ao herói, os relatos encenam, fora de toda presença do vulgar, lembremos, os conflitos entre classes estabelecidas e classes ascendentes, entre ideologia da herança e ideologia meritocrática. Entretanto, essa problemática moderna, de conotações progressistas, da luta entre Grifinória e Sonserina confirma ou completa uma relação de solidariedade entre Grifinória, Corvinal e Lufa-lufa (no fim do primeiro volume, nos dizem, "Corvinal e Lufa-lufa estavam comemorando a derrota de Sonserina", p. 261). Entretanto, essa solidariedade de fachada baseia-se numa classificação muito mais antiga entre os que trabalham (e gostam disso), os que estudam (por inveja) e os que lutam contra o mal ("os mais fortes"). De fato, encontramos aí um modelo de sociedade bem

Antigo Regime, fundado nas três ordens arcaicas *laboratores, oratores* e *bellatores* – modelo que o autor tenta legitimar pelo gosto emprestado aos grupos dominados por sua condição.

O estudo estruturalista do sistema escolar confirma e completa os trabalhos os trabalhos de Ilias Yocaris relativos, estes, ao conteúdo do ensino dado aos alunos:

> Os programas educativos de Hogwarts são orientados de maneira muito precisa no plano didático: só contam as disciplinas suscetíveis de transmitir aos alunos um saber prático imediatamente explorável, que poderia ajudá-los na luta cotidiana pela sobrevivência. O que não é muito espantoso, na medida em que a prestigiosa escola visa formar, antes de tudo, indivíduos competitivos no mercado de trabalho e capazes de lutar contra as forças do Mal[13].

Para esse autor, a desvalorização das matérias artísticas e das ciências humanas traduz-se pela menor importância que têm nos currículos seguidos pelos alunos mas também pelo fato de ali serem apresentadas como tediosas – esse declínio não sendo para ele muito surpreendente num "sistema social que gira exclusivamente em torno do enfrentamento e da concorrência".

Sentido da obra e interpretação: os limites da politização

Se a presença dessas estruturas narrativas não é muito contestável, a avaliação da importância que têm na economia do relato e a avaliação, consecutiva, dos valores do autor apresentam uma dupla dificuldade. A primeira, que toca numa questão fundamental da crítica literária, refere-se à importância desses elementos implícitos do relato. Com efeito, a diferença é grande entre os que vêem aí uma margem do texto que, por não ter influência alguma na dinâmica da intriga, não foi muito

[13] I. Yocaris, *op. cit.*

levada em conta na análise crítica e aqueles que, em razão da abordagem estruturalista, vêem aí o fundamento, a matriz, dessa mesma intriga, o que, por não ser discutido, passa a ser indiscutível.

A segunda dificuldade, menos ligada ao choque dos paradigmas críticos, é a da diversidade das interpretações a serem dadas a esses elementos – diversidade que pode apresentar variantes locais. Para tomar o caso da França, para além do amplo consenso evocado acima, a leitura do conjunto das interpretações da obra nos dá, no entanto, a imagem de uma Rowling "de esquerda", ou pelo menos "de centro-esquerda". Única análise que rompe com esse consenso, a análise de Ilias Yocaris, que ultrapassa as clivagens políticas temporariamente construídas e as condenações convencionais ("simplista", "fora da moda", "reacionário"...), para situar com fineza sua leitura política num grau mais profundo, o das relações entre serviços públicos e setor privado:

> Hogwarts é uma escola de bruxaria privada, e seu diretor tem de lutar o tempo todo contra o Estado, essencialmente representado pelo inepto ministro Cornelius Fudge, o ridículo funcionário Percy Weasley e a odiosa inspetora Dolores Umbridge. [...] Evidentemente, o quadro é completado pelas queixas rituais quanto à rigidez e à incompetência dos funcionários. O aspecto fora de moda destes últimos rompe singularmente com a inventividade, a audácia e a atividade dos empreendedores, cujos méritos J. K. Rowling não cessa de exaltar[14].

Esse tipo de crítica permanece raro na França onde os defensores da série gostam de ressaltar a oposição de movimentos religiosos fundamentalistas aos livros de Rowling a fim de valorizá-los. E os amantes franceses dessas obras insistem longamente e, a justo título, nos motivos antifascistas que nelas se encontram. Uma das principais encarnações do mal foi vencida, dizem-nos, em 1945, um de seus acólitos, fundador da casa de Sonserina, chama-se Salazar (suas iniciais são, pois, S. S.) e os discursos racistas de Voldemort e dos cúmplices situam-se ostensivamente

[14] *Ibid.*

na linha direta das teorias nazistas. É evidente, demais talvez. É de tradição nas para-literaturas – dentre elas as destinadas à juventude – identificar os maus de ficção a forças políticas ou sociais reais. O medo dos bolcheviques e das classes perigosas características da década de 1960 (os dois estando, então, mais ou menos abertamente ligados) foi trocado, na última década, ao sabor dos acontecimentos políticos, pelo medo do nazismo e do mundo árabe (o amálgama também sendo aí às vezes obrigatório). Aliás, os atentados de 11 de setembro e o lançamento do filme deram uma importância nova a um motivo até ali desprezado e sobre o qual os críticos da obra demoram-se pouco: o porte de um turbante (elemento tipicamente oriental e que o autor qualifica de "ridículo") pelo traidor que introduz Voldemort em Hogwarts. E se seria incerto extrapolar sobre os laços estabelecidos por Rowling entre os portadores de turbante e os nostálgicos do nazismo, certos meios de comunicação americanos não hesitaram, a partir daí, em ver em Voldemort uma imagem premonitória de Bin Laden e, em seus acólitos, um clone da rede Al Qaida.

Outro elemento com freqüência utilizado para justificar a leitura progressista de Rowling deve ser relativizado da mesma maneira. As doações financeiras da autora para obras sociais, a publicação de duas obras curtas cuja renda foi doada a obras de caridade – por mais louváveis que essas ações possam ser – inscrevem-se numa tradição britânica. Em seu tempo, Enid Blyton – que não pode ser acusada de simpatias revolucionárias – havia criado vários clubes destinados à coleta de fundos para ações de caridade do *Famous Fibe Club* (clube dos fãs do Clube dos Cinco), instituído um sistema de doações para crianças enfermas na *Sunbeam Society*, dedicada às crianças cegas, passando pela *Enid Blyton Magazine Club*, voltada para crianças paralíticas. Da mesma forma, John Barie, autor de *Peter Pan*, doara os direitos de sua obra a um hospital londrino.

Sob outros céus, as leituras políticas de Rowling podem ser bem diferentes. No Reino Unido, onde as qualidades literárias de suas aventuras são com muito mais freqüência questionadas que do nosso lado do *Channel*, Harry Potter raramente é percebido como um modelo do progressismo. A crítica do *Guardian* fala de "obras conservadoras para uma época conservadora", Andrew Blake põe em perspectiva esses romances e os valores do novo Partido Trabalhista de Tony Blair (que ele considera pouco afetuoso com os meios populares e desfavorecidos) e Richard Adams insiste na nostalgia imperial de Rowling[15].

A diversidade das leituras políticas da obra e da vida de Rowling talvez seja apenas o reflexo da ambigüidade da própria autora – ambigüidade bem analisada no estudo britânico de Richard Adams. Por um lado, nos diz ele, Rowling apóia abertamente os trabalhistas e faz uma campanha ativa pelo reconhecimento do direito das famílias monoparentais; por outro, pertence a uma associação de nostálgicos dos pesos e medidas britânicos tradicionais (Harry Potter critica abertamente o sistema métrico, "bom para os trouxas", no quarto volume de suas aventuras) em que se encontram os mais conservadores dos Conservadores.

Das leituras políticas às teorias críticas da literatura

Assim, essas leituras "sociais" de *Harry Potter* não constituem um bloco homogêneo. Antes de mais nada, nem todas se fundam nos mesmos elementos objetivos do texto e se diferenciam ainda mais quando chega a hora de interpretar esses dados concretos. Mesmo assim, não se reduzem à justaposição de opiniões pessoais e sempre é possível extrair vários princípios diferenciadores.

O primeiro, que já tivemos a oportunidade de evocar, é o das variáveis geográficas. Estas funcionam, antes de mais nada, pela primazia concedida a tal ou tal questão social. Assim, nos Estados Unidos, a questão feminista foi objeto de vivos debates (às vezes, até, no seio da própria corrente feminista) embora quase nunca tenha sido evocada na França. Por outro lado, deste lado do Atlântico, a questão escolar conheceu uma importância inédita, que provavelmente se explica pelo lugar tomado desde a década de 1960 pela crítica do

[15] R. Adams, *Harry Potter and the closet conservatisme*, publicado no *site* Internet "The Voice of the Turtle".

papel reprodutor do sistema escolar na denúncia das desigualdades sociais pelos intelectuais progressistas. A variável geográfica também atua na questão das filiações literárias: o laço entre a obra de Rowling e a de Enid Blyton é essencialmente obra de críticos britânicos para quem, vendo a multiplicação de romances situados dentro de colégios, a originalidade do autor é bem menor. Andrew Blake mostra bem a íntima filiação entre Harry Potter e as outras aventuras de estudantes:

> O grande clássico inglês do gênero é o *Tom Brown's Psychology*, de Thomas Hughes, em que aparece igualmente o tema do destino revelado. O herói sobrevive à tirania dos pais (ou dos padrastos), aos maus-tratos domésticos, à solidão no meio escolar, às crueldades dos colegas de sala. Com o apoio de um mestre sábio, vai acabar (ao contribuir, por exemplo, para a vitória de seu time num jogo de cricket) sendo reconhecido e adulado[16].

Essa variável também atua nas interpretações da perspectiva histórica da obra. Se os críticos franceses interpretaram as alusões muito explícitas ao nazismo sob o ângulo da destruição dos judeus europeus, logo das questões da pureza étnica e da resistência ou da colaboração diante do arbítrio, os críticos britânicos (nisso provavelmente mais próximos do pensamento de Rowling) viram aí um discurso político sobre o imperialismo inglês do entre-guerras e uma nostalgia muito pouco progressista. Para além de uma abordagem interessante dos nomes dos personagens (os maus trazem patronímicos com consoantes franco-normandas como Voldemort* ou Malfoy*), Richard Adams procura situar no tempo o universo dos bruxos. Para ele (traduzimos livremente suas palavras), estes últimos vivem num universo bucólico de viagens em trem a vapor, artesãos, pequenos comerciantes, um universo de ruas pavimentadas, telhados de palha, um universo onde os carros

[16] A. Blake, *op. cit.*, p. 27.

ainda são o apanágio dos mais ricos ou dos mais poderosos, um universo que conhece o rádio mas não a televisão, a fotografia mas não o cinema, o dinheiro vivo e não os cheques. Um universo situado logo após o fim da Primeira Guerra Mundial, num mundo em marcha para uma outra guerra (daí a identificação de Voldemort com o nazismo), uma época em que o Reino Unido ainda podia considerar-se uma grande potência, em que as jardas, as onças e os acres tão amados por Rowling eram unidades de medida até no menor recanto de um Império hoje desaparecido[17].

O segundo critério, mais político, coincide com a oposição entre "crítica artística" e "crítica social", para retomar os termos de Luc Boltanski e Ève Chiapello. Seu caráter político deve-se ao fato de ela colocar a questão histórica (que atravessa o movimento social desde o meio do século XIX) da concordância ou da divergência de interesse entre os intelectuais e as classes populares (concordância axiomática a todas as interpretações dos intelectuais como vanguarda do movimento operário). Ela também coloca, de maneira mais atualizada (e menos imediatamente revolucionária), a questão crucial do papel emancipador ou alienante da cultura consagrada e dos vetores de sua mediação. Essa clivagem é encontrada nas críticas das representações do sistema escolar propostas por Rowling. Para alguns, e é o ponto de vista desenvolvido mais longamente acima, a escola é criticada porque ligada demais aos valores tradicionais nos programas, é certo (com a valorização de competências léxicas ou culturais socialmente marcadas), mas também em seu funcionamento global (suas hierarquias internas, a exclusão do maior número dos jovens do ensino dito "superior"). Essa crítica entra em concordância com a denúncia de uma escola que visa não só garantir a manutenção das posições em proveito dos "herdeiros" mas também legitimá-las ao permitir inculcar no maior número hierarquias e classificações que só favorecem a uma minoria. Para outros, esse mesmo sistema escolar é contestável porque trai, ao contrário, os valores

---

* Voldemort quer dizer em francês *vôo da morte.* (N.T.)

* Malfoy lembra em francês *má fé.* (N.T.)

[17] R. Adams, *op. cit.*

tradicionais da escola, porque questiona as humanidades tradicionais. Essa posição é particularmente pregnante na França. Jean-Jacques Lecercle[18], numa conferência pronunciada na École Normale Supérieure, estabelece claramente um vínculo, numa perspectiva marxista reivindicada, entre a globalização econômica e política (numerosas referências são feitas ao presidente republicano Bush), a mercantilização da literatura e o abandono das perspectivas críticas.

Entretanto, se podemos estar de acordo quanto a esse ponto como quanto à "necessidade da crítica que há pouco era evidente", um nítido desacordo rápido aparece entre os detentores da crítica social da escola e aqueles que, como ele, pedem o restabelecimento de cânones universitários (o que ele qualifica de "teoria do cânone justo" e de "essencialismo historicizado"). E isto, ainda mais que Jean-Jacques Lecercle parece lamentar a um só tempo o questionamento das hierarquias culturais tradicionais mas também a emergência de reivindicações identitárias (entre outras, em sua crítica de uma literatura globalizada "em que a literatura não se distingue mais da para-literatura, em que todos os grupos étnicos, sexuais, etc., devem estar igualmente representados"). Sobre esses pontos, o filósofo marxista aparece muito próximo de filósofos abertamente conservadores. Menos radical em sua crítica como em sua defesa da escola, Ilias Yocaris também funda, implicitamente, sua denúncia justificada e argumentada do sistema de ensino apresentado por Rowling numa visão do serviço público de educação como justo e meritocrático.

O terceiro critério é, por sua vez, mais teórico. Refere-se à natureza da realidade social exterior à qual liga o texto como criação individual. As análises permitem extrair três critérios, por outro lado, nem contraditórios nem exclusivos.

O texto pode ser assim ligado a uma "ideologia", a uma visão coletiva, a um projeto político. Assim, para Ilias Yocaris, "*Harry Potter* aparece,

---

[18] J.-J. Lecercle, *Faut-il canoniser Harry Potter?*, conferência pronunciada na ENS. Disponível em linha (consultada em 20 de dezembro de 2006): http://www.diffusion.ens.fr/index.php?res=conf&idconf=203.

portanto, sob vários aspectos, como uma obra-soma, a resumir – com certeza involuntariamente – o projeto educativo e social do capitalismo neoliberal"[19]. (Encontramos, aí, a concepção mais correntemente difundida da ideologia de um texto.)

O texto também pode ser posto em perspectiva num dado contexto político. Para Andrew Blake, a "ideologia" do texto de fato existe mas não remete mais a uma representação globalizada do mundo e sim, ao contrário, a uma visão fortemente ancorada no contexto britânico e ligada a acontecimentos políticos locais ("A obra de Rowling acertou na mosca ao tratar das angústias suscitadas por nosso mundo político e cultural atual")[20]. Assim, Andrew Blake estabelece um paralelo entre o sucesso de *Harry Potter* e a chegada ao poder dos trabalhistas de Tony Blair. Ambos se inscrevem num movimento comum que tende a conciliar tradição e modernidade (caracterizado, entre outros, por uma volta à década de 1960, vista como política e socialmente progressista), que o autor qualifica, nisso retomando um termo iniciado pelos publicitários, de "retrolucionário". Essa evolução política também é econômica e social. A valorização, por Tony Blair, da educação e da cultura (vistas como outras tantas fontes de lucro para a nação) inscreve-se numa redefinição da economia globalizada: "Tony Blair explica por que o Reino Unido precisa de um bom nível de educação (incentivado pelo fenômeno *Harry Potter*) e subentende, simultaneamente, que o setor da produção poderia ser descentralizado para as fábricas mais baratas nos países em via de desenvolvimento."[21] Essa nova repartição globalizada das tarefas não deve dissimular que "em trinta e três mil londrinos que se diziam jornalistas poucos de fato viviam da profissão (nem que) os trabalhadores "culturais" ganham menos que os empregados do McDonald's – atividade que eles em geral desprezam"[22]. Para Andrew Blake, essa valorização progressista da cultura não deve dissimular as regressões sociais então em curso: "Os

[19] I. Yocaris, *op. cit.*

[20] A. Blake, *op. cit.*, p. 11.

[21] *Ibid.*, p. 59.

[22] *Ibid.*, p. 61.

trabalhistas introduziram o salário mínimo, traficaram o sistema de assistência social para incitar os pais isolados, que viviam de ajuda do Estado, a reintegrarem o mundo do trabalho. Foi feito tudo para tornar a vida deles difícil."[23]

A análise de texto também pode visar a atualização das estruturas sociais ou narrativas implícitas. O artigo publicado no jornal *Libération* é mais especificamente estruturalista pelo fato de não estudar nem uma visão global do mundo nem um dado contexto geopolítico mas um certo número de estruturas narrativas julgadas pertinentes (o sistema escolar, o sistema das casas...) que o trabalho crítico tende a pôr em paralelo com estruturas sociais presentes ou passadas. Ao contrário da afirmação de Blake, para quem "se existe na escola de bruxaria uma hierarquia de classes, ela não dirige a intriga como nos romances vitorianos ou nas aventuras de estudantes da década de 1920"[24], essas estruturas das quais não questionamos a existência, o fundamento ou a justeza, tornam-se "indiscutíveis" e axiomáticas ao relato. Essa primazia concedida ao próprio texto e às suas classificações internas conduz os críticos a privilegiarem o estudo dos temas implícitos como o de elementos aparentemente secundários da intriga – para só tomar um exemplo, as regras do quadribol, esporte específico ao colégio de Hogwarts. Com efeito, se o conjunto dos esportes de bola se joga com um tipo de bola único pela qual se enfrenta o conjunto dos jogadores, o quadribol é de fato uma superposição de três partes simultâneas. Dois batedores rebatem um primeiro tipo de bola (as goles) para impedir que elas atinjam os parceiros. Três artilheiros e um goleiro jogam com outra bola (o balaço) a fim de marcar pontos como no futebol ou no basquete. Para acabar, um apanhador tenta agarrar outra bola (o pomo de ouro). A partida acaba quando o apanhador agarra o pomo de ouro e os pontos então marcados por seu time (150 contra 10 para um gol) em geral determinam os vencedores da prova. Se imaginarmos que as estruturas do esporte são uma espécie de parábola da sociedade que o adota, o

[23] *Ibid.*, p. 62.

[24] *Ibid.*, p. 24.

mundo de Hogwarts aparece a nossos olhos bem elitista com suas três "classes" muito hierarquizadas, com jogos distintos e situações muito desiguais – ainda mais que a desigualdade dos papéis se legitima pela desigualdade dos seres: os batedores da equipe de Harry são definidos pelos colegas como "uns balaços humanos" (p. 148).

Com freqüência ocultadas dos debates contraditórios, as leituras "sociais" dos *Harry Potter* puderam ser depreciadas ou objeto, pelo menos, de interpretação redutora. No entanto, a dificuldade que têm de encontrar uma audiência ampliada não pode se explicar apenas pela censura, real ou suposta, dos meios de comunicação. Antes de mais nada, seus pressupostos teóricos (como a análise estrutural do relato) costumam permanecer desconhecidos ou, pior, mal conhecidos pois reduzidos a um formalismo mecânico, à livre expressão de opiniões pessoais ou a uma postura convencional de intelectual engajado. Sobretudo, atrás de uma comunidade de preocupações e um acordo de fundo sobre os aspectos litigiosos da obra de Rowling, aparecem rápido diferenças de apreciação, talvez até visões antagônicas da ordem social (por exemplo, na visão implícita do sistema educativo) sustentadas por tradições políticas divergentes.

Referências bibliográficas

Adams R., *Harry Potter and the closet conservative*, publicado no *site* internet "The Voice of the Turtle".

Blake A., *L'irrésistible ascension d'Harry Potter*, Paris, Le Félin, 2003.

Bruno P., *La culture de l'enfance à l'heure de la mondialisation*, Paris, In Press, 2002.

Compagnon A., *Le démon de la théorie. Littérature et sens commun*, Paris, Le Seuil, 1998.

Eagleton T., *Critique et théorie littéraires : une introduction*, Paris, PUF, « Formes sémiotiques », 1994.

Macherey P., *Pour une théorie de la production littéraire*, Paris, Maspéro, 1996.

Michel-Colas M.-P. e M., *Le dossier Club des Cinq*, Paris, Magnard, l'École, 1983.

Yocaris I., « Harry au pays du marché triomphant », *Le Monde*, 4 de junho de 2004, p. 16.

Zipes J., *Sticks and Stones : The Troublesome of Children's Literature from Slovenly Peter to Harry Potter*, New York – Londres, Routledge, 2001.

SEGUNDA PARTE

A obra no cruzamento das filiações culturais

OS CONTOS E A PSICANÁLISE

Éric Auriacombe

> "Todo conto de fadas é um espelho mágico que reflete certos aspectos de nosso universo interior."[1]

Por que os seres humanos (se) contam histórias?

Dizer, mostrar, escrever. Desde sempre, autores propuseram às crianças, mas também aos adultos, descobrir heróis de conto de fadas e universos maravilhosos. Joanne Kathleen Rowling inscreve-se nessa linhagem com sua série de romances sobre Harry Potter e consideramos que esses livros são um conto contemporâneo com numerosas referências tradicionais.

Escutar, olhar, ler... As crianças se apoderaram desse personagem inocente e ingênuo que sobrevive num mundo hostil confrontado com provas perigosas. Que laços podem ser estabelecidos entre as propostas literárias feitas às crianças e o funcionamento psíquico? Os contos participam do desenvolvimento psicológico? O conteúdo do conto pode ser relacionado com esse funcionamento? A criança é um criador de histórias, mas os contos também contribuem para fabricar (para nutrir) a criança e sua imaginação. Por quê? Como? Vamos tentar precisar essas conexões.

As relações humanas são assunto de linguagem e de fala, mas contar permanece uma forma particular de transmissão de mensagens, de uns

---

[1] B. Bettelheim, *La psychanalyse des contes de fées*, Paris, Robert Laffont, 1976.

aos outros. Com sua inventividade, o contador parece pôr em jogo as relações complexas da verdade e da mentira. Se os contos transmitem mensagens, quais são os níveis possíveis de interpretação? Qual pode ser o lugar da psicanálise na compreensão, na decifração, na tradução dessas mensagens? O que autoriza uma leitura clínica, psicanalítica, do herói literário Harry Potter?

O infantil e os contos

Harry Potter surge como um personagem cativante que Rowling não apresenta como um super-herói. É parecido com todas as crianças, que podem, assim, identificar-se com ele mais facilmente. É simpático. Pode-se literalmente sofrer com ele. Trata-se, antes de mais nada, de uma criança enlutada, infeliz, maltratada, resiliente. Uma alternativa à sua triste vida lhe é proposta sob a forma de um romance familiar espantoso, surpreendente, cheio de mistério e angústia, mas também de amizade e amor. As situações nas quais os personagens são colocados favorecem projeções e identificações: as relações com os pais e entre as crianças (amizade, amor), o contexto das situações (órfão, traumatismo, segredo vergonhoso, resiliência), o lugar da escola, do internato (relação com o meio, com os professores, dinâmica da transmissão do saber). Harry cresce ao longo dos diferentes romances. E os garotos leitores ganharam idade com ele. Se começaram a leitura aos 11 anos, ainda se reconhecem no adolescente rebelde e tristonho que ele se torna aos 16 anos. Com efeito, a problemática se desloca daquela do grande menino ingênuo para a do adolescente independente e reativo. Órfão na idade de 1 ano, Harry teria perdido os pais num acidente de carro, no qual ele próprio esteve implicado. Dele conservou um rastro, inscrito profundamente em sua carne, sob a forma de uma cicatriz na testa. Seus tios o recolhem contra a vontade e o maltratam. Aos 11 anos, ele fica sabendo que pertence ao povo dos bruxos. Duas teorias relativas à morte de seus pais se justapõem então, a dos trouxas e do acidente traumático, e a dos bruxos e do combate com Lord Voldemort.

A intriga se orienta para o reaparecimento progressivo do Lord das Trevas Voldemort e o suspense quanto ao desfecho final aumenta ao longo dos volumes. O personagem principal evolui progressivamente: descobre a família e as origens. Reconstitui sua história apesar do peso do segredo e do silêncio. Voldemort aos poucos renasce e encarna, por sua vez, a figura do inimigo. A vida psíquica do garoto é descrita de modo muito preciso: dor e depressão, angústia, culpa, sentimento de vazio e alucinação, dúvida quanto à sua integridade física e mental, sonhos de repetição, pesadelos, relação especular, laços com o pai e a mãe[2]. A notar, o aspecto às vezes caprichoso de Harry adolescente no tomo V: tristonho, com mania de perseguição, acessos de cólera, egocêntrico.

"O inconsciente é uma parte de nossa personalidade que, na infância, dela se desprende, não segue sua evolução ulterior e que, por isso, é recalcada: o inconsciente é o infantil em nós", dizia Sigmund Freud[3]. Qual é o objeto da psicanálise? Como ciência do inconsciente, ela precisa as relações complexas do inconsciente e do consciente, das pulsões que visam à autoconservação (pulsões do eu [*moi*]) e as que visam à conservação da espécie (pulsões sexuais), as questões da articulação do narcisismo (amor do eu [*moi*]) e do amor de objeto. Ela estuda mais precisamente a questão do infantil.

O infantil consiste na elaboração desse mundo inconsciente das instâncias psíquicas, dos conflitos e dos mecanismos de defesa, da temporalização que implica que, em cada uma das idades da vida, uma configuração nova toma lugar no pedestal das etapas anteriores. Harry compreende que vive em dois mundos justapostos, intimamente ligados, em inter-relação, mas no entanto separados: o mundo dos trouxas e o dos bruxos. Uma primeira abordagem poderia opor radicalmente o funcionamento dos garotos-bruxos ao dos pais-trouxas, ou então proporia confrontar o consciente (e o universo estreito dos Dursley) e o inconsciente (com a criatividade onírica dos bruxos). De nossa parte, consideramos que

---

[2] Propusemos um estudo psicopatológico desse personagem em nosso livro: *Harry Potter, l'enfant héros* (ver bibliografia no fim do artigo).

[3] S. Freud, *Cinq psychanalyses*, p. 214.

o mundo dos bruxos privilegiava bastante o funcionamento infantil, com o uso controlado (pelo ministério!) do pensamento mágico, o todo-poder dos pensamentos, o poder concedido às palavras... Quando Ferenczi[4] evocava a linguagem da ternura das crianças e a da paixão dos adultos, ele já parecia anunciar o impossível encontro entre Harry e os Dursley. Assim, os trouxas são adultos que não se lembram como funcionaram quando crianças, que ignoram tudo o que é específico à infância que viveram. Querem e devem permanecer ignorantes da existência do mundo dos bruxos (sortilégio de amnésia). Os próprios bruxos não sabem como realmente funciona o mundo dos trouxas. Costumam ficar fascinados pela necessidade de adaptar-se a um meio não mágico.

Os adultos parecem sofrer de uma amnésia do infantil que continua a permanecer ativo e vivo no mundo dos bruxos. Os *Harry Potter* propõem uma forma de descoberta, de descobrimento do universo inconsciente da criança como apresentação metafórica do aparelho psíquico.

Do fantástico à fantasia. Que verdade? Que realidade?

Assim, Rowling apresenta um universo clivado entre realidade efetiva e mundo imaginário. O conto maravilhoso cria um mundo que se apóia na fantasia. O contador inventa histórias que entram em ressonância com a vida psíquica da criança, na proximidade das experiências de satisfação do desejo mas também das experiências de dor e pavor. Assim, poderíamos mostrar que os *Harry Potter* dão uma resposta à questão da dor e da morte e que ela propõe uma abertura para o enigma do abandono e da solidão ou para as possibilidades de mentiras e ódio dos adultos!

Ao escrever seu artigo sobre *O inquietante*[5], Freud se interroga sobre o que provoca o prazer ou o pavor na leitura. Ele estuda notadamente

---

[4] S. Ferenczi, "Confusion de langue entre les adultes et l'enfant. Le langage de la tendresse et de la passion », *Psychanalyse*, 4.

[5] S. Freud, *L'inquiétant*, *OCF.P*, t. XV.

a lembrança de infância de um herói literário, Natanael, que perdeu o pai quando jovem. Natanael, ao ficar adulto, continua aterrorizado pelo personagem do conto "O homem da areia", "figura de pavor de seus anos de infância". Um personagem, o advogado Copélio, parece assumir o aspecto do Homem da areia[6]. Freud então se pergunta se convém pensar que se trata do primeiro delírio do garoto possuído pela angústia ou se estamos, então, às voltas com uma verdade, com uma realidade no mundo fictício do relato. Ele evoca o dilema do leitor que deve escolher entre duas modalidades de leitura e compreensão: ou ele considera que Natanael começa a delirar na infância, confunde Copélio com o homem do conto, depois tem vários episódios de loucura e acaba se suicidando; ou Copélio de fato é o Homem da areia e o vivido de Natanael é perfeitamente justificado.

Para Harry Potter, a mesma questão pode se colocar: ele está delirando ao pensar que os pais foram mortos por Voldemort, ou então se trata de uma forma de verdade daquilo que ele vive? O mundo dos bruxos pertence à realidade ou constitui uma ficção delirante ou onírica? Freud precisa que o escritor produz em nós uma espécie de incerteza ao não nos deixar, antes de mais nada, adivinhar se ele vai nos introduzir no mundo real ou num mundo fantástico. O leitor vai ficar indeciso quanto à verdade das situações apresentadas. Entretanto, Freud indica que devemos tratar o mundo poético como uma forma de realidade. Assim, duas leituras seriam possíveis. Uma considera que Harry inventa um universo mágico para lutar contra a depressão provocada pela morte dos pais num acidente de carro e suportar as maldades de que é vítima, o que corresponde a uma hipótese pragmática e descritiva. De nossa parte, escolhemos considerar a verdade do texto e pensar que o conto veicula a realidade do universo das crianças, a maneira como elas funcionam psiquicamente. Nessa ótica, os contos pertencem ao processo de teorização infantil pelo qual as crianças buscam entender o funcionamento do mundo no qual estão crescendo. Elas elaboram

---

[6] *Ibid.*, p. 164.

seus próprios roteiros sobre as origens, a diferença dos sexos e a geração, a vida e a morte. Assim, os contos constituem reservatórios de teorias infantis. Seus esquemas teóricos são reconhecidos no social e no familiar. Veiculam mensagens transgeracionais que participam da tecedura dos laços de uma comunidade. A utilidade desses esquemas e dessas formações da fantasia deve ser sublinhada para a criança que se estrutura. Os textos propostos têm função de continente psíquico, estruturantes, maturativos. Mas também podem ter um caráter alienante pois continuam sendo esquemas impostos pelo corpo social. Esse processo de teorização permanece igualmente ligado ao tempo da criança, à sua temporalização, cada etapa de seu desenvolvimento correspondendo a problemáticas distintas. Para que uma transmissão possa se efetuar, é preciso que uma forma de encontro se instaure entre o conto e a criança. Esta nem sempre está disposta a receber um conto. Eles devem situar-se em harmonia, seja pela estrutura apresentada em função das etapas do desenvolvimento da criança ou pelos temas propostos. Caso contrário, a escuta de um conto poderia provocar uma regressão, uma volta a uma etapa passada do desenvolvimento psicológico da criança, um recurso a um modo de funcionamento psíquico abandonado? O encontro com um elemento significante importante para o ouvinte ou o leitor induziria uma regressão próxima da do sonho? A prática da contagem (um conto permanece fundamentalmente "contagioso") parece-nos propor ao ouvinte ou ao leitor uma reatualização formal da situação de sedução originária: a criança recebe mensagens por parte dos adultos que ela se esforça em traduzir, em teorizar a partir dos meios de compreensão de que dispõe.

A leitura do conto permanece uma modalidade de abordagem particular em relação à transmissão oral. A questão também se colocaria para o cinema. Escutar, ver, ler... Talvez haja uma progressão entre essas diferentes modalidades de comunicação da mensagem do conto? Da fala à escrita, passando pela imagem. A leitura certamente convida a uma modalidade de regressão mais enquadrada, embora muitos leitores devorem os *Harry Potter*!

O CONTO MARAVILHOSO E O DOMÍNIO DO SONHO. DA INTERPRETAÇÃO DOS SONHOS À TRADUÇÃO DOS CONTOS

O trabalho do conto pode ser aproximado daquilo que é chamado o trabalho do sonho[7], notadamente porque o conto apresenta, de maneira mais ou menos mascarada, um conteúdo no lugar de outro. Nos contos, como nos sonhos, que constituem formações do inconsciente, parece possível extrair um conteúdo latente de uma aparência manifesta. A criação literária, próxima dos devaneios diurnos, aparenta-se com os sonhos como cumprimento de desejo.

Em numerosos contos, o herói é órfão. A mãe ou o pai desaparecem ou morrem desde o início da história. Como os pais não estão mais presentes, o texto do conto pode então mostrar sentimentos particularmente hostis ou diretamente odiosos para com personagens chamados a tomar o lugar da família. A ambivalência se expõe claramente, amor e ódio misturados, seja em configurações edipianas ou em fantasias mais arcaicas. Assim, a ambivalência de Harry para com seu padrinho Sirius Black, Dumbledore ou Mrs. Weasley manifesta-se em várias circunstâncias, da mesma forma que sua hostilidade por sua tia, tio ou primo que o maltratam. Mas Harry vai conservar intactas as imagens idealizadas dos pais que o apóiam.

O texto do conto parece próximo dos sonhos de crianças cujo conteúdo fantasmático aparece de modo mais claro que o dos adultos e abre para a questão do pesadelo. O onirismo delirante do conto torna-se então, por certo, a realização de desejos, a exposição de fantasias recalcadas, mas também a manifestação de lembranças de pavor evitadas. A justaposição da realidade efetiva e a do sonho justifica a descrição de pontos de passagem com freqüência observáveis nos contos. Entre a criança e o maravilhoso, há uma espécie de viagem... com pontos de passagem de uma realidade à outra. Em *As crônicas de Narmia*[8], as crianças

---

[7] "Conjunto das operações que transformam os materiais do sonho num produto: o sonho manifesto. A deformação é o efeito desse trabalho" (J. Laplanche, J.-B. Pontalis, *Vocabulaire de psychanalyse*).

[8] C. S. Lewis, *Le Monde de Narnia.*

chegam ao mundo gelado da bruxa branca pelo fundo de um armário cheio de mantôs de pele. Trata-se de um mundo de sonho, onírico, fora do tempo e do espaço habitual. Em *Harry Potter*, a passagem se situa na plataforma nove e meio da estação ou no Beco Diagonal. Freud propõe um método para interpretar os sonhos: o método da associação livre, que permite ao sonhador chegar a uma forma de conhecimento do conteúdo latente do sonho. Esse método é individual. As associações do sonhador pertencem só a ele, estão ligadas à sua história, suas lembranças, impressões. No entanto, persiste uma tentação de utilizar uma grade de tradução já preparada, uma forma de chave dos sonhos que permitiria interpretar os sonhos de cada um. O modelo grego apóia-se nessa abordagem hermenêutica que vai utilizar interpretações simbolistas, arquetípicas ou mitológicas. Sem questionar o interesse de extrair mitemas a partir dos mitos, dos contos e das lendas, sublinhemos que essa iniciativa se opõe à abordagem individual e singular trazida pela psicanálise. Assim, Harry poderia figurar o herói edipiano ou percorrer as etapas do ciclo arturiano da busca do Graal. Nossa pesquisa caminha noutra direção, a da psicanálise. Lembremos que Jean Laplanche[9] indica que a abordagem psicanalítica permanece uma anti-hermenêutica. Enquanto o simbolismo se esforça para preencher a vacância criada pelo discurso, a escuta analítica abre para o oco do enigma. A iniciativa de Rowling, na escrita progressiva da história de Harry Potter, permite conservar essa dimensão de mistério e enigma de um "dizer" que se desdobra de modo indireto e que incita o leitor à teorização.

Como para o trabalho do sonho e a regressão que o acompanha, chamamos trabalho do conto as propostas fantasmáticas ou de configuração psicológica descritas pelo contador e regressão do conto as reatualizações das etapas anteriores do desenvolvimento afetivo que ele opera no leitor. O conto torna-se uma oferta de regressão, não culposa ou vergonhosa. Funciona como um sonho acordado com o qual a criança pode brincar ao instaurar uma neo-realidade mais de acordo com os seus

---

[9] J. Laplanche, *La révolution copernicienne inachevée.*

desejos e as suas aspirações inconscientes. Como um delírio, mas sem a convicção ou a crença, o conto desdobra o "sequer é verdade" com o qual a criança brinca de acreditar... Certos adultos a isso também serão particularmente sensíveis, outros farão esforços (os squibs ou abortos). Alguns, enfim, vão permanecer totalmente insensíveis a esse universo maravilhoso (os trouxas). As crianças fazem tentativas de tradução que fracassam necessariamente, mas que formam o pedestal das histórias que elas contam umas às outras, das teorias que inventam. As mensagens se instalam como enigmas. O da esfinge do mito de Édipo continua sendo um modelo exemplar pois se refere à evolução no tempo do ser humano. No tomo IV, na terceira prova do torneio dos três bruxos, a esfinge coloca a Harry um enigma sobre o que também é preciso aprender na origem, depois o reinado do herói e enfim o fim do tempo[10].

O conto é um modo específico de transmissão oral, um concentrado de fantasias, *prêt-à-porter*, de que a criança pode se apropriar sem grande risco. Como sublinha Lafforgue, o conto permite desintoxicar as fantasias que ele apresente.

O conto como espaço lúdico

Qual é a origem, a gênese do maravilhoso? Na origem, o bebê vive num mundo organizado em torno de suas experiências corporais e psíquicas de satisfação, falta, dor ou pavor. A presença maternante permite que a criança unifique suas percepções e as integre progressivamente num processo de representação. Para Winnicott, a mãe suficientemente boa e atenta deve dar à criança a ilusão de que é ela mesma quem cria o objeto de seus desejos, a impressão de que ela inventa o mundo que a mãe lhe propõe. Esta lhe dá a ilusão de que ela é bruxa: "Se a mãe for capaz de desempenhar esse papel durante um certo tempo sem, por assim dizer, admitir entraves, o bebê vive então uma experiência de controle mágico, isto é, uma experiência daquilo que chamamos onipotência,

---

[10] *Harry Potter et la coupe de feu*, p. 561.

quando descrevemos os processos intrapsíquicos."[11] Para isso, é preciso uma relação de segurança e confiança:

> A confiança na mãe suscita um campo de jogo intermediário onde a idéia de magia toma sua origem na medida em que o bebê de fato faz ali a experiência da onipotência... Falo aqui de campo de jogo, pois é um espaço potencial que se situa entre a mãe e o bebê ou que une um ao outro[12].

O objeto apresentado torna-se então um objeto mágico, pode aparecer e manifestar-se quase à vontade. O quase se situa do lado do pai ou, mais exatamente, da idéia do pai no pensamento da mãe, que contribui para desiludir a criança!

Progressivamente, o mundo se diferencia para o bebê, que tende a pôr para dentro o que é bom e a jogar fora o que acha ruim. No mesmo tempo, julga a existência ou a não existência dos elementos que o cercam. Um espaço se instala, transição entre a criança e o mundo exterior. Ele é e não é uma formação psíquica da criança. Trata-se de um lugar potencial no qual vão desdobrar-se as capacidades criadoras da criança, depois mais tarde do adulto que ela se tornará. O objeto se manifesta, então, nessa área paradoxal que não se situa nem do lado da criança, nem do lado da mãe, pois ele não existe realmente. Torna-se mágico[13], também já aparece lúdico. O exemplo clássico continua sendo o do objeto transicional (a pelúcia, o lenço), que é a um só tempo uma criação da criança embora seja o primeiro objeto não eu [*moi*]. O objeto transicional corresponde à primeira fantasia. O maravilhoso se desdobra nesse espaço que, de certa maneira, instala então um lugar a partir do qual o jogo pode se desenvolver. Necessário a seu equilíbrio, esse processo instaura uma relação entre a criança e o mundo, a criança

---

[11] D. W. Winnicott, *Jeu et réalité*, p. 67.

[12] *Ibid.*, p. 67.

[13] "É da precariedade da própria magia que se está tratando, da magia que nasce da intimidade no seio de uma relação da qual devemos nos assegurar que é fiável..." (*ibid.*, p. 67).

apoiando-se na dinâmica do jogo para construir seu psiquismo e sua realidade interna. O jogo toma então apoio na realidade, depois a criança a faz evoluir ao sabor de sua fantasia. Os objetos e os fenômenos transicionais constituem a base. O espaço transicional corresponde ao lugar sobre o qual a fantasia pode se desdobrar.

Freud compara a criação literária com o jogo da criança[14]. Toda criança se comporta como poeta ao inventar um universo pessoal e lúdico. Ela transpõe as coisas do mundo no qual ela vive para uma ordem nova inteiramente à sua conveniência e cria, assim, uma neo-realidade mais de acordo com as suas aspirações. A criança, que leva muito a sério seu jogo e nele emprega grandes quantidades de afeto, distingue-o muito bem da realidade e busca facilmente no real um ponto de apoio para os objetos e as situações que ela imagina.

> O jogo das crianças é orientado por desejos, propriamente falando por esse desejo que ajuda a criar a criança, o de tornar-se grande, adulto. A criança sempre brinca de ser grande, imita nesses jogos o que ela pôde conhecer da vida das pessoas grandes. Logo, ela não tem razão alguma para dissimular esse desejo[15].

O adulto não pode mais brincar com tanta seriedade. No entanto, permanecem rastros dessa tendência ao jogo infantil no humor e nos chistes: "Quando a criança cresceu e que parou de brincar, quando, durante anos, psiquicamente se esforçou para entender as realidades da vida com a seriedade desejada, pode acontecer que, num belo dia, ela caia numa disposição psíquica que apague novamente essa oposição entre jogo e realidade. O adulto lembra-se da seriedade com a qual se entregava a seus jogos de criança e acaba comparando suas ocupações pretensamente graves com esses jogos infantis: liberta-se então da opressão pesada demais da vida e conquista o gozo superior do humor."[16]

---

[14] *La création littéraire et le rêve éveillé*, in *Essais de psychanalyse appliqué*, p. 70.

[15] *Ibid.*, p. 72.

[16] *Ibid.*, p. 71.

As fantasias também poderiam constituir formações substitutivas a essas situações de jogo. São no entanto menos aparentes em razão da vergonha que engendram pois permanecem infantis e proibidas: "A obra literária, assim como o sonho diurno, seria uma continuação e um substituto do jogo infantil de antigamente."[17]

O conto e o imaginário

No jogo, o imaginário das crianças se põe em ação. Durante o estádio do espelho, o Eu [*Moi*] da criança nasce sob a forma global de uma imagem exterior a ela. Trata-se de uma instância imaginária e ideal que a criança constrói ao antecipar seu desenvolvimento futuro e ao integrar as mensagens dos pais. Existe um risco de ela sentir prazer numa forma de fascinação por essa imagem ideal, heróica, por esse belo objeto que ela pensa ser. O Eu [*Moi*] da criança corresponde ao protótipo do herói do conto maravilhoso.

Como Harry diante do espelho do Ojesed ao descobrir o reflexo de seus pais, a criança pode ficar fascinada pela imagem maravilhosa que ela contempla no espelho. A intervenção de Dumbledore mostra bem que o papel do pai consiste em permitir que o filho se desprenda dessa imagem ideal e expresse pela fala a relação imaginária da criança com seu Eu [*Moi*]. Assim, o maravilhoso se instala no espaço transicional e se reforça com a instauração do Eu [*Moi*] num modo imaginário ideal e heróico. Mas convém imperativamente que o processo de individualização prossiga para um desligamento e uma estruturação do espaço imaginário pela atividade simbólica que emana do lugar do pai, da lei, da sociedade. Na ausência dessa função reguladora, a criança arrisca instalar-se e perder-se num modo delirante de relação com a realidade. Poderíamos distinguir vários níveis de realidade. O primeiro corresponde a uma realidade psíquica, a da fantasia de desejo, do mundo interno: a realidade do jogo criativo. O segundo é uma realidade efetiva, material: o mundo que nos cerca. Enfim,

---

[17] *Ibid.*, p. 79.

existe um real, que se sustenta das relações precoces de objeto e se articula às dimensões imaginárias e simbólicas já examinadas.

O que determina as relações do sujeito com a realidade, com sua realidade? A criança evolui e cresce no confronto e na justaposição das realidades psíquicas e materiais. No jogo, a criança parte da realidade para fazê-la evoluir em função de sua fantasia. A fantasia pode assim realizar-se no jogo. O sujeito então se identifica com o herói invulnerável, todo-poderoso. Ele cliva o mundo em bom – mau e cria assim um universo maniqueísta. O eu [*moi*] também pode ser representado por vários heróis e ele mesmo se contemplar numa forma de visão excêntrica. O herói que se expõe e se arrisca em toda segurança corresponde à "sua majestade o eu [*moi*], herói de todos os sonhos diurnos como de todos os romances"[18]. Organiza seu mundo em função das vontades do eu [*moi*]. A identidade heróica permanece ligada ao narcisismo e as instâncias ideais participam da dinâmica imaginária, em seus laços com o real e o simbólico. Coloca-se o problema da estabilidade da imagem no espaço e o tempo particular sobre o qual ela se desdobra. O que faz a verdade ou a mentira da imagem? A imagem pode despedaçar-se. Também arrisca constituir o pedestal de um mundo totalitário. A prova de realidade permite que a criança se situe entre o maravilhoso de seu desejo e a realidade do mundo que a cerca. Mas, continua sendo bem difícil dizer o que constitui o verdadeiro da fantasia, da realidade, do mundo das palavras, dos discursos e dos símbolos. Podem assim desdobrar-se as teorias infantis, o romance familiar, as fantasias... que assumem valor de verdade para a criança mas que ela também pode posicionar como mentira quando se desenvolvem no espaço transicional. A criança brinca, depois o adulto fantasia, mas essas atividades são similares. A criança transpõe e se esforça para dar sentido às coisas do mundo. Tem paralelamente uma atividade de tradução das mensagens que os adultos lhe endereçam através dos contos. Essas mensagens veiculam fantasias inconscientes que o adulto transmite sem querer. Essa atividade tradutora

[18] *Ibid.*, p. 77.

e teorizadora prossegue na idade adulta mas sem recurso sistemático ao jogo. O adolescente renuncia a buscar um ponto de apoio nos objetos reais. A fantasia predomina então, mesmo que o humor e o jogo com as palavras possam ainda estar ativos. Aos poucos se torna vergonhosa e deve ser escondida dos outros. Por que a criança bruxa, em sua inocência, pode desvelar seus desejos no jogo ao passo que o adulto trouxa, em sua paixão, deve mascará-los? O adulto pensa que suas fantasias pertencem só a ele e que não pode partilhá-las sem decair ou transgredir uma forma de interdito. Assim, a fantasia parece então opor-se ao jogo nessa impossibilidade de desvelamento ou de reconhecimento.

Mas, se passamos assim do jogo ao sonho diurno e à criação literária, é igualmente possível evidenciar um efeito retrógrado que, da história contada ao jogo, poderia permitir a superação da vergonha e da culpa na transgressão dos interditos. Freud fala, então, de um prêmio de sedução ligado ao prazer estético experimentado por causa da reprodução velada do desejo infantil autorizado pelo jogo. O contador nos permite então gozar de nossas próprias fantasias sem vergonha nem inibição. Ele provoca o prazer da escuta e da leitura ao apresentar fantasias de maneira escutável, sedutora, estética. Assim, a questão da estética resulta, por um lado na técnica e na forma, por outro no conteúdo daquilo que é exprimido. O interesse dos adultos pelos *Harry Potter* pode encontrar aqui uma explicação.

* * *

A série de romances de Rowling constitui um exemplo de escrita de conto contemporâneo. A rapidez dos meios de transmissão e de comunicação explica sua difusão rápida pelo mundo. A noção de contagem mostra bem que a função do contador permanece ligada àquela de contágio. Ao perceberem que os pais, seus primeiros heróis, não são infalíveis, as crianças inventam heróis que lhes permitem explorar a individualidade e a criatividade. Escolhem personagens que reflitam suas preocupações próprias. As crianças, mas também os adultos, podem encontrar nos *Harry Potter* o quadro e os conteúdos que põem em trabalho a problemática infantil.

O universo de Harry Potter torna-se um espaço projetivo privilegiado. As crianças jogam fora elementos que elas não querem reconhecer como se lhes pertencessem. Os contos propõem igualmente um suporte identificador. A identificação permite que as crianças cresçam tomando emprestado elementos particulares aos personagens reais ou imaginários com os quais convivem. Elas constroem para si por identificações sucessivas, por estratos. Esse mecanismo de identificação também se apóia no registro do simbólico. Logo, o conto propõe um quadro mito-simbólico coletivo. Trata-se, decerto, de respostas feitas, mas também de elementos que podem constituir o ponto de partida, umbilical, das elaborações fantasmáticas da criança teórica. Como sublinhava Bettelheim, as crianças, nos dias de hoje, precisam de heróis que se aventurem sós no mundo e atravessem provas com temeridade e confiança: "Hoje, mais ainda que no passado, a criança precisa ser tranqüilizada pela imagem de um ser que, apesar de seu isolamento, é capaz de estabelecer relações significativas e ricas em recompensas com o mundo que o cerca."[19]

Harry Potter indica soluções éticas possíveis em relação às dificuldades encontradas pelas crianças. Mostra as possibilidades de resiliência de uma criança órfã, traumatizada e maltratada, que sobrevive graças à sua coragem, à sua inventividade e a seus amigos. Apresenta mensagens que valorizam a coragem, a inteligência, a franqueza; a amizade e o amor; o humor; a confiança. Sublinha a importância de um saber e de um conhecimento não totalizantes e que abre à tolerância: os outros podem ser diferentes (anti-racismo); é crucial reconhecer que podemos nos enganar, reconhecer nossos erros; é preciso ter uma causa para defender ainda que seja difícil. Não se deve ceder à facilidade (sobre seu desejo) nem à opinião comum. É necessário formar um grupo para se defender e sobreviver. Os trouxas (adultos) devem ser respeitados, mas também protegidos. As crianças também devem cuidar dos adultos! Nesse romance, em geral é difícil determinar quem é bom e quem é mau, quem existe ou não existe, quem está morto, quem está vivo. Existe uma

---

[19] *La psychanalyse des contes de fées*, p. 29.

forma de indecisão que reforça o lado enigmático e misterioso no qual se apóia o suspense desses romances. Essa indecisão deve ser um indício da modernidade deles. Os contos têm assim uma função complexa, a um só tempo lúdica, psicológica e educativa. Sejam de ontem ou de hoje, ponham em cena o Pequeno Polegar e o ogro ou, então, Harry Potter e Voldemort, os contos fazem parte do desenvolvimento psicológico das crianças e permanecem um apoio precioso para ajudá-las a superar as angústias e as dificuldades da existência.

Referências bibliográficas

Auriacombe É., *Harry Potter, l'enfant héros*, Paris, PUF, 2005.

Auriacombe É., *Les deuils infantiles*, Paris, L'Harmattan, 2001.

Bettelheim B., *La psychanalyse des contes de fées*, Paris, Robert Laffont, 1976.

Ferenczi S., « Confusion de langue entre les adultes et l'enfants. Le langage de la tendresse et de la passion », *Psychanalyse, 4*, Paris, Payot, 1982.

Freud S., *Cinq psychanalyses*, Paris, PUF, 1975.

Freud S., *L'inquiétant*, *OCF.P*, t. XV, Paris, PUF, 1996.

Freud S., *La création littéraire et le rêve éveillé*, in *Essais de psychanalyse appliquée*, Paris, Gallimard, 1978.

Lacan J., *Écrits*, Paris, Le Seuil, 1966.

Lafforgue P., *Petit Poucet deviendra grand*, Paris, Payot, 2002.

Laplanche J., *Nouveaux fondements pour la psychanalyse*, Paris, PUF, 1987.

Laplanche J., *La révolution copernicienne inachevée*, Paris, Aubier, 1992.

Laplanche J., Pontalis J.-B., *Vocabulaire de psychanalyse*, Paris, PUF, 1967.

Winnicott D. W., *Jeu et réalité*, Paris, Gallimard, 1971.

HARRY POTTER NA ESCOLA DOS JUVENISTAS

JOHANNE PRUD'HOMME

Desde 1997, o furacão Potter risca com raios recorrentes o céu da literatura para a juventude. Jamais uma obra contemporânea destinada a um jovem público terá feito falar tanto dela nem terá conhecido um número tão vasto de leitores. As máquinas editoriais bem azeitadas de Bloomsbury, Scholastic Press ou Gallimard Jeunesse, as adaptações cinematográficas e algo como 84 milhões de páginas – em junho de 2007 – referentes a *Harry Potter* na Internet contribuem sem contestação para o crescimento exponencial do "fenômeno Harry Potter"[1]. A essa propagação – que o primeiro capítulo de *Harry Potter and the Philosophe's Stone* põe em abismo: "Vão escrever livros sobre Harry. Todas as crianças no nosso mundo vão conhecer o nome dele!"[2] – corresponde um entusiasmo indefectível dos fãs pela obra e uma paixão por sua releitura e interpretação. Com efeito, leitores de todas as idades, culturas e gerações animam-se na internet, criam *meta-sites*[3], grupos de discussão e *podcasts*. Neles são analisados a fundo os

[1] J. Zipes, *Sticks and Stones*, p. 170-189.

[2] *Harry Potter and The Philosopher's Stone*. Doravante, as referências à obra aparecerão entre parênteses, no corpo do texto [língua original: (*HPP*, 22); tradução (*HPP*, 17)].

[3] A expressão é tomada de C. Mitchel e J. Reid-Walsh, *Researching Children's Popular Culture. The Cultural Spaces of childhodd*, p. 159.

romances e formuladas, conforme a expressão dos internautas, "teorias" cuja ortodoxia avaliamos pelo uso respeitoso de um "cânone"[4] fundado apenas nas fontes consideradas válidas no *fandom**: a obra de ficção e o discurso, oral ou escrito, de Rowling. Uma certa porosidade, poderíamos dizer, afeta assim a fronteira até ali estanque entre o universo do leitor profano – criança, um pouco bruxo – e o do leitor trouxa, sábio, adulto e especialista da literatura para a juventude. Uma permeabilidade que se ilustra, entre outras, por interrogações similares. A seqüência romanesca é literária? Pode-se desde agora qualificá-la de clássica? Por que agrada tanto às crianças quanto aos adultos? O que escondem os nomes dos personagens? A que texto literário faz alusão tal passagem? Etc.

Após quarenta anos de discussões e tergiversações nas oficinas discretas das universidades, encontram-se assim no lugar público três questões até então confinadas num armário, sob a escada dos fundos do edifício dos estudos literários e de sua propriedade indivisa, a "Grande" literatura: 1 / O que é uma obra literária para a juventude? 2 / De que ela é feita? 3 / Merece ela encontrar seu lugar no seio de "A" literatura? São essas questões que serão abordadas aqui, graças à leitura de *Harry Potter and The Philosopher's Stone* (nos Estados Unidos, *Harry Potter and The Sorcerer's Stone*). Num primeiro tempo, um vôo rápido sobre sua recepção crítica no mundo de língua inglesa permitirá observar os efeitos do fenômeno Harry Potter sobre a avaliação da obra epônima. Alguns problemas assim reconhecidos vão nos servir para ressaltar as questões repetitivas – mas com freqüência ainda sem resposta – que não deixa de levantar a natureza singular das obras literárias para a juventude, da mesma forma que para tratar da necessidade do desenvolvimento de uma abordagem *sui generis* a fim de descrevê-las, teorizá-las e avaliá-las. No prolongamento dessa reflexão, enunciarei as premissas de tal abordagem que, na esfera do literário, abriria um novo campo de estudos que proponho designar pelo nome de estudos juvenistas. É a partir dessa perspectiva inédita que estudarei, enfim, certas características desse

[4] Ver o *Harry Potter Lexicon*, http://www.hp-lexicon.org/about/sources/site_sources.html#canon.

* Gíria a partir de um anglicismo: o *fãdomínio* [*fan* + *domaine*] (N.T.)

primeiro tomo de *Harry Potter*. Assim, o presente estudo inscreve-se tanto no rastro da glosa das obras de Rowling quanto no prolongamento das reflexões teóricas sobre a literatura para a juventude que vêm ocorrendo desde os anos 1960.

Em voz alta e em voz baixa. Um vôo rápido sobre a recepção crítica de *Harry Potter and The Philosopher's Stone*

Num mundo onde a objetividade é virtude cardeal, o caso *Harry Potter* provoca a suspensão das subjetividades. De Harold Bloom, especialista do cânone, a Jack Zipes, pesquisador emérito em literatura para a juventude, muitos críticos exprimem seus sentimentos para com essa obra de que gostam da boca para fora, que rejeitam ou que lhes escapa. Reprovam-lhe principalmente a tenuidade psicológica dos personagens, os relentos de maniqueísmo, o sexismo, os clichês, os valores tradicionais, o conservadorismo formal. Encarado numa perspectiva canônica, o romance – considerado pueril (*childish*) – vê-se rapidamente ejetado da esfera literária e visto, para retomar a expressão de uma cronista do jornal *The Herald*, como uma "marmita de filisteu"[5]. Um artigo de Harold Bloom no *Wall Street Journal* ilustra essa postura que opõe "alta" e "baixa" cultura. Sublinhemos, antes de mais nada, o título provocador "Can 35 Million Book Buyers Be Wrong? Yes" que, ao depreciar os compradores, alinha ao mesmo tempo ao nível de produto o primeiro romance de Rowling e mostra nitidamente as cores do comentário. Ao acentuar abundantemente as insuficiências estéticas da obra e ao afirmar que "é possível, racionalmente, duvidar do fato de que *Harry Potter and The Sorcerer's Stone* se torne um clássico da literatura para a juventude"[6], Bloom reconhece sobretudo à obra um

[5] "Harry Potter and the Money-Making Machine", *The Herald*, 8 de fevereiro de 2007. http://www.theherald.co.uk/misc/print.php?artid=1177186.

[6] "Can 35 Million Book Buyers Be Wrong? Yes", *The Wall Street Journal*, 11 de julho de 2000.

valor de ícone cultural. Segundo ele, o único benefício que a criança teria a tirar dessa leitura seria o afastamento temporário da tela da televisão ou do computador. Na mesma veia, mas visando antes os leitores adultos, a romancista A. S. Byatt escreve que o mundo mágico e sem espessura de Rowling dirige-se a leitores "cuja vida imaginária se limita aos desenhos animados, [...] à tele-realidade ou à vida das estrelas"[7]. O que vai resumir de outra forma Philip Hensher, no jornal *Independent*, ao descrever os efeitos potenciais da transdestinação[8] dos leitores da autora britânica: "Uma infantilização da cultura adulta, uma perda do sentido daquilo que um clássico de fato é."[9]

É incontestável que as pequenas e grandes telas podem ter influência sobre os leitores. Uma pesquisa feita por Rosemary Hopper sobre os hábitos de leitura dos adolescentes americanos demonstra que, na semana do lançamento do filme *Harry Potter and The Sorcerer's Stone*, o romance epônimo vê-se propulsado ao topo da lista das escolhas de leituras dos estudantes[10]. Na visada pragmática que é a sua, o autor do estudo interpreta esse fato de maneira positiva. Outra disciplina, outras conclusões que manifestam sem contestação as posições adversas que decorrem do hiato ainda e sempre implicado pela situação particular de nosso objeto de estudo com freqüência, como Humpty Dumpty, em equilíbrio precário sobre o muro que separa dois campos disciplinares, aqui a literatura e as ciências da educação.

Se a leitura de *Harry Potter and The Philosopher's Stone* tem por vetor, entre os jovens, um entusiasmo intimamente ligado à loucura midiática que cerca o acontecimento "Potter", os pesquisadores em literatura para

---

[7] "Harry Potter and The Childish Adult", *Telegraph*, 10 de julho de 2003, http://www.telegraph.co.uk/news/main.jhtml?xml=/news/2003/07/10/npott110.xml (página consultada em 1º de junho de 2007.)

[8] Emprego esse neologismo para designar a apropriação pelos leitores adultos de uma obra destinada à juventude.

[9] Citado por W. Saffire, *in* "Besotted with Potter", *The New York Times*, 27 de Janeiro de 2000. http://www.nytimes.com/library/opinion/sasfire/012700ssafi.html.

[10] "What are teenagers reading? Adolescent fiction reading habits and reading choices", *Literacy*, novembro de 2005, p. 116.

a juventude, diante do mesmo fenômeno, favoreceriam antes a esquiva, se tal coisa fosse possível. De fato, esses leitores cultos, aguerridos na decodificação de obras que os adultos – habitualmente – ignoram, são inevitavelmente chamados a comentar os romances de Rowling, ao que alguns se recusam. Assim, ao contrário de Jerry Griswold que vê aí uma oportunidade de ouro para os pesquisadores "de apresentarem suas idéias em praça pública, nos grupos de discussão, diários e revistas"[11], especialistas como Jack Zipes ou Roger Sutton prefeririam abster-se. O editorial de Sutton, no lançamento de setembro-outubro de 1999 da *Horn Book*, revista especializada em literatura para a juventude, oferece um exemplo eloqüente dessa resistência:

> Não me sinto enrolado, nem pelo livro, nem pelo editor, mas pelas forças cósmicas que decretaram que essa agradável mas [...] insignificante série se tornaria extremamente popular, seria manchete e que, por isso, eu deveria ter uma opinião a seu respeito[12].

Com efeito, urgência, *merchandising* e literatura não se entendem bem quando se trata de estabelecer a distância crítica necessária ao trabalho de objetivação. Por isso, é desconfiado e perplexo que Zipes se vê sem voz diante de uma obra cuja avaliação ele julga impossível tanto é "dependente das condições do mercado da industria cultural"[13]. Ora, por mais reticente que seja em relação à obra, Zipes só pode avaliá-la se a ler, o que ele resolverá fazer sucintamente numa parte do capítulo de *Sticks and Stones* que ele dedica ao fenômeno Potter.

A mesma timidez parece refletir-se no conjunto da produção erudita americana se considerarmos o número reduzido de artigos que, ao longo dos últimos dez anos, foram publicados sobre a obra de Rowling. Tomemos, para exemplo, a seriíssima revista *The Lion and The Unicorn*, referência incontornável no âmbito da pesquisa em literatura para a

---

[11] J. Griswold, "The future of the profession", p. 241.

[12] Citado por J. Zipes, *op. cit.*, p. 188.

[13] *Ibid.*, p. 171-172.

juventude. Levando-se em conta, por um lado, a programação editorial desse tipo de revista, que em geral prevê seus números temáticos com muito tempo de antecedência, mas levando-se em conta, por outro, o interesse das questões suscitadas pelo fenômeno e a importância que têm no plano científico, é espantoso constatar que, em quase dez anos (1998-2007) – e uns trinta números –, só cinco artigos referindo-se precisamente à obra de Rowling[14] tenham sido publicados. Espantoso, por certo, mas talvez explicável se consultarmos a recensão da literatura erudita realizada – em setembro de 2003, na mesma revista – por Lana Whited. Esta última repertoria nesse momento um total de 22 obras referentes a Rowling ou à sua obra, dentre elas cinco nas quais ela reconhece a qualidade de obras científicas. Se considerarmos a brevidade do período (1999-2003), este último número, embora modesto, reflete uma produção científica livresca proporcionalmente superior àquela da revista. Ora, não é mais costume ver, nas revistas de difusão restrita, a atualidade da pesquisa? Como é difícil esquecer aqui o contexto de publicação dessas obras, é legítimo perguntar-se se a escolha do suporte livresco, mais visível do que jamais será a da revista especializada, não é estranha ao "fenômeno" e ao *merchandising* criticado. Seja ou não o caso, essas obras – nesse concerto homogêneo das vozes que fazem a apologia de Rowling – tornam audíveis as dos pesquisadores e instauram a polifonia necessária a todo debate. Aliás, é nesse sentido que Jerry Griswold, em "The Future of the Profession", usa o exemplo de *Harry Potter* a fim de incentivar os pesquisadores a assumirem seu papel social e a debaterem, em praça pública, fenômenos como acontecimentos menos espetaculares ligados à sua especialização disciplinar, o que, ele deplora, até aqui eles só fizeram de modo muito discreto.

---

[14] Em *The Lion and the Unicorn*: R. Natov, "Harry Potter and the extraordinariness of the ordinary", vol. 25, April 2001, p. 310-327; J. Pennington, "From Elfland to Hogwarts, or the aesthetic trouble with Harry Potter", vol. 26, January 2002, p. 78-97; G. Lathey, "The travels of Harry: International marketing and the translation of rowling's Harry Potter books", vol 29, April 2005, p. 141-151; P. Nel, "Is there a text in this advertising campaign?: Literature, marketing, and Harry Potter", vol. 29, April 2005, p. 236-267; N. Chevalier, "The liberty tree and the whomping willow: Political justice, magical science, and Harry Potter", vol. 29, September 2005, p. 397-415.

De pesos e de medidas, o valor de *Harry Potter*

Um estudo exaustivo da recepção do romance *Harry Potter and The Philosopher's Stone* evidentemente permitiria trazer nuanças às posições muito categóricas dos críticos influentes – e abundantemente citados, por outro lado – que acabamos de evocar. Atenuaria ela, no entanto, o motivo recorrente que transparece aqui, o da "resistência"? É possível duvidar. A obra de Rowling é, na maioria dos comentários, avaliada tendo como modelo os clássicos da literatura para a juventude do século XIX – os *Huckleberry Finn* (1884) e *Alice no país das maravilhas* (1865), por exemplo. É igualmente comparada a obras do século XX de publicação mais ou menos recente que sobreviveram à prova do tempo e recebem, por isso, uma consagração certa; acontece assim, entre outros, com os romances *O maravilhoso mágico de Oz* (1900), *O vento nos salgueiros* (1908), *O feiticeiro de Terramar* (1968) ou *Matilda* (1988). Ora, se *Harry Potter and The Philosopher's Stone* lembra, sob vários aspectos, no plano temático, as obras do passado – Byatt fala ironicamente de uma "colcha de retalhos de motivos derivados"[15] – e se, no plano formal, às vezes mantém laços de parentesco com aquelas da primeira metade do século XX, mesmo assim permanece de sua época, o que é – para empregar um termo martelado nas primeiras páginas de *Harry Potter and The Philosopher's Stone* – "normal".

Em sua interessantíssima introdução ao coletivo *Understanding Children's Literature* que ele dirige, Peter Hunt levanta a questão da avaliação das obras. Com efeito, esse é o problema mais espinhoso com o qual pode se confrontar o pesquisador em literatura para a juventude. Hunt dá o exemplo de uma comparação entre Judy Blume e Jane Austen em que seria dito da primeira que ela "não é tão boa" quanto a segunda: "É como dizer de uma maçã, escreve ele, que ela é uma laranja inadequada porque está verde."[16] Irei mais longe. Deve-se, mesmo escolhendo como

---

[15] A. S. Byatt, *ibid.*

[16] P. Hunt, "Introduction: The world of children's literature studies", *Understanding Children's Literature*, p. 21.

comparação uma obra da literatura para a juventude, pesar a "matéria contemporânea" sobre o flagelo do último século? Rowling deve ir parar no prato da balança, frente a frente com seu ancestral, Mark Twain?

Como fui formada à sombra do cânone, aprendi a apreciar uma obra tendo por padrão as obras-primas da literatura. Ora, minha reflexão teórica dos últimos anos sobre a literatura para a juventude me terá ensinado também que esse objeto apresenta pelo menos duas características que não podem ser evitadas: 1 / como está solidamente sujeita ao destinatário de seu tempo – o que não pode ser visto como uma tara –, a obra literária para a juventude se constrói no presente – o que não a impede, evidentemente, de pegar no repertório formas e motivos de ontem; 2 / a obra traz em texto as marcas de seu destino, o que constitui, por um lado, sua singularidade e, por outro, sua vulnerabilidade ao se ver colocada sob a lupa do hermeneuta ou do crítico. Essa especificidade tem por corolário a necessidade – numa perspectiva literária, entenda-se – de uma reflexão teórica que teria os dois seguintes objetivos: 1 / delimitar as fronteiras de um objeto de estudo literário, mas singular; 2 / elaborar um aparelho conceitual que remeta diretamente aos problemas colocados por esse objeto.

A obra para a juventude em questão

> "[...] há uma certa necessidade de ter um *pattern*, uma espécie de padrão geral, um guia, para construir um objeto de estudo."[17]

Compreender o que é uma obra para a juventude é o mesmo que definir a literatura para a juventude. Ora, sempre batemos nesta última que alguns julgaram, no passado, supérflua. Em *A literatura infantil*, Isabelle Jan coloca, no *incipit*, a questão fatídica: "A literatura infantil existe?" Ela acrescenta, no mesmo impulso, que, é verdade, ela existe,

[17] A. Cauquelin, *L'art du lieu commun. Du bon usage de la doxa*, p. 71.

mas primeiro e antes de tudo como "fenômeno econômico"[18], tomando cuidado de fornecer, em nota, os números impressionantes da edição francesa de 1970, todos os tipos de obras misturados. No mesmo espírito, a falsa hesitação de John R. Townsend, por exemplo, ilustra de maneira eloqüente e tragicômica as tergiversações do pesquisador do meio dos anos 1970, diante de um objeto cujos contornos ele não consegue desenhar. "Não há nada igual à literatura para a juventude. Só a literatura"[19], lança ele primeiramente, antes de afirmar que a literatura para a juventude é formada da seleção das obras apropriadas para as crianças, para finalmente evacuar a questão e propor uma definição do livro para crianças: uma obra inscrita no repertório juventude de um editor.

Essas tentativas de definição demonstram os dois primeiros problemas com os quais são confrontados os pesquisadores: o da delimitação do campo da literatura para a juventude e aquele colocado pela generalização da expressão "literatura para a juventude" que inclui, quase sempre, tanto as obras de ficção quanto os documentários, ressaltando sobretudo, neste último caso, seu aspecto editorial. O fato não é espantoso já que, a partir de uma perspectiva externa, a segmentação da produção constrói o *corpus* das obras destinadas a um jovem público. No caso de *Harry Potter*, o editor Bloomsbury de imediato inscreve o romance em sua produção para a juventude. Saída do prelo em junho de 1997, a obra recebe, em setembro de 1997, o prêmio "Smarties Gold Award", atribuído a uma obra de ficção destinada a crianças de 9 a 11 anos. A menção dessa recompensa aparece imediatamente na capa das reimpressões que se seguem à tiragem original. Ora, não é, *stricto sensu*, o fato de ser um livro para crianças que vale à obra esses favores, mas antes o fato de ela pertencer ao literário. Assim, a filiação genérica da obra ao gênero romanesco e a legitimação que a obra tira de seus múltiplos prêmios não garantem a consolidação de sua identidade editorial, mas antes contribuem para a construção de sua identidade literária. Numa

---

[18] I. Jan, *La littérature enfantine*, p. 9.

[19] J. R. Townsend, "A wholly pragmatic definition", *in* R. Bator, *Signposts to Criticism of Children's Literature*, p. 19.

perspectiva teórica, essa nuança entre identidade editorial e identidade literária é necessária para estabelecer a delimitação precisa dos contornos do *corpus* literário para a juventude. Pois se é verdade que certas pesquisas em biblioteconomia ou em ciências da educação privilegiam o sentido abrangente da expressão "literatura para a juventude", esta última não pode, para o literário, se aplicar a todos os livros destinados a um jovem público, tal como, por razões práticas evidentes, os agrupam num mesmo espaço e sob o mesmo nome inclusive as bibliotecas e as livrarias. Logo, é arriscando parecer buscar sutilezas, mas com a certeza de que o rigor científico manda fazê-lo, que considero "Literatura para a juventude" (a maiúscula sendo aqui mais distintiva que discriminatória) uma obra que atenda aos seguintes critérios: 1 / ser publicada em intenção das crianças; 2 / ter a ver com um dos gêneros ou sub-gêneros admitidos nos limites desse campo disciplinar específico: certo, aqueles tradicionais da literatura geral – romance, conto, poesia, literatura íntima, etc. –, mas igualmente aqueles ligados a práticas próprias à literatura para a juventude e cujo caráter híbrido – quando, por exemplo, a determinação do gênero subentende a consideração do formato – merece a atenção: minirromances, álbuns, etc., que, se podem em parte ser estudados com as ferramentas literárias existentes, comandam igualmente dispositivos de análise *sui generis*.

A problemática do gênero é só a ponta de um iceberg cuja totalidade representa o imenso trabalho que é preciso realizar para delinear as características específicas da obra literária para a juventude. Tal perspectiva impõe o estabelecimento de um campo de estudos que sugiro chamar estudos juvenistas. Graças à abertura de um espaço como esse, que enquadraria – para empregar o termo de Jerry Griswold – a profissão, deveriam desenvolver-se – para nomear apenas estas – estéticas, poéticas e hermenêuticas adaptadas ao *corpus*. Como a elaboração delas inevitavelmente suporia uma reflexão sobre as mesmas em literatura dita geral, estas últimas poderiam igualmente tirar proveito do exercício.

Se a definição apresentada mais acima estabelece as regras de base para a constituição do *corpus* que interessaria os estudos juvenistas, ela deixa de lado qualquer questão relativa à avaliação das obras. E esta é, sem a menor dúvida, uma bela oportunidade de encontro e diálogo para os pesquisadores. Com efeito, seria importante refletir nas práticas existentes e determinar precisamente os problemas colocados pela história universal da literatura para a juventude, suas histórias nacionais e o estabelecimento de seu cânone[20]. Vários trabalhos contemporâneos – os dos Hunt, Nikolajeva, Nodelman, por exemplo – poderiam fornecer ferramentas para isso.

Harry Potter na escola dos juvenistas

Comparado aos critérios enunciados mais acima, é inegável que *Harry Potter and The Philosopher's Stone* inscreve-se de imediato nos limites do *corpus* da Literatura para a juventude. A constatação, fácil de fazer aqui, é por assim dizer evidente. Mas é preciso saber que a seleção nem sempre se efetua em condições tão favoráveis. Assim, o estabelecimento de um *corpus* fundador – sempre a ser feito em vários países – não é favas contadas. Por outro lado, certas obras antigas ou recentes apresentam características híbridas – o documentário-ficção, por exemplo – que podem igualmente dar dor de cabeça ao pesquisador. Para abordar todos os casos que podem assim se apresentar, uma conceituação que permita problematizar a obra para a juventude mostra-se necessária. O estudo desse primeiro tomo nos permitirá propor, em conclusão deste ensaio, os conceitos de base de um aparelho como esse. Mas tentemos antes de mais nada ver quais poderiam ser as premissas de uma leitura dita juvenista.

De fato, o que seria essa leitura *sui generis*? Embora seja impossível, por enquanto, prever todas as avenidas que tal leitura poderia tomar, parece-me, seja dito, evidente que um movimento de ida e volta entre teoria e prática seja essencial para a constituição do saber disciplinar

---

[20] Encontraremos boas pistas de reflexão sobre a questão do "Canonical Art", *in* M. Nikolajeva, *Children's Literature Comes of Age. Toward a New Aesthetic*, p. 47-59.

particular dos estudos juvenistas. Dois movimentos primordiais me parecem, por isso, incontornáveis: um remeteria a uma poética e outro a uma hermenêutica da literatura para a juventude.

Harry Potter and The Sorcerer's Stone. **Uma nova hipótese**

À primeira vista, e na perspectiva da constituição de uma poética da literatura para a juventude, a leitura juvenista daria uma atenção particular aos traços distintivos que, no texto ou em sua periferia, o para-texto – epitexto e peritexto[21] incluído –, revelam sua destinação.

Tomemos, à guisa de exemplo, um elemento paratextual, o título. Gérard Genette, em *Seuils* afirma que "o destinatário [...] o público de um livro estende-se virtualmente à humanidade inteira [...]", antes de acrescentar: "Certos elementos do paratexto de fato se endereçam [...] ao público em geral, isto é, a qualquer um: é o caso do título [...]."[22] Se o estudo de um grande número de títulos da literatura geral permite que Genette chegue a essa conclusão, um estudo transversal de um *corpus* de títulos da literatura para a juventude provaria, por sua vez, exatamente o contrário. Ao pôr a criança, sua linguagem ou seus interesses, no cerne do aparelho paratextual, a titulação manifesta com freqüência a quem se destina a obra.

No caso da obra de Rowling, é possível evidenciar a quem se destina graças ao estudo da derivação titular e, aí ainda, veremos o quanto esse processo singulariza a literatura para a juventude. A versão original de seu romance intitula-se *Harry Potter and The Philosopher's Stone.* O título, aqui, é fruto de uma escolha autoral. Sua transposição americana em *Harry Potter and the Sorcerer's Stone* também ilustra, de modo bem distinto, uma vontade de simplificação, o conceito de "pedra filosofal" sendo julgado sério demais, provavelmente

---

[21] O para-texto recobre o conjunto dos discursos sobre o livro. Compreende o peritexto, discurso incluído no volume (ex. o título), e o epitexto, discurso sobre a obra (ex. entrevista do autor). Ver G. Genette, *Seuils*, Paris, Gallimard, "Poétique", 1987.

[22] *Ibid.*, p. 14.

desconhecido dos jovens leitores americanos, em suma, pouco vendedor, o que o epitexto da obra tende a confirmar. De autoral que era, o título passa a ser editorial. Uma deriva titular desse tipo não é nova. Como provam, entre outros, os encurtamentos dos títulos intermináveis do século das Luzes pelos editores dos séculos seguintes. Para Genette, é antes de mais nada a distância histórica que justifica tais modificações. Ora, a obra de Rowling oferece uma hipótese inédita. À distância se opõe aqui uma simultaneidade histórica e a modulação titular revela-se antes motivada pelo que se poderia chamar uma distância referencial. A redução dessa distância opera-se pela troca do referente desconhecido por dois termos conhecidos dos leitores, "pedra" e "bruxo". A expressão que eles compõem faz nascer uma pedra genérica e anistórica, cuja representação é tributária do imaginário do leitor. A tradução francesa vai igualmente optar por essa redução da distância referencial, mas acentuando-a. Assim, o título *Harry Potter à l'école des sorciers* [*Harry Potter na escola dos bruxos*] convoca, de maneira ainda mais direta, o universo do leitor ao fazer referência ao espaço escolar.

Assim, o estudo da intitulação do romance de Rowling fornece uma ilustração exemplar da possibilidade de uma deriva titular sem profundidade histórica, motivada, além disso, pela presença de um destinatário visado, a criança. Outros tantos elementos a serem incluídos numa poética do romance para a juventude, mas que, como vimos, contribuem igualmente para uma poética geral do romance. De fato, não há nada como o atípico para lançar novas luzes sobre o típico.

Vista das profundezas secretas de *Harry Potter and The Philosopher's Stone*. Uma leitura hermenêutica

As obras literárias para a juventude são com freqüência criticadas por sua excessiva transparência. A hermenêutica, por sua vez, quer esclarecer com suas luzes as passagens obscuras do texto. Esse conflito de interesse entre o *corpus* e sua prática não é encontrado na poética, que permanece, parece-me, muito mais aberta à diversidade do que jamais será a hermenêutica. Interpretar uma obra é dela extrair a substantífica medula*; ora, o reconhecimento de tal substância na literatura contemporânea para a juventude demora. A exemplo das obras de anteontem que uma glosa já consagrou, aquelas nascidas no século do Laser mesmo assim exigem – por mais pós-modernas que sejam – encontrar seu leitor atento. Ganharam em forças dinâmicas e estruturantes o que perderam em elegância. Por outro lado, nossa concepção da criança muda, e junto nossa literatura, numa rapidez até então jamais igualada. Nisso, não creio que uma hermenêutica para a juventude possa se dar ao luxo de fazer pouco caso das obras da atualidade e obrigar-se à distância histórica. De mais a mais, ela tem de levar em conta aqueles a quem se destina a obra. Nesse sentido, o segundo movimento de uma leitura juvenista, interpretativo, deveria, portanto, levar em conta a dupla intencionalidade constitutiva da obra. A "intenção", aqui, não remete unicamente ao sentido que lhe atribui a hermenêutica literária tradicional. Esta última a define como o *pensamento* do autor rumo ao qual o intérprete tenta voltar, esse logos não exprimido de que a escrita é a manifestação. Se toda obra literária para a juventude deve ser lida na perspectiva de tal *intenção primária*, nossa prática de interpretação deve igualmente levar em consideração os efeitos textuais de uma *intenção secundária* convocada pela presença do leitor visado. Logo, trata-se de uma intencionalidade de "segunda geração" que tem a ver com um pensamento mais "pragmático", o que poderá exigir uma reflexão fina, às vezes, para separar seus efeitos daqueles da estrita poética. Quando Rowling, no primeiro capítulo de *Harry Potter and The Philosopher's Stone*, instala o paradigma do "normal", martelando, aliás, este último termo para exprimir a uniformidade cansativa dessa metade do mundo,

* Alusão a uma frase famosa de Rabelais, em *Gargantua*, a respeito da leitura: *Quebrar o osso e sugar a substantífica medula* [*rompre l'os et sucer la substantifique moelle*]. (N. T.)

é para reificar o mundo conhecido da criança, o dos Muggles [trouxas] (que lembra a palavra *Mug*: caneca; trad. franc. Moldus), e, ao coisificá-lo, dar uma vida e uma cor ao mundo mágico no qual ela convida o jovem leitor a entrar. Essa dicotomia, que tem uma intenção secundária, soa como uma poética do personagem e encontra seu reflexo, entre outros, no espelho que lhe oferecem as cores das roupas de qualquer um, cores vivas para os bruxos, cinzentas "*porridge**" para os outros. Tudo convida Harry – tanto quanto o leitor – a romper com seu mundo, e são as diferentes atualizações da fratura material que manifestarão as diferentes etapas de sua libertação, desde o momento em que o narrador descreve a simples posse pessoal do personagem – seus óculos quebrados e remendados com fita adesiva – passando por sua mudança para o quarto-depósito onde ficam amontoados todos os brinquedos *quebrados* do destruidor que é o primo Duda, depois pela "broken-down house" (*HPP*, 37) em que Hagrid, como um Ismael gigante – "Call me Hagrid" (*HPP*, 41) –, vem enfim libertar Harry de sua sorte. Assim, a "casa quebrada" será renomeada "Hut-on-the-Rock" (*HPP*, 41), um espaço tranqüilo, à imagem da "cabana" de Hagrid, esse gigante e substituto transgenérico da figura materna para Harry.

Como a intenção primária, a segunda é midiatizada pelo texto; ela leva ao pensamento do autor, mas é tributária de uma energia toda orientada para o jovem leitor. Participa tanto da legibilidade do texto quanto de sua complexidade. Os exemplos tirados do romance de Rowling mostram o quanto cada elemento, apreendido individualmente, pode concorrer, na linearidade do texto, para a expressão de uma significação simbólica: se não reconhecer, por exemplo, o percurso de Harry Potter no fio semiótico da fratura – que cobre toda a parte que precede à entrada de Harry em Hogwarts (em francês, Poudlard) –, o leitor poderá, pelo menos, interpretar a passagem do armário ao quarto e ver ali uma evolução. A esse imediatismo opõe-se a colocação em constelação na progressão da leitura dos diferentes elementos que permitem construir,

* Sopa de flocos de aveia. (N. T.)

em descontinuidade, o universo romanesco. Na perspectiva dos estudos juvenistas, o olho do literário deve saber reconhecer esses diferentes percursos, avaliá-los. Assim, ele poderá identificar, por exemplo, as obras que só têm a ver num fraquíssimo grau com a intenção secundária, estudar-lhes em seguida os efeitos no plano editorial ou no da recepção, etc. Pois os dois movimentos principais de uma leitura juvenista se interpenetram e apelam para outros que aqui não foram convidados.

O último direito de nosso percurso será dedicado à análise de um fio que atravessa de uma ponta à outra *Harry Potter and The Philosopher's Stone*. O desmanche dessa costura vai revelar uma rede de relações que integram as ferramentas necessárias à sua decodificação, ao mesmo tempo que permite, no final, voltar ao pensamento do autor. Essa leitura será dedicada a um microelemento, uma palavra que o texto de Rowling estranhamente chama à nossa atenção... a palavra perna, *leg*. A análise a seguir demonstrará que o primeiro romance de Rowling não é só superfície como pensam vários críticos da obra.

A onipresença do paradigma da marcha na obra não deixa dúvida alguma. O emprego do verbo "to walk" pontua várias vezes os deslocamentos dos personagens. É visível, perceptível, dado e nisso é uma chave que nos permite notar, por ricochete, a importância do responsável pela marcha, a muito comum "perna", cuja primeira ocorrência no texto coincide com a expressão estigmatizada por Harold Bloom ao afirmar que Rowling a repete dúzias de vezes em seu primeiro romance: "stretch his legs" (*HPP*, 9). O clichê – que, nos fatos, só aparece uma única vez na obra – não impressiona à primeira vista. É mais na segunda ocorrência que "leg" vai chamar a atenção do leitor. Isto dito, essa ação de "desentorpecer as pernas" realizada por Vernon Dursley – esse homem "perfeitamente normal, obrigado por [ele]" (*HPE*, 7) – ocorre, de maneira significante, entre dois episódios coloridos pelo *nonsense*. O primeiro – a descoberta de um gato lendo um mapa na esquina de *Privet Drive* – estabelece a configuração dual do universo romanesco: mundo normal e mundo mágico. O acontecimento assemelha-se funcionalmente à cena inaugural de *Alice no país das maravilhas*. Aqui, é a criança-leitor e não o personagem representado – órfão de um sentido que ele não percebe – quem mergulha no universo mágico. O destinatário, por outro lado, se reconhecerá na posição de leitor assumida pelo gato. O segundo acontecimento que enquadra o aparecimento do clichê "stretch his legs" é o instante em que Sr. Dursley ouve pronunciar o nome dos Potter, depois o de Harry. Esse momento coincide, por um lado, com aquele em que o leitor toma conhecimento do prenome do herói e, no plano da intriga, com a ação que de fato desencadeia o relato: a pronúncia em voz alta do nome do menino, a gênese do Verbo Harry Potter que se oporá ao silêncio que cerca aquele-que-não-deve-ser-nomeado, Voldemort. Entre esses dois acontecimentos cuja estranheza rompe com a caracterização monocórdia de Vernon Dursley, o clichê faz as vezes de baliza, primeiro elo de uma longa corrente da qual ainda não se sabe que ela existe, mas que o discurso aponta com o dedo. Sabendo que "leg" pode igualmente significar em inglês etapa de um percurso, compreenderemos que as menções futuras coincidirão igualmente com momentos-chave da história de Harry e virão pontuar o percurso do herói. Resultando da intenção secundária, a sistematização do procedimento tem por efeito tornar visível a filigrana da obra e fornece as chaves de sua própria decifração. Essa forma manifestada da intenção secundária compreende uma visada fundamentalmente pedagógica, mas que prefiro dizer "iniciática", a de convidar a criança a descobrir os arcanos do texto literário, os próprios fundamentos da criação que procede de operações, como na trama onírica, de condensação, de deslocamento e de figuração complexas às quais se acrescentam a arte e a ciência do escritor, a da seleção. Pois uma obra sempre é apenas tudo o que ela não é.

A segunda ocorrência aparece totalmente anódina, mas chama a atenção para si pelo duplo entendimento que ela convoca, a polissemia sendo, aqui, facilmente decodificável para o jovem leitor. É esse acontecimento textual – remetendo tanto ao conteúdo da narração quanto a uma semiósis secreta – que esclarece a existência da filigrana. Harry, que nunca teve a oportunidade de sair para comemorar o aniversário do primo Duda, vai, desta vez, estar entre eles porque a senhora que cuida dele fraturou a perna: "Mrs. Figg's broken her leg" (*HPP*, 21). No contexto pontual de seu aparecimento, a expressão é ativa, mas é difícil para o leitor que conheça o inglês não ouvir, em subtexto, "Brake a leg", a expressão lançada à guisa de boa sorte aos artistas que vão se apresentar em cena (como se diz "merda", em francês). De fato, aí está a sorte de Harry, como o texto claramente a imprime duas páginas depois: "Harry, que não conseguia acreditar em sua sorte, estava sentado no banco traseiro do carro dos Dursley" (*HPPF*, 25). Essa boa fortuna inaugura oficialmente o itinerário mágico do herói, cuja natureza de bruxo, aliás, será revelada nesse dia. Com efeito, ela coincide com a manifestação eloqüente dos poderes de Harry Potter, no zôo, diante do tanque das jibóias cujo vidro, de repente, vai desaparecer. A fórmula "broken a leg", associada à evocação da sorte, depois à revelação, transforma o infeliz acontecimento com a Sra. Figg em lugar de ancoragem do fio semiótico sobre o qual *leg* se manifesta. Os diferentes lugares de seu aparecimento no texto sempre vão coincidir com um momento essencial do percurso de Harry Potter. A perna surgirá pontualmente no texto, nele será tematizada para o benefício do leitor, mas só as relações descontínuas de suas ocorrências poderão revelar seu segredo.

Após o acontecimento que acabamos de evocar, no tomo I de suas aventuras, Harry Potter vai em todos os momentos essenciais de sua existência estar colocado sob o signo desse objeto corporal – ao qual, como mencionado mais acima, são associados os pés e os joelhos – que garante o movimento e o deslocamento do personagem e – tanto do ponto de vista literal quanto simbólico – marca sua progressão e seu avanço. É igualmente manifesto que ele tenha uma importância funcional no universo ficcional que acompanha, entre outros, a caracterização biográfica do herói: quando, por exemplo, Harry recebe a capa da invisibilidade que pertencera a seu pai e que, ao vesti-la, não vê mais senão os pés. Assim, sob a proteção do véu que pertenceu à figura paterna, só é, pois, evidenciada essa parte essencial do corpo do indivíduo no pensamento da autora, como vai revelar o final do romance. Um outro elemento ligado à biografia de Harry pode igualmente ser sublinhado aqui: a identificação de seu parentesco com as pessoas que ele descobre no espelho de Ojesed, embora reconheça os próprios joelhos ossudos naqueles de um pequeno homem. Numa outra ordem de idéia, o acento será depois colocado na perna ferida do professor Snape (em francês, Rogue), ferida que é a motivação primeira das suspeitas de Harry a respeito dele. Essa ocorrência tematiza aqui, de maneira patente, a importância do objeto que nos interessa, já que está associada ao "locked-leg curse" (o "Feitiço da Perna Presa") que Hermione – nisso inspirada por um recente infortúnio de Neville Longbottom (em francês, Longdubas) – decide utilizar caso Snape tente lançar um feitiço contra Harry durante uma próxima e muito importante partida de quadribol. A respeito deste último, os amigos de Harry – com medo do professor Snape e não querendo mais jogar – vão lhe sugerir que quebre a perna, trazendo por duas vezes ao texto a expressão "break you leg" (*HPP*, 159). As últimas ocorrências, por sua vez, pontuam o percurso de Harry Potter rumo a seu triunfo final contra Voldemort. Esse êxito é anunciado desde a vitória do trio durante a prova do jogo de xadrez, quando o rei joga a coroa aos "pés" de Harry. Em seguida, a certeza de ter consigo a pedra filosofal lhe virá do fato de que ele a sente, em seu bolso, colada na perna, significando assim a aproximação derradeira entre o herói e o objeto de sua busca. De modo muito sutil, a semiósis encontra então seu apogeu, o termo "break", homônimo de "brake", traz à memória do leitor a expressão que tornou visível a presença da filigrana: "He felt the Philosopher's Stone against his leg. Dare he make a break for it?" (*HPP*, 212). Essa colocação em texto de "brake a leg", expressão que deve ser aqui reconstruída, deixa pressagiar a sorte que terá Harry durante o combate final. O percurso acaba assim fechado, mas sua significação secreta, esta, deverá esperar o discurso final de Dumbledore, embora ele atribua a Neville os dez últimos pontos que consagrarão a vitória da casa Grifinória na corrida para a obtenção do Campeonato das Casas. Assim, aquele que foi vítima do "Feitiço da Perna Presa" garante a vitória para sua casa por ter, diz Dumbledore, sido capaz de fazer frente aos inimigos sem ter tido medo de enfrentar os amigos, o que a expressão inglesa "stand-up" (*HPP*, 220) vem, no texto original, duplamente exprimir. Ficar de pé, é este, portanto, de modo derradeiro, o segredo veiculado por essa estranha encenação da perna. Assim, todas as ferramentas para decodificar a filigrana terão sido fornecidas ao leitor que pode, nesse momento, extrair do filão seu ouro, a intenção primeira da autora. A operação não será possível para todos os leitores, mas esse quebra-cabeças lúdico, visível, mas cuja identificação e resolução pedem uma certa atenção ao texto, talvez pudesse explicar a atração de um público misto – crianças e adultos – pela obra de Rowling.

POR UMA CONCEITUAÇÃO DA LITERATURA PARA A JUVENTUDE

Os fãs de Rowling, de que falávamos na introdução, não parecem se enganar em tudo. Essa obra, apesar das taras que lhe são atribuídas, apresenta, sem contestação, qualidades estéticas. Um simples elemento terá bastado para demonstrar o quanto o romance inaugural, embora seja o mais juvenil da seqüência romanesca, nem por isso é menos dotado de dobras secretas que fazem sua riqueza e complexidade. A esse título, na perspectiva dos estudos juvenistas, para mim não há dúvida alguma de que *Harry Potter and The Philosopher's Stone* seja uma obra literária.

Para entender todas as suas sutilezas e poder estudá-la nos quadros que lhe fazem justiça, a literatura para a juventude deve usar conceituações que permitam refletir nos problemas específicos que ela levanta. Para mim, só a reunião de três conceitos – únicos e indissociáveis – permite fazê-lo: Intencionalidade, Acessibilidade e Literariedade. Esses conceitos – que fundam a teoria da literatura para a juventude na qual trabalho e constituem a ossatura conceitual do modelo teórico IAL[23] que daí decorre – enquadram de maneira maleável mas rigorosa, segundo

[23] Ver J. Prud'homme, "Éléments de poétique de la littérature pour la jeunesse : le personnage de l'enfant-narrateur », e « Fonctions identitaires de l'espace en littérature pour la jeunesse », p. 9-17.

eu, todos os questionamentos que podem surgir no campo dos estudos juvenistas. Esse trio exclusivo – que é preciso imaginar em configuração triangular – permite desdobrar um espaço onde as obras da literatura para a juventude podem ser consideradas tais como em si mesmas, na perspectiva *sui generis* que delas exprime o valor do modo mais justo.

Como nos ensina Harry Potter, só a construção e a afirmação de uma identidade singular garantem, de modo derradeiro, a possibilidade de ficar de pé. É disso exatamente que a literatura para a juventude precisa. Não há nenhuma bruxaria nisso.

Referências bibliográficas

Cauquelin A., *L'art du lieu commun. Du bon usage de la doxa*, Paris, Le Seuil, « La Couleur des idées », 1999.

Griswold J., " The future of the profession », *The Lion and the Unicorn*, vol. 26, nº 2, abril de 2002, p. 236-242.

Hopper R., "What are teenagers reading? Adolescent fiction reading habits and reading choices", *Literacy*, novembro de 2005, p. 113-120.

Hunt P. (dir.), *Understanding Children's Literature*, Londres, Routledge, 1999.

Jan I., *La literature enfantine*, Paris, Les Éditions ouvrières, 1969.

Mitchell C. e Reid-Walsh J., *Researching Children's Popular Culture. The Cultural Spaces of Childhood*, London, Routledge, "Literature/Cultural Studies", 2002.

Nikolajeva M., *Children's Literature Comes of Age. Toward a New Aesthetic*, New York, Garland Publishing Inc., 1996.

Prud'homme J., "Éléments de poétique de la littérature pour la jeunesse : le personnage de l'enfant-narrateur », *Cahiers scientifiques de l'ACFAS*, nº 103, 2005, p. 21-31.

Prud'homme J., « Fonctions identitaires de l'espace en littérature pour la jeunesse », *in* F. Gervais e M. Noël-Gaudreau (dir.), *Contes, légendes et espaces identitaires en littérature de jeunesse* », Universitate Osnabrück, « epOs francais / Série littérature de jeunesse », vol. 1, 2007, p. 9-17.

Townsend J. R., " A wholly pragmatic definition », *in* R. Bator, *Signposts to Criticism of Children's Literature,* Chicago, American Library Association, 1983, p. 19-20.

Zipes J., *Sticks and Stones. The Troublesome Success of Children's Literature from Slovenly Peter to Harry Potter,* New York, Routledge, "Literature/Cultural Studies", 2002.

HARRY POTTER E A ARTE DE MASSA

Isabelle Smadja

"O fato de cada um ter o direito de aprender a ler com o tempo estraga não só a escrita mas ainda o pensamento", afirma Nietzsche no início de seu *Zaratustra*[1]. Imaginamos com que desprezo Nietzsche consideraria então um livro acessível... até às crianças. Ora, os *Harry Potter* entram bem nesse quadro: plebiscitado pela juventude em escala mundial, esse romance é um dos maiores *best-sellers* da história. Em maio de 2006, quando o último tomo ainda não fora publicado, já se falava de "300 milhões de exemplares do sexto tomo vendidos no mundo, o que faria dele um dos livros mais lidos de todos os tempos". Estragaria o pensamento querer falar de literatura a respeito de uma obra que, quase, agrada a todos e não desagrada a ninguém? A difusão maciça dos *Harry Potter* de imediato a exclui da grande literatura, e em caso afirmativo, o que poderia estar na origem dessa contradição – às vezes julgada insuperável – entre sucesso e qualidade?

É legítimo reivindicar em todas as coisas a presunção de inocência: aplicado a um escrito, esse princípio obriga a admitir que "toda obra é presumida inocente antes de ser declarada culpada" e que é preciso, portanto, aceitar pensar que o prazer da leitura provém de qualidades

[1] Nietzsche, *Ainsi parlait Zarathoustra*, p. 39 (ver a bibliografia no fim do artigo).

inerentes ao romance antes de declará-lo culpado de uma triste manipulação comercial. Para que um romance agrade a esse ponto, é preciso que seja tão superficial e demagógico que nada nele possa desagradar? Ou, ao inverso, não podemos encarar que a obra é suficientemente densa para conter várias leituras, inclusive leituras antitéticas? Em suma, que a obra seja suscetível de ser apreciada por crianças e jovens é prova suficiente de sua superficialidade ou, ao inverso, de sua limpidez?

Num primeiro tempo, este estudo refletirá na necessidade ou não de preservar a arte do perigo da difusão maciça. Devemos pensar que essa difusão, por ser maciça, induz um tipo de recepção da obra que é nociva à consideração de sua (eventual) qualidade? Uma obra perderia uma parte essencial de seu valor literário, em razão mesmo de sua difusão na mídia e de seu sucesso, sejam por outro lado quais forem suas qualidades? Alguns intelectuais viveram a presença dos *Harry Potter* na cena dos meios de comunicação como uma agressão cultural e reagiram com uma ironia acerba, cheia de desprezo. O que é que, na extrema difusão de um romance nos meios de comunicação, poderia pôr em perigo a literatura enquanto tal?

Num segundo tempo, analisaremos o que pôde estar na origem de uma tal facilidade de acesso: existem nesse romance elementos que o destinassem a uma difusão mundial? Uma ideologia elitista, que nega que "o bom senso [seja] a coisa no mundo mais bem partilhada"[2], quer que essa difusão maciça manifeste com brilho a ausência de complexidade e a superficialidade do romance. Além disso, tal difusão prejudicaria a própria idéia que temos da arte. Basta lembrar que "a arte representa os verdadeiros interesses do espírito" (Hegel) para medir a distância que separa as aventuras de um jovem bruxo no colégio da "grande" arte. Partindo do postulado que um sucesso tão amplo só pode ser explicado pelo uso de procedimentos mercantis e não literários, o discurso elitista deixa a crítica a pão e laranja: não é ingênuo querer ler os *best-sellers* em termos de qualidade literária uma vez que bastaria levar em conta a influência

---

[2] Descartes, *Discours de la méthode*, Primeira parte.

do marketing para entender por que fazem sucesso? E a pergunta se faz às vezes bem premente: não se deve temer que a literatura – domínio que gostaríamos de ver preservado de toda ideologia mercantil – se transforme em simples comércio? Muitos intelectuais reivindicam a necessidade de um pensamento desligado de qualquer consideração comercial: temem que o lucro que se tire de um livro transforme radicalmente a relação com o próprio pensamento, que, de "puro", desinteressado, e autenticamente voltado para uma busca estética, passaria a ser impuro, preocupado em seduzir o público ao lisonjear seus pendores. Daí a excluir os *Harry Potter* do campo da literatura é só um passo que alguns dão sem hesitar. Se quisermos então compreender o fenômeno Harry Potter, ficamos espremidos entre exigências contraditórias: por um lado, uma incitação muito forte à crítica, ainda que seja aquela proveniente de uma simples curiosidade de espírito, e, por outro, a recusa da crítica, a fim de não ceder àquilo que se julga ser uma moda, ela mesma pensada de maneira pejorativa como o produto de uma manipulação. De fato, quando pensamos na onda carnavalesca que acompanha a publicação de cada novo tomo, em que adultos e crianças misturados vestem capas e chapéus de bruxos para prestar homenagem ao livro, entendemos a desconfiança dos intelectuais: não é indecente e ridículo querer comparar uma obra que gera tais vestimentas com as obras-primas da literatura? E mesmo assim... não censurar, não zombar, não rir, aconselhava Espinosa, mas compreender[3].

Depreciar um fenômeno de massa não dispensa pensar. Quando se assiste a um tal fascínio por uma obra, é mais útil considerá-la como uma espécie de lupa ou projetor apontado para nossos desejos, conscientes e inconscientes, em vez de rejeitá-la como insípida e fruto dos meios de comunicação. De qualquer modo, outras obras tiveram direito a uma cobertura dos meios de comunicação pelo menos tão ampla – sobretudo se pensarmos nos primórdios dos *Harry Potter* – e não foram tão apreciadas. Como observa o escritor Daniel Pennac, "um lançamento, por

---

[3] Spinoza, *Éthique*, prefácio ao livro III, p. 412.

mais poderoso que seja, nunca criou o movimento perpétuo"[4]. Nem por isso se trata de considerar que o sucesso de uma obra sempre se explica por seu valor literário nem que é a prova disso: certos romances para a juventude menos conhecidos têm uma qualidade literária idêntica ou superior àquela dos *Harry Potter*, e inversamente romances de sucesso podem ser muito mal escritos. Mas trata-se de reconhecer que a escolha de um livro não é comparável à escolha, mais impulsiva, de uma roupa, ou à escolha, mais facilmente mimética, de um carro. Ler um, depois dois, depois três... volumes de 700 páginas supõe que, em cada página, o prazer seja suficientemente autêntico para que se prossiga a leitura em vez de, decepcionado ou, pior, indignado, fechar definitivamente o livro.

OBRAS EM GRANDE QUANTIDADE *VERSUS* OBRAS DE GRANDE QUALIDADE?

Uma atração marcada dos leitores de best-sellers pelo sucesso

Admitamos: o sucesso dos *Harry Potter* aumentou em razão... do sucesso dos *Harry Potter*. Inegável fenômeno de bola de neve, certo, mas que pede para ser interrogado. Que um livro agrade a uns pela simples razão que agrada a outros supõe que a razão do prazer não deva mais ser buscada unicamente na qualidade da obra mas também na quantidade de obras vendidas. Mas o que buscamos ao reivindicarmos uma tal comunhão em torno de uma mesma obra? Surge uma nova forma de sociabilidade que não é de proximidade, como podem ser as relações de amizade ou de associação, mas que é a um só tempo anônima, imediata, com freqüência sem futuro, e no entanto construída em torno de uma percepção comum de uma idéia ou de um estado de espírito.

Assim, assistimos a uma transformação em profundidade do comportamento do leitor, à emergência de novas práticas de leitura ou, mais

---

[4] *Lire*, "Ce que Harry Potter a changé », abril de 2002.

precisamente, à reivindicação dessas novas práticas de leituras: enquanto a leitura tradicionalmente é pensada como uma atividade solitária, séria e íntima, doravante se trata de afirmar o desejo de uma leitura pública, festiva, difundida pela mídia. Assim, em 2003, Rowling lê alguns trechos do tomo V no *Royal Albert Hall* em Londres: a sala, que pode acolher até nove mil pessoas, abrigou, para a ocasião, quatro mil estudantes. A analogia é explícita entre as festividades que acompanham certas competições esportivas e aquelas que se seguem à saída de um novo tomo. Se lermos, então, algumas das mais belas páginas de Bachelard sobre o direito de ler e de sonhar, compreenderemos as reticências diante desse tipo de festa em torno do livro: o que passa a ser a leitura fora do recanto silencioso, onde, em segredo, saboreamos as palavras, sonhadores e solitários? No entanto, a idéia que levou os *Harry Potter* ao topo das vendas não é nem nova nem foi sempre tão depreciada: os salões do livro se multiplicam, com ou sem Harry Potter, e, no rastro deles, a vontade de aplicar técnicas de comercialização à venda de livros. A obra de Rowling, que goza, ao mesmo título que todos os romances que são publicados, de uma publicidade idêntica mas que seu gigantismo torna mais vistosa e exuberante, não serviria de bode expiatório? É muito difícil censurar os *Harry Potter* por terem transformado a literatura em comércio embora até os livros hoje só nasçam publicamente sob a forma de objetos comerciais.

Por trás de uma reivindicação – a do prazer experimentado à leitura dos *Harry Potter* – escondem-se várias outras e notadamente a reivindicação de uma arte popular. Às vezes, ao afirmar ruidosamente, por manifestações festivas (à meia-noite, nas livrarias abertas para a ocasião...), o gosto por esse romance, uma parte dos leitores reivindica bem mais que o simples direito de clamar o prazer que sentem: a isso se associa, de modo mais ou menos consciente, uma dupla reivindicação social. Por um lado, esses leitores reivindicam o direito de descobrir por si mesmos uma obra da literatura, fora do circuito dos prêmios literários, e, mais geralmente fora de um circuito de reconhecimento das obras de que estão *a priori* excluídos. E, por outro lado, reivindicam o direito de qualificar como literatura romances que são fáceis de ler, acessíveis até a crianças: trata-se de provar que é possível escrever com simplicidade sem simplificação, possível construir uma intriga densa e complexa sem ser hermético. Seria essa reivindicação que explicaria a forte presença de estudantes de letras ou de línguas entre os irredutíveis dos *Harry Potter*? Talvez... A paixão que eles às vezes manifestam de defender esse romance poderia provir do desejo que têm de um outro estilo de ensino, que gostariam que fosse menos empolado e menos clássico, e mostraria a expectativa que têm de rejuvenescimento e renovação dos estudos. Aliás, não é inocente que alunos e estudantes tenham plebiscitado uma obra em que o ensino é, decerto, próximo daquele que eles recebem, embora seja diferente, com seu arsenal de aulas inéditas e originais. Assim, à reivindicação de um acesso realmente democrático à leitura, fora de todo hermetismo, acrescentam-se a reivindicação do direito de determinar democraticamente a qualidade literária e também a reivindicação de uma igualdade de fato entre os leitores, igualdade por enquanto negada pelas barreiras existentes entre as literaturas letrada e popular.

Assim, a voga pelos *Harry Potter* deve ser situada no interior de um fenômeno mais amplo: não estamos apenas confrontados com a consagração de um gênero literário, a *fantasy*, que ainda não adquiriu (ou não tinha adquirido) completamente seus títulos de nobreza, mas também e indissociavelmente com o triunfo de uma ideologia que recusa que a arte seja reservada a uma elite intelectual. E, quanto mais o sucesso do romance se confirma, mais se encarna a idéia de que cabe ao homem da rua atribuir o valor dos livros.

O conto de fadas da autora

De mais a mais, reconhecer o valor estético da arte de massa ou do romance popular não é apenas reconhecer indiretamente que a "massa" está qualificada para determinar o valor estético de uma obra. É ainda admitir a possibilidade para um indivíduo oriundo de uma classe popular de tornar-se artista brutalmente, fora dos circuitos tradicionais de legitimação das obras. Nesse sentido, seja qual for o valor intrínseco das críticas sociais endereçadas ao romance, elas me parecem totalmente em dificuldades com o valor social extrínseco desse sucesso: a presença dos *Harry Potter* no campo da literatura quer mostrar – e de fato mostra – o valor literário de romances oriundos, não só de uma categoria de pessoas até então intelectualmente depreciada, mas ainda de um gênero intelectualmente denegrido.

Uma rápida análise do romance que se forjou em torno da própria Rowling, e não só em torno de sua obra, confirma a idéia de uma espécie de desforra da massa anônima sobre uma elite intelectual. Com efeito, todos os elementos desse romance biográfico convergem para uma mesma conclusão: a romancista mais apreciada hoje teve todas as dificuldades do mundo para ser reconhecida pelos circuitos oficiais do reconhecimento estético, mas, em compensação, uma espantosa facilidade para ser aceita pelo público. E acumulam-se as anedotas que atestam o pertencimento da escritora a uma classe pouco rica: a idéia da obra lhe teria vindo num trem inglês, transporte público freqüentado em grande parte pela classe popular, em oposição ao carro, associado à propriedade privada. Ela teria redigido o primeiro tomo, talvez até a trama inteira da obra, num lugar público, um simples café... e insiste-se então na relativa miséria na qual ela estava na época. Pouco importa que essas informações estejam inteiramente verificadas, o essencial é que pensemos estar na presença de uma autora que só deve seu sucesso a si mesma e sem conivência com uma elite intelectual ou financeira.

Assim, o fascínio pelo romance de Rowling aumentou em razão do conto de fadas – real ou suposto – vivido por sua autora. Notando o paralelismo entre o destino da romancista e o de seu personagem, são numerosos os que insistem na vida de Rowling a fim de mostrar que seu destino é similar ao de seu herói. Divorciada, cria a filha sozinha; e, paralelamente, seu jovem herói será órfão. Sem dinheiro e desconhecida do meio artístico quando escreve seus primeiros livros, ela se torna em muito pouco tempo uma das mulheres mais ricas e mais célebres da Inglaterra. E, paralelamente, Harry deixa seu estatuto de menino maltratado, que herda pulôveres remendados do primo, para perceber que possui fortuna e celebridade. Logo, o maravilhoso não está apenas no conto de fadas vivido atualmente por Rowling, mas está também na coincidência quase perfeita entre ela e seu herói, tudo se passando como se sua pena estivesse a tal ponto mágica que, conforme fosse descrevendo a vida de seu personagem, aos poucos se imiscuísse em sua aventura.

Assim, o triunfo dos *Harry Potter*, e paralelamente do personagem de Harry, exprime o triunfo do conto de fadas sobre a triste realidade cotidiana. Ler e apreciar *Harry Potter* é indiretamente fazer triunfar a idéia segundo a qual o mundo real é capaz de dar vida ao maravilhoso. Seu triunfo nos permite igualmente assistir à vitória de nossos devaneios sobre a realidade:

> Suponha o caso de um rapaz pobre e órfão a quem você dá o endereço de um empregador, em cuja casa ele poderá encontrar um lugar. Durante o caminho, ele poderá acalentar um sonho diurno cujo conteúdo será, por exemplo, que ele se torna indispensável na empresa [...], que se casa com a deslumbrante filha da casa e que, em seguida, dirigirá a empresa ele mesmo[5].

Da estranha aventura de Rowling, que vê uma parte da ficção que ela imaginou tornar-se realidade, e vê o mundo do livro introduzir-se brutalmente no livro do (grande) mundo, costuma-se reter estas poucas frases extraídas das primeiras páginas: "Ele vai ser famoso, uma lenda [...] Vão escrever livros sobre Harry. Todas as crianças no nosso mundo vão conhecer o nome dele!"[6] Raros são os jornalistas que, ao terem que explicar o fenômeno Harry Potter, não sucumbiram à tentação de citar esse trecho, tanto ele resume sozinho a magia na qual as pessoas gostam de envolver o livro. Escritas em 1995, essas poucas linhas que predizem o sucesso incrível de *Harry Potter* são cronologicamente bem anteriores à sua realização em nosso mundo: no quadro da ficção, Harry ainda era só um personagem em seus primórdios, às voltas com as zombarias de sua família adotiva, e, no real, a obra se confrontava com a desconfiança dos editores que recusavam publicar esse primeiro tomo das aventuras de um menino míope, desajeitado e despenteado. Vale dizer que, no momento em que

---

[5] Freud, *L'inquiétante étrangeté et autres essais*, p. 40.

[6] *Harry Potter e a Pedra Filosofal*, p. 17.

Rowling escrevia isso, essa frase não enunciava unicamente uma verdade na ficção mas igualmente três acontecimentos bem pouco prováveis comparados com o que, freqüentemente, é a cota dos autores não conhecidos, e que posteriormente se realizaram. A uma primeira predição realizada – Harry Potter se tornou, por seu incrível sucesso de edição, "uma lenda" – juntou-se uma segunda: livros foram escritos sobre ele. Enfim, dizer que "todas as crianças no nosso mundo vão conhecer o nome dele" não está muito afastado da verdade. Daí a pensar que há alguma bruxaria por trás desse livro que coloca em cena um... jovem bruxo é só um passo que muitos poucos têm vontade de dar, é verdade, mas que contribui, ao atiçar a curiosidade, para alimentar a onda de sucesso.

Essa curiosa intrusão da ficção na realidade alimenta a indústria do sonho: que uma mãe divorciada, sem dinheiro, cujo manuscrito foi recusado várias vezes, possa sair do anonimato só pela força de sua vontade e de seu talento não é a melhor prova de que nada nunca está perdido de antemão, inclusive quando a situação parece desesperadora? Ao confirmar que, às vezes, os sonhos *a priori* mais irrealizáveis podem se realizar, o romance de Rowling se reconcilia com uma sociedade com freqüência impiedosa. Por esse viés também, ela participa de uma literatura de massa, destinada à massa anônima, e alça uma representante dos leitores anônimos ao nível de escritora.

O medo de uma uniformização do pensamento e do imaginário

Mas deve-se ficar feliz com essa leitura maciça dos *Harry Potter*? A resposta sofre um verdadeiro movimento de ioiô: se, às vezes, a autora é felicitada por ter cumprido a façanha de reconciliar as crianças – inclusive as mais recalcitrantes – com a leitura, em outros momentos, as pessoas se inquietam com a terrível ameaça que, segundo elas, os *Harry Potter* constituiriam. À reprovação de mercantilização do imaginário acrescenta-se, então, a de sua padronização. Por sua onipresença, esse romance faria pesar a ameaça não mais apenas de um pensamento único mas, além disso, de um imaginário único. O próprio conceito de arte de massa sugere a idéia de uma clava que esmaga tudo ao passar, ou de uma espécie de rolo compressor que só deixa à sua passagem um agregado informe, sem individualidade, caráter ou originalidade. É sobre esse pressuposto implícito que se constrói a tese defendida por Iannis Yocaris num artigo do jornal *Le Monde*: "À imagem do totalitarismo orwelliano, esse capitalismo tenta doravante moldar à sua guisa não mais apenas o mundo real, mas também o imaginário dos cidadãos consumidores."[7] Se acreditarmos em Yocaris, o fato seria novo e particularmente inquietante: doravante e por causa desse romance, o capitalismo não se voltaria mais apenas contra o real mas contra o imaginário! Deixemos de lado a afirmação, de uma ingenuidade beirando o ridículo, que quer nos fazer crer que, antes dos *Harry Potter*, o capitalismo nunca agiu, nem sequer tentou agir, sobre o imaginário dos cidadãos consumidores. Deixemos igualmente de lado a espantosa comparação entre o *Big Brother* e *Harry Potter* e entre o universo totalitário de *1984* e o do colégio de Hogwarts: nem que seja pelas chamadas à desobediência civil preconizadas por Dumbledore ou realizadas pelo trio de amigos, e pelos trunfos representados no seio da intriga pela posse de uma "capa da invisibilidade", o imaginário instaurado por Rowling é o oposto daquele pressentido por Orwell. Enfim, deixemos de lado a afirmação que um capitalismo desenfreado rege o universo dos *Harry Potter*: outra leitura é possível, que vê nele um romance de visada mais comunitária que individualista, e de tendência mais progressista que conservadora; um romance que não faz do êxito financeiro o objetivo derradeiro da existência, mas que ao contrário opõe freqüentemente os homens de dinheiro, ou ávidos por dinheiro, sem escrúpulos (os Malfoy, Ludo Verpey, os Dursley...) a outros sem dinheiro mas ligados a valores morais (Hagrid, Lupin, os Weasley...).

Por outro lado, demoremo-nos um pouco na ameaça de um imaginário refreado ou moldado pelos *Harry Potter* ao ponto de transformar

[7] Ver *Le Monde*, "Harry Potter au pays du marché triomphant », 4 de junho de 2005, e minha resposta, *Le Monde*, 30 de junho de 2005.

seus leitores em outros tantos clones do pequeno bruxo. A crítica, indiscutivelmente, se endereça ao conjunto da cultura de massa, que tememos que uniformize os desejos e as fantasias, e ela repousa, na realidade, num triplo pressuposto. Primeiramente, pressupõe que é preciso a qualquer custo favorecer a diversidade cultural ou nacional e os particularismos. Entretanto, os mesmos que estigmatizam os *Harry Potter* indignam-se na mesma proporção com a vontade de passar a todos o conhecimento da cultura ocidental? E ficariam indignados ou, ao contrário, felizes com a difusão mundial do teatro de Shakespeare? Em seguida, a crítica pressupõe que a mente humana é tão simples que só poderia chegar a um único imaginário, e que uma vez "moldada" por um romance de *fantasy*, ela ficaria hermética a qualquer outro universo fantasmático. Ora, não se pode pensar que, ao contrário, a percepção de um universo imaginário preciso, longe de inibir a imaginação ao restringir suas capacidades de invenção, abre-a para outros horizontes e incita-a a outras leituras? Enfim, o imaginário suscitado pelo castelo de Hogwarts, com seu labirinto de portas secretas e suas pinturas murais, sua "floresta proibida" povoada de animais fantásticos, provavelmente não depende apenas das descrições do escritor mas também do contexto cultural dos leitores, de suas experiências e de seu saber. Longe de acarretar uma uniformidade inquietante, o universo imaginário dos *Harry Potter* é suficientemente denso e amplo para ser apenas um quadro do qual cada um se apropria nele alojando fantasias ou pensamentos tanto pessoais quanto coletivos. Assim, vamos ao encontro de uma tese defendida por Fernand Braudel que recusa "diabolizar" a comunicação entre os povos sob o pretexto falacioso de uma uniformização do imaginário e dos pensamentos:

> Todos os viajantes nos falam da crescente uniformização do mundo. Apressemo-nos em viajar antes que a terra tenha por toda parte o mesmo rosto! Na aparência, não há nada a responder. Ontem, o mundo era abundante em pitoresco, em nuanças; hoje todas as cidades de certa maneira se parecem [...] por toda parte aviões, caminhões, fábricas... Entretanto, não é cometer, para além de evidentes constatações, uma série de erros bem graves? O mundo de ontem já tinha suas uniformida-

des [...] Nenhuma civilização diz não ao conjunto [das novas técnicas], mas cada uma lhe dá uma significação particular. Os arranha-céus de Moscou não são os edifícios de Chicago; os altos-fornos da China popular não são os da nossa Lorena: o contexto humano, social, político, até mesmo místico é diferente [...] O triunfo da civilização no singular não é o desastre dos plurais. Plurais e singular dialogam e se distinguem, às vezes a olho nu[8].

Literatura letrada *versus* literatura popular?

Um sucesso suspeito

Enfim, uma outra censura endereçada ao romance se alimenta da coleta dos números de venda e dos lucros gerados pelo "fenômeno". Ficamos então surpresos de ver o número de pessoas que comentam os *Harry Potter* sem tê-los lido. As críticas formuladas não se apóiam no romance, mas apenas em sua forma – alguns, aliás, não hesitam em vangloriar-se de sua ignorância como se o fato de não ter lido fosse uma prova de inteligência, ou pelo menos de uma aptidão notável para não se deixar enganar pelo bombardeio da mídia. Assim, um ensaísta, em seu blog, liga seu ceticismo a observações de pura forma:

> Harry Potter? Por que não... eventualmente... não vamos nos estripar por isso... além do mais, faz milhões de pessoas lerem... Bom! Mas o simples fato de que o término da escrita do tomo VI seja objeto de um anúncio mundial, que o tomo precedente tenha tido 870 páginas de espessura e que à medida que o herói fica mais velho os volumes sejam cada vez mais espessos, tudo isso faz crescer a minha perplexidade e aumenta meu ceticismo ao ponto mais alto[9].

[8] http://www.archipress.org/ts82/braudel.htm.

[9] http://passouline.blog.lemonde.fr/livres/2004/12/har_pott_vi_1.html.

A espessura dos volumes faz aqui as vezes de argumento que permite crer na medíocre qualidade de uma obra... No entanto, ninguém ignora a espessura dos volumes de *A comédia humana* ou de *Os Rougon-Macquart*: aumenta por isso o ceticismo para com as obras de Balzac e Zola? O entusiasmo que se seguiu à publicação dos *Harry Potter*, a densidade das páginas e o número de exemplares vendidos jogam paradoxalmente a seu desfavor. Como nos ensina Lise Dumasy, a crítica não é nova, alguns autores do século XIX deram o tom. Como confirma um artigo de Sainte-Beuve publicado em *La Revue des Deux-Mondes* em 1839, em que ele inicia o combate contra "a literatura industrial", no caso os romances-folhetins, cujo sucesso foi tal que permitiu multiplicar por seis as vendas dos jornais que os publicavam:

> Foi, escreve Sainte-Beuve, contra a literatura impressa, a de imaginação particularmente, contra os livros suscetíveis de voga que o mal se voltou. [...] O que esperar de um livro quando ele só faz juntar páginas escritas para fornecer o máximo de colunas com o mínimo de idéias? Como os folhetins esticam-se indefinidamente, duplicaram-se as palavras inúteis, as descrições estéreis. [...] Sabem o que é uma linha? Uma linha de menos em idéia é uma notável poupança de cérebro; uma linha a mais em conta é uma soma às vezes bem honesta. Há tal escritor de renome que exigirá que lhe paguem dois francos a linha. [...] Isto é que é saber certo o preço do pensamento[10]!

"Literatura industrial", dizia Sainte-Beuve, "literatura comercial", até mesmo "alimentar", ouve-se hoje. No entanto – deve-se precisar? –, o fato de uma obra ser tão apreciada não pode bastar para provar que foi concebida em vista de ser apreciada, nem que é um puro produto do marketing, não merecendo análise literária. Ao inverso, não basta que uma obra seja reprovada em seus primórdios para atestar que seu autor recusou acomodar-se, preferindo a exigência de verdade à busca

---

[10] Citado por L. Dumasy, *La querelle du roman-feuilleton*, p. 35.

de sedução. Em suma, a linha de partilha entre a literatura e a paraliteratura não depende nem da intenção suposta dos autores nem da maneira como são recebidos.

Uma indiferença para com o estilo?

Entretanto, tentemos ver o que, no conteúdo do romance, no estilo de escrita ou nos temas abordados, poderia distinguir os *Harry Potter* da grande literatura.

Um primeiro critério com freqüência considerado determinante está ligado ao estilo: um romance participa da aventura literária se o esforço for feito na escrita, na beleza e/ou na originalidade do estilo e não só na fábula que nele é relatada. Ora, o sucesso dos *Harry Potter* está indiscutivelmente ligado ao relato, à intensidade da intriga bem mais que à poesia das palavras. Como prova, a rapidez com a qual os diferentes tomos são traduzidos em numerosas línguas, que mostraria que nenhum esforço particular é exigido para que a tradução satisfaça aos leitores. Resta saber se os *Harry Potter* de fato em nada satisfazem à exigência de um estilo. Pois se o vocabulário é simples o bastante para ser acessível às crianças, a originalidade dos termos, a inventividade de que dá prova a autora, o cuidado do detalhe e, sobretudo, a escrita sem cessar lúdica de Rowling, sempre em busca de novos jogos de palavras, são suscetíveis de caracterizar um estilo. Nos *sites* de fãs, o princípio da intertextualidade e da relação estabelecida entre a palavra e suas raízes em geral é admitido pelos internautas, que gostam de ressaltar as referências às quais as palavras remetem. Assim, no *site* da *Encyclopédie Harry Potter*, o nome de Albus Perceval Wulfric Brian Dumbledore dá lugar a uma análise lingüística que não faria feio numa obra crítica de vocação erudita:

> Albus vem da palavra latina que significa "branco", mas evoca igualmente Albion, a Grã-Bretanha. Perceval era um dos cavaleiros de Artur que encontrou o Santo Graal. Dumbledore é uma velha palavra inglesa para

> "bumblebee" ("zangão"), e Rowling diz imaginá-lo errando pelo castelo, a cantarolar sozinho. [...] Wulfric tem a etimologia mais interessante. Dumbledore de fato ficou famoso ao derrotar em 1945 o mágico Grindelwald, que parece muito, por seu nome, com o monstro Grendel em *Beowulf*, epopéia do século VIII.

Uma análise como essa difere fundamentalmente de uma análise convencional? De maneira muito clássica, ela solicita todo um segundo plano de conhecimentos culturais e lingüísticos e toma o texto como objeto autônomo suscetível de ser estudado enquanto tal. É claro que poderíamos censurar-lhe a ausência de uma verdadeira dimensão crítica, em que se faça sentir uma reflexão sobre seu contexto e seu interesse. Com efeito, uma vez enunciada a alusão a *Beowulf* ou a relação entre o nome de Dumbledore e o zumbido, o autor desse texto nada faz com isso, disso não tira nenhuma conseqüência política, sociológica ou literária, transformando o estudo crítico em simples informação. No entanto, encontraríamos vários exemplos de análises similares em obras eruditas. Vale dizer que um dos efeitos da "leitura fã" dos *Harry Potter* é deixar pouco clara a barreira entre cultura letrada e cultura popular. Talvez entendamos melhor a crítica severa que certos intelectuais fazem aos *Harry Potter* e a seus leitores: ao aplicar uma análise literária tradicional a um objeto julgado frívolo, a cultura fã ofereceria, pensamos, uma paródia da crítica, paralelamente ao próprio romance que seria sempre uma obra de divertimento com pretensões estéticas desmedidas.

LITERATURA SUBVERSIVA *VERSUS* LITERATURA GREGÁRIA?

Uma leitura divertida, que adormece o pensamento e só afaga o instinto?

A distinção entre literatura de divertimento e literatura letrada nos introduz num outro critério suscetível de determinar o valor estético de um romance: que leve a pensar, que talvez até levante problema ao ponto de forçar o leitor a reavaliar sua posição na sociedade. Ora, nos *Harry Potter*, o prazer da leitura aparentemente provém da emoção que o romance proporciona, talvez até das paixões que ele desperta, bem mais que da reflexão que ele suscita. Por exemplo, são incontáveis os testemunhos de leitores que afirmam ter lido as obras de uma só vez, tanto é grande o suspense. Os acontecimentos se sucedem uns após os outros num ritmo tão sustentado que somos convidados a prosseguir a leitura sem pausa. Se é verdade que "só pensamos por repouso e parada", como afirmava Aristóteles, a leitura dos *Harry Potter* não seria matéria para reflexão. Além disso, o romance parece o tempo todo buscar uma identificação em vez de procurar favorecer um distanciamento propício ao pensamento. Ao procurarem apenas distrair, os *Harry Potter* participariam bem dessa cultura não erudita, ópio reservado ao povo a fim de adormecê-lo com a desculpa de relaxá-lo.

Mas será tão certo? À leitura rápida do último tomo publicado sucedem quase sempre uma ou várias releituras, destinadas a melhor compreender ou interpretar. Certo, é possível acusar esses leitores de não serem verdadeiros críticos no sentido em que, por exemplo, os define Antoine Compagnon:

> O verdadeiro crítico não é aquele que, afogado nos pequenos fatos da história literária, calcula indefinidamente a "idade do capitão", como diz em outra situação Valéry, mas aquele que elucida o problema que a obra coloca e avalia a solução que ela lhe traz[11].

No entanto, seria muito injusto reduzir as análises dos fãs a simples informações que supostamente determinariam a "idade do capitão", no caso a idade exata de Hermione ou de tal outro. Todos os *sites* sérios dedicados a Harry Potter, por exemplo, orgulham-se de uma seção intitulada ensaios, que responde a todas as espécies de questionamentos e que, embora de qualidades desiguais, são às vezes finos e pertinentes. Assim, ali encontramos misturadas reflexões sobre o valor do ensino em Hogwarts[12], interrogações

---

[11] "L'auteur et le droit au respect" (em linha: http://www.fabula.org/compagnon/auteur12.php).

[12] Professeurs et programme: voudriez-vous la même chose pour votre enfant ? http://www.

sobre o número exato de estudantes que freqüentam o colégio ou, ainda, análises precisas como a que se refere ao poder da imaginação no romance de Rowling, redigida por uma ensaísta inglesa que, por outro lado, escreveu uma obra de título sugestivo: *De Shakespeare a Harry Potter: uma introdução à literatura para todas as idades.* Podemos até descobrir, navegando pelos *sites*, algumas "reflexões sobre as meias de Dumbledore", reflexões interessantes, considerando o objeto sobre o qual elas se referem. Eis alguns trechos que atestam bem a dupla personalidade da crítica dos *Harry Potter*, a um só tempo ingênua e letrada, judiciosa e desastrada:

> Dumbledore confessa a Harry que seu desejo mais forte seria um par de grossas meias de lã. Ele está brincando? É um exemplo de seu humor particular? [...] Fãs sugeriram que as meias representam a liberdade (Dobby), o amor (as meias tricotadas por Molly Weasley) e o dever (as roupas velhas de Harry). Mas tenho outra explicação: Dumblebore não disse apenas que gostaria que lhe dessem meias; disse também que "as pessoas insistem em lhe dar livros. [..] Os presentes que as pessoas nos oferecem refletem a imagem que elas têm de nós. As pessoas vêem Dumbledore como uma fonte de conhecimentos e um "protetor". Ele aceita essa imagem, sabendo que é a pessoa em quem ela cai melhor. Mas ele gosta dos prazeres simples (sorvetes de limão), do calor (grossas meias de lã) e de um retiro confortável e seguro[13].

No estudo que dedicou às obras eruditas e a seus fãs, Philippe Le Guern constata que os fãs nem sempre se recrutam entre os menos bem dotados em capitais econômicos e culturais: fazendo "um uso culto da cultura não culta", eles "importam para o universo das culturas populares os princípios que em geral são reconhecidos no âmbito da cultura letrada"[14]. Ao freqüentarmos os *sites* e os grupos de discussão de fãs, e

encyclopedie-hp.org/essays-teachers-and-curriculum.php.

13 "Ver "Réflexions sur les chaussettes" ou "Tout ce que vous avez toujours voulu savoir sur les chaussettes", http://www.encyclopedie-hp.org/essays/essay-socks.php.

14 "Dans le monde des fans", p. 41.

ao lermos os ensaios dedicados aos *Harry Potter*, só podemos confirmar essa constatação. O público atraído pelos *Harry Potter*, ao ponto de se entregar a análises de texto, é proteiforme e inclassificável, o que acaba por suprimir os compartimentos da cultura letrada, levada a conviver com culturas mais brutas ou populares. A diversidade dos leitores também se reflete em suas reações diante da difusão do romance pelos meios de comunicação, reações que vão da atitude pueril, sem distância para com a excessiva comercialização da obra, ao comportamento nuançado e erudito, apto a gerar críticas fecundas. Deve-se então deplorar a perda de nobreza e dignidade sofrida pela literatura ou, ao contrário, apreciar a passarela para uma literatura mais hermética que a leitura do romance permite? A cada um julgar.

Uma literatura que não é subversiva nem por sua forma nem por seu conteúdo?

Outra crítica que se pode fazer ao romance: por suscitar mais prazer que angústia ou reflexão, ele parece afiançar o mundo tal como é em vez de questioná-lo: o mal ali é combatido por um número suficiente de pessoas de boa vontade para que a intriga nos reconcilie com a sociedade. Até a situação revoltante dos elfos domésticos é tratada de maneira tal que possamos – se quisermos – aceitá-la em vez de ficarmos indignados com ela. Em suma, seria possível, acusam, facilmente mostrar que, longe de nos levar a contestar a ordem estabelecida e a questionar nossas certezas, ele nos tranqüiliza, aprova nossos hábitos e nosso conformismo. Assim, os *Harry Potter* contradiriam o próprio princípio da arte tal como, notadamente, Jauss a define: enfrentar os limites do admissível a fim de provocar, incomodar a ordem estabelecida. Em vez de nos confrontarmos com a crueldade implacável do mundo, o romance procuraria retirar o caráter dramático dos conflitos de modo a reduzi-los a um jogo de crianças ou a uma simples ficção divertida.

Em suma, essa literatura não seria subversiva nem por sua forma – próxima do romance-folhetim e sem inovação – nem por seu conteúdo, que reproduz o sempiterno combate entre o bem e o mal. De mais a mais, Bem e Mal são ambos encarnados por indivíduos de forças sobre-humanas, o que, por um lado, tem por função tirar do Mal seu caráter real e, por outro, duvidar da aptidão humana para lutar contra os males deste mundo. De fato, à primeira vista, poderíamos aplicar a Harry o que Umberto Eco afirmava a respeito do Conde de Monte Cristo:

> O Super-homem de folhetim [...] não aspira à subversão da ordem social. Ele simplesmente superpõe sua própria justiça à justiça comum, destrói os maus, recompensa os bons e restabelece a harmonia perdida. Nesse sentido, o romance popular democrático não é revolucionário, ele é caritativo por consolar seus leitores pela imagem de uma justiça fabulosa[15].

Resta saber se a literatura sobreviveria à ausência desse tipo de romance: não podemos considerar que constituem o oxigênio necessário a uma literatura mais subversiva, que, ao oposto, nos narra a asfixia do mundo e seu desespero? Mas vamos mais longe: ao contrário do que pensam Iannis Yocaris e Pierre Bruno, o romance de Rowling não é um simples substituto leigo do "ópio do povo", pois ele sempre oscila entre consolo e subversão. É preciso ter-se contentado com uma leitura superficial para não ver todos os elementos subversivos que atravessam a obra, depois abalam, às vezes até racham os muros de Hogwarts. Assim, a presença dos elfos domésticos não se resume à denúncia de sua exploração por Hermione: no tomo IV, Winky, o elfo oprimido pelos Crouch, quase fez a intriga pender a favor da guerra e da ditadura. Da mesma forma, Monstro, o elfo doméstico dos Black, humilhado por Sirius, é em parte responsável por sua morte. A Harry, indignado com a atitude de Monstro, Dumbledore responde: "A indiferença e a negligência às vezes fazem mais estragos que a hostilidade declarada. Nós os bruxos maltratamos por muito tempo os seres que nos são próximos e hoje colhemos o que semeamos." Longe de ser um romance que glorifica o neoliberalismo, Harry Potter também pode ser lido como

---

[15] *De Superman au Surhomme*, p. 104.

um romance de advertência, prevenindo do perigo que nós valerá nossa cegueira diante da tragédia que vivem os pobres do planeta.

Da mesma forma, a visão do colégio não é tão tranqüila quanto alguns querem dizer: a revolta contra Umbridge, a professora que abusava de seu poder para aterrorizar alunos e professores, e a saída estrondosa dos gêmeos Weasley, que, com os fogos de artifício que prepararam, quase causaram uma catástrofe, têm algo de deliberadamente subversivo, bem como a desordem e a perturbação engendradas pela criação do jovem "exército de Dumbledore". O colégio de Hogwarts não sai ileso desse romance, tanto que, embora presa na tradição do romance inglês de escola, a obra abala fortemente suas fundações, o subverte de verdade: em Hogwarts, algo racha no próprio seio da instituição escolar. Da mesma forma ainda, a crítica muito virulenta das prisões e do ódio que elas engendram, o discurso de Dumbledore sobre os gigantes que, desprezados pelos bruxos, arriscam aliar-se a Voldemort, são tantos outros elementos destinados a nos fazer refletir nos componentes de nossas sociedades e contradizem a leitura superficial e sem nuanças dos detratores dos *Harry Potter*. Enfim, a estrutura do romance é profundamente abalada pela incerteza, mantida por Rowling até o fim, quanto ao destino do herói: ao matar os mais queridos e ao deixar viver alguns dos mais odiosos, como Lucius Malfoy, ao nos fazer duvidar, desde seus primórdios, da possibilidade de o jovem Harry sobreviver num mundo devastado pela guerra e os ódios raciais, esse romance não se constrói – longe disso – sobre uma glorificação do capitalismo neoliberal. Pelas múltiplas interrogações que suscita, tanto quanto pela participação livre de todos os leitores, livres das barreiras culturais comuns, esse romance parece-me subversivo até em sua estrutura.

Uma leitura que só tranqüiliza na aparência; um sucesso que perturba em profundidade

Como mostra Lise Dumasy, no século XIX, os romances, e notadamente os romances-folhetins, extremamente populares, são vilipendiados: "Acusado de se prostituir à indústria e ao dinheiro, ao abandonar toda exigência estética, intelectual e moral, o romance vai progressivamente ser rejeitado pela crítica e jogado do lado do não literário, o literário vendo-se concomitantemente reduzido ao poético, qualificado pela invenção, a singularização e o trabalho do estilo."[16] A idéia que presidia à escrita do romance popular era no entanto generosa:

> A ambição era escrever para todos, unificar numa mesma forma os diferentes públicos, com suas expectativas diversas, cujo conjunto forma o povo; fazer obra a um só tempo popular, no sentido de acessível ao maior número, e literária – no sentido restrito de "poética", isto é, de responder a uma exigência estética[17].

Não é impossível que o fundamento democrático do romance popular a tenha prejudicado, o que confirma ainda Lise Dumasy: "O romance não esperou o meio do século XX para entrar na era da suspeita: ele ali está no próprio instante em que começa a conquistar as massas populares, no próprio instante em que se torna o gênero literário maior da modernidade democrática."[18]

Criticando o próprio conceito de "arte de massa", Mikel Dufrenne lembra as implicações implícitas dessa categorização: "No fundo, reconhecer a arte de massa é um meio de privilegiar a arte que não é de massa – uma arte que pudicamente não é nomeada, mas da qual está subentendido que, por contraste, é uma arte de elite – a arte reservada aos iniciados, àqueles cuja cultura distingue e evita que se confundam no anonimato da massa, àqueles cujo bom gosto torna capazes de abertura e julgamento."[19] Tais subentendidos, que permitem que alguns se glorifiquem por seu bom gosto sem ter de justificá-lo de modo mais

---

[16] Ver *La querelle du roman-feuilleton: littérature, presse et politique, un débat précurseur (1838-1848).*

[17] *Ibid.*

[18] Ver L. Dumasy, *Succès littéraires et succès populaires au XIXe siècle.*

[19] *L'art de masse n'existe pas*, p. 18.

amplo que apenas pelo desprezo que sentem por uma cultura julgada indigente, literalmente se cristalizaram em torno dos *Harry Potter* e do sucesso que tiveram. Admitamos que seja perda de tempo: em vez de cumprirem a tarefa – muito mais árdua – de definir o que é o bom gosto e de mostrar o deles, os detratores em geral se limitam a ironizar vagamente sobre a inanidade dos romances de Rowling para passarem a ilusão da inteligência que têm. E pensamos em Bourdieu, que disso nos deu a magistral demonstração: a arte popular tem função de exemplo contrário e costuma servir para valorizar a arte legítima. "Não é por acaso que, quando têm de se justificar, os gostos se afirmam de maneira toda negativa, pela recusa oposta a outros gostos."[20] De qualquer forma, falar de arte de massa ou de cultura de massa já não é, num sentido, excluir essa arte da arte da elite, capaz de um gosto que se distingue da média e da massa, percebida como sendo necessariamente medíocre. Pois o próprio conceito de massa já não transmite por si só uma forma de desprezo diante do que é considerado um magma confuso e indiferenciado, incapaz de reflexão que seja suficientemente pessoal ou original para merecer ser individualizada?

> Os gostos, diz ainda Bourdieu, com certeza são, antes de tudo, desgostos, fatos de horror ou de intolerância visceral pelos gostos dos outros. [...] Não existe luta a respeito da arte que também não tenha por implicação a imposição de uma arte de viver, isto é, a transmutação de uma maneira arbitrária de viver em maneira legítima de existir que lance no arbítrio toda outra maneira de viver.

Quisemos mostrar que, aquém de uma reflexão sobre o conteúdo intrínseco da obra, é bem esse combate entre duas maneiras de existir que opõe os detratores e os admiradores dos *Harry Potter*. Por trás da rejeição, às vezes visceral, desse livro, escondem-se a recusa de uma maneira de ler – menos erudita e menos formalista, decerto, mas também menos pretensiosa, mais alegre, mais fantástica e mais indisciplinada – e

---

[20] P. Bourdieu, *La distinction*, p. 60.

a recusa de uma maneira de viver – popular e festiva, que introduz o mundo do livro no grande livro do mundo.

É verdade que a arte só preenche por inteiro a sua função se revolucionar as idéias prontas e se, de uma maneira ou de outra, for provocadora. Uma análise rápida poderia nos fazer crer que, por seu conteúdo, o romance de Rowling não incomoda. Ao contrário, sua leitura seria reconfortante e, por essa razão, seria maciçamente apreciada. Ela reconforta por conseguir misturar harmoniosamente culturas e estilos variados, fazendo-nos ter esperanças de que um dia talvez... todas as crianças do mundo vão se dar a mão. Reconforta ao escolher o conto de fadas para relatar a história de um pobre órfão franzino e maltratado que um dia desperta rico, poderoso e amado pelos seus. Reconforta, enfim, ao arrastar nosso velho mundo sem fôlego numa corrida desenfreada, esporeada pelo dinamismo de uma juventude engajada. Mas é realmente tão simples? Mesmo sem falar do caráter subversivo de uma obra que, durante dez anos, mantém seus leitores em suspense, seu sucesso incomoda, subverte as classificações tradicionais entre literatura e para-literatura, entre cultura erudita e cultura popular, abala a suficiente soberba dos intelectuais. Roger Pouivet, em sua análise da arte de massa, opõe a arte contemporânea, destinada às exposições e aos museus de arte, às formas de produções artísticas mais difundidas pela mídia e vê a verdadeira ruptura mais na arte de massa que nos *ready made*:

> A arte contemporânea não me parece tão transgressiva assim, no sentido em que traria uma novidade radical ao se chocar com academismos. Não sou o primeiro a notar que ela é muito acadêmica à sua maneira! [...] A meu ver, a grande novidade na arte da segunda metade do século XX é a massificação da arte, o rock, o cinema de grande difusão, o romance de grande público. Ontologicamente, essas obras parecem-me bem mais transgressivas que as da arte contemporânea[21].

---

[21] Ver *L'œuvre d'art à l'âge de sa mondialisation*, p. 9-15, e http://www.r-f-e.net/entre-tiendefinitionart.php.

A idéia de uma arte transgressiva por sua própria popularidade é interessante, ainda que possamos não querer seguir a tese de Pouivet que, a meu ver, tem por efeito, ao nivelar todas as obras de massa, recusar-lhes uma verdadeira avaliação estética ou artística e acaba, assim, por depreciá-las. Era a essa conseqüência que Dufrenne se opunha ao afirmar, em 1974, que a "arte de massa não existe". Para Dufrenne, a verdadeira distinção não deve ser, não pode ser, entre produções populares e arte reservada a uma elite intelectual, mas entre produções artísticas medíocres e outras que têm a ver com um trabalho artístico inventivo[22]. Assim, uma obra que consegue satisfazer a esses dois critérios – ser popular e artística – é por aí mesmo subversiva.

No entanto, vemos surgir a objeção. Transgressiva, a obra de Rowling, com sua coorte de produtos derivados e suas técnicas de comercialização, oriundas do capitalismo mais prevenido? Você está brincando, vão exclamar! E, no entanto, é: é transgressivo um romance que, sem violentar a qualidade, consegue perturbar as hierarquias tradicionais; é transgressivo um romance que, como os *Harry Potter*, obriga a cultura legítima a melhor justificar suas aversões e suas exclusões. Ainda que só por essa razão, a obra de Rowling participa da aventura literária.

Referências bibliográficas

Bourdieu P., *La distinction. Pour une critique sociale du jugement*, Paris, Minuit, « Le Sens commun », 1979.

Eco U., *De Superman au Surhomme*, Paris, Grasset, « Le Livre de poche », 1978.

Descartes R., *Discours de la méthode*, in *Œuvres et lettres*, Paris, Gallimard, « La Pléiade », 1970.

Dufrenne M., *L'art de masse n'existe pas*, Paris, 10/18, *Revue d'Esthétique*, 1974, nº 3-4.

[22] *L'art de masse n'existe pas*, p. 9-32.

Dumasy L., *La querelle du roman-feuilleton : littérature, presse et politique, un débat précurseur (1838-1848)*, textos reunidos por Lise Dumasy, Grenoble, Ellug, 1999.

Freud S., *L'inquiétante étrangeté et autres essais*, Paris, Gallimard, « Folio », 1988.

Jauss E. R., *Pour une esthétique de la réception*, Paris, Gallimard, « Tel », 1990.

Nietzsche F., *Ainsi parlait Zarathoustra*, Paris, Aubier-Flammarion bilingue, 1969.

Pouivet R., *Une ontologie de l'art de masse*, Bruxelles, Éd. de La lettre volée, 2003.

Spinoza B., *Éthique*, Paris, Gallimard, « La Pléiade », 1978.

Le Guern P., « Dans le monde des fans », *Sciences humaines*, abril de 2006, p. 41.

(Agradeço a Lise Dumasy por sua preciosa ajuda na elaboração de uma perspectiva histórica sobre a arte de massa).

TERCEIRA PARTE

Texto, língua, público, mediação...

HARRY POTTER
E OS SORTILÉGIOS DO ESPELHO

Éric Auriacombe

Vamos utilizar um método de estudo comparável ao que empregamos em nosso ensaio relativo aos tomos I a V dessa série romanesca: *Harry Potter, o menino herói.* Trata-se de uma modalidade de leitura psicanalítica do romance, e notadamente da análise de um herói literário, que se esforça para ficar o mais próximo da verdade do texto, dos diálogos, das experiências e das situações descritas pelo autor.

O estádio do espelho constitui um "drama" para a criança que nele se confronta ao antecipar o término de seu desenvolvimento futuro sob uma forma ideal mas virtual. Uma leitura atenta do capítulo 12 de *Harry Potter e a Pedra Filosofal,* intitulado O espelho de Ojesed, pode tornar-se o suporte de uma análise que permite uma descrição dessa fase do desenvolvimento da criança. O interesse pelos heróis literários não é novo em psicanálise. Notadamente, Freud propõe um estudo comparativo de várias peças de teatro e contos, em 1913[1], em *O tema dos três cofrinhos*; em 1919[2], ele analisa o conto de Hoffmann, *O homem de areia.* Outros psicanalistas igualmente procederam a análises de heróis literários ou de

---

[1] *Essais de psychanalyse appliquée.* Para as referências bibliográficas, reportar-se ao capítulo "Os contos e a psicanálise", por Éric Auriacombe.

[2] S. Freud, *L'inquiétant, OCF.P,* t. X.

contos, por exemplo André Green em *Hamlet e Hamlet*[3] ou Bruno Bettelheim em *A psicanálise dos contos de fadas*. O herói literário e o universo no qual ele vive vão ser objetos específicos de pesquisa embora nem por isso o autor dos romances seja questionado. Esse trabalho sobre *Harry Potter* inscreve-se nessa perspectiva que interroga o texto e não seu autor. Precisemos igualmente que não estamos recorrendo a uma perspectiva hermenêutica que vise interpretar signos como elementos simbólicos de uma cultura e explicar o texto do conto a partir de eventuais correspondências simbolistas ou mitológicas.

Apresentamos uma abordagem teatralizada desse capítulo que vai evidenciar articulações lógicas entre as diferentes experiências vividas por Harry Potter.

Prólogo

O período de Natal às vezes pode ser temível para as crianças sem família que avaliam sua solidão pelo entusiasmo das outras crianças que se preparam para encontrar calor, amor e presentes junto aos pais. A festa de Natal compensa a frieza do inverno. O jovem Draco Malfoy não se priva de ironizar sobre a situação de Harry Potter e Rony Weasley que ficam em Hogwarts durante essas férias de natal. Para Harry, o fato de não voltar para a casa dos tios, os Dursley, que o maltratam, representa antes uma boa notícia. Porém, as questões a respeito de sua família, sua história e suas origens reativam-se nesse momento. O questionamento relativo à morte de seus pais pode ser posto em relação com a missão de que Harry vai se encarregar: descobrir quem é Nicolas Flamel, o inventor da pedra filosofal que dá imortalidade a quem a possuir! (I, 145).

O tema da morte dos próximos é central nessa série. O Lord das Trevas, que matou os pais de Harry, busca a imortalidade e precisa dessa pedra para voltar a viver após ter sido reduzido a quase nada em seu encontro com Harry bebê. Uma forma de semelhança, de proximidade,

[3] A. Green, *Hamlet et Hamlet*.

existe entre eles, como mostra a cicatriz na testa de Harry, que começa a doer quando ele sente a presença de Voldemort. Nesse capítulo, Harry procura o inventor da pedra filosofal interessando-se notadamente pelos livros proibidos da biblioteca que se encontram na seção reservada e que tratam da magia negra. Por que ele sente essa tentação de ter acesso a um mundo escuro, oculto e proibido? Talvez espere secretamente fazer com que os pais mortos vivam novamente?

Ato I – O corpo em pedaços

Harry, o menino órfão, maltratado, resigna-se. Acredita que ninguém pensará nele no Natal e que não terá presentes. Espanta-se por recebê-los. Quem pode bem interessar-se por ele? Em que é ele digno de ser amado? Lembremos que Harry nunca recebeu presentes notadamente para seu aniversário e que seu tio, tia e primo o maltratam desde que o recolheram. Esses maus tratos chegam até à renegação de existência. Harry é posto em segredo no armário sob a escada com proibição absoluta de falar, exprimir-se, existir, viver[4]. Porém, recebe nesse dia marcas de interesse e presentes: uma flauta enviada por Hagrid (que poderia ser um indício para se aproximar da pedra filosofal ao adormecer o cão de três cabeças que guarda o esconderijo); 50 pences dos tios (medíocre testemunho da mínima afeição que têm por Harry); um pulôver feito pela mãe de seu amigo Rony (esse dom torna-se um sinal de reconhecimento, talvez até de adoção pelo clã Weasley); doces da parte da amiga Hermione; e, enfim, uma capa da invisibilidade vinda de um doador anônimo. Harry, o menino que era obrigado a ser invisível aos olhos dos outros, recebe como dom uma capa da invisibilidade! Notemos que a Sra. Weasley não colocou uma letra no pulôver de Harry, como faz para os outros filhos. "Ela deve pensar que você não esquece o seu nome", lhe diz George Weasley (I, 175). A questão do nome permanece crucial

[4] Ver E. Auriacombe, *Harry Porter, l'enfant héros.*

para Harry que vai ignorar sua celebridade no mundo dos bruxos durante todos seus anos de infância entre os trouxas. Harry veste a capa e observa-se no espelho. Assiste, então, ao desaparecimento de seu reflexo, em presença de Rony que será testemunha dessa primeira experiência especular. Por intermédio do espelho, ele vê desaparecer elementos de seu próprio corpo que reaparecem ou se manifestam separadamente: "Harry olhou para os pés, mas eles tinham desaparecido. Correu então para o espelho. Não deu outra, o espelho refletiu sua imagem, só a cabeça suspensa no ar, o corpo completamente invisível. Ele cobriu a cabeça e a imagem desapareceu completamente" (I. 174).

De que tipo de experiência especular se trata? Constitui ela o protótipo das experiências ulteriores? Quais são as conseqüências para Harry? Três níveis de análise podem ser propostos:

- trata-se de uma experiência a partir da qual Harry se percebe em pedaços. Ele só vê a cabeça, o rosto. Fica surpreso diante dessa imagem incompleta, truncada, parcial de si mesmo que parece anunciar ou iniciar a regressão ulterior ao estádio do espelho provocada por seu encontro com o espelho de Ojesed. Essa fase do espelho faz ressurgir o vivido arcaico do corpo em pedaços;
- Harry também faz a constatação de uma falta quanto a seu corpo, quanto a seu reflexo. Percebe o desaparecimento dos pés e das pernas como um furo no nível da imagem do espelho que é assim descompletada. A virtualidade de seu reflexo aparece então claramente. Ele se confronta diretamente com a mentira da imagem especular que os homens imaginam realista e objetiva, mas que no entanto só os mostra invertidos e parciais;
- a ação de desaparecer e reaparecer aos olhos de um outro (e a seus próprios olhos) evoca o jogo do bebê que se esconde sob o olhar de sua mãe (jogo do "olha ele aí"). Esse jogo marca as primeiras tentativas da criança (e também da mãe) para integrar as experiências de separação e reencontro com o objeto amado. Harry constata aqui o desaparecimento de seu reflexo, pedaço por pedaço, até que se apague

totalmente e que se torne totalmente invisível.

Jacques Lacan, em seus *Escritos*, e antes dele Henri Wallon, evocaram a importância da fase do espelho no desenvolvimento psicológico do sujeito humano. A criança, na idade *infans*[5], vai antecipar seu desenvolvimento futuro sob uma forma global e ideal. Ela se identifica com essa imagem de seu corpo próprio que constitui o ponto de origem de seu narcisismo: o amor por seu eu [*moi*]. Quais são as conseqüências dessa fase para a criança pequena? Antes de mais nada, convém sublinhar a importância da globalização da percepção do corpo sob uma forma (*gestalt*) ideal que marcará ulteriormente as relações da criança com seu devir (eu ideal). Sublinhemos o lugar determinante do olhar da mãe (da pessoa que "materna") por intermédio do qual a criança se olha sendo olhada e amada. A percepção da globalidade mostra a angústia, a estranheza e a estrangereidade de confrontar-se com essa imagem, mas também de expor-se à perda e de regredir à problemática do corpo em pedaços e do objeto parcial. "Olhando para as pernas, viu apenas o luar e as sombras. Era uma sensação muito engraçada"[6] (I, 177). A relação com o espelho pode instalar uma espécie de alienação, condenando o ser humano a se confrontar com um outro ele mesmo, um *alter ego*, no entanto diferente, mais belo e todo-poderoso. Essa figura do duplo (Eu é um outro) instaura o Eu [*Moi*] como uma instância imaginária pela qual a criança fica apaixonada (narcisismo) ao risco de se perder na fascinação dessa imagem de duas dimensões.

Essa cena tem uma testemunha. Harry não se encontra só diante de sua imagem que desaparece deixando apenas subsistir pedaços evanescentes de seu corpo. Essa testemunha reveste a figura do amigo: o confidente, o outro si mesmo. Rony, em sua proximidade com Harry, parece compreender o que este experimenta. Mas permanece crítico e independente e pode assim permitir-se interpor-se e fazer cessar a fascinação provocada por essa experiência. Com efeito, Rony interrompe a

[5] Criança que não fala, entre 6 e 18 meses.

[6] "It was very funny feeling" (I. 150).

contemplação de Harry no espelho ao observar que há uma mensagem que acompanha a capa da invisibilidade. Harry não pode ficar insensível a essa lembrança à dimensão da linguagem. A capa é anunciada como se constituísse uma herança de seu pai e esse dom se acompanha de uma recomendação imperativa: "Use-a bem (I, 174)[7].

A mensagem permanece imprecisa pois o bom uso continua sendo difícil de definir e pode prestar-se a múltiplas interpretações. O que parece mais importante é sua formulação ética e seu caráter imperativo que mostra a confiança do generoso doador. A carta não está assinada e a questão da origem do objeto (a capa da invisibilidade) e da mensagem que a acompanha permanece, portanto, aberta. Quem escreveu o bilhete? Essa capa vem realmente de seu pai. Quem se põe em posição de poder transmitir a fala do pai?

E que sentido tem essa mensagem? Que efeito ela exerce sobre Harry, ele que não tem o hábito de ser considerado um interlocutor? Menino maltratado por sua família trouxa, deve se esforçar para ficar silencioso em todas as circunstâncias e ser invisível a seus olhos. De fato, a resposta de Harry, quando Rony lhe pergunta o que ele sente, é: nada! "Nada, diz Harry. Ele experimentava uma estranha sensação. Quem mandara a capa?" (I, 174). A mensagem tem um endereço que mostra que Harry tem valor para alguém que deseja comunicar-se com ele. Ele se sente reconhecido, mas por quem? As cartas de lugar nenhum[8] endereçadas a Harry por Dumbledore para convidá-lo a ir à escola já tinham tido esse mesmo efeito interrogador. O garoto se coloca, enfim, a questão de seu pai, do pai, da herança que ele deve assumir. Esse dom do pai deve permanecer secreto e Harry não deseja que a presença da capa seja revelada aos outros. Ele pensa que a posse e o uso que dela pode fazer vão permitir que ele instaure uma relação secreta entre ele e seu pai morto e invisível, que tenha novas experiências, que tome uma forma de autonomia e de independência e que prossiga suas buscas sobre a imortalidade...

---

[7] "Use it well" (I. 151).

[8] "The letters form No One".

ATO II – O REFLEXO DOS PAIS

Harry fica obcecado pela idéia de possuir essa capa da invisibilidade, pelo dom dessa capa proveniente daquele "pai" que ele mal conheceu. Ao vestir a capa, ele experimenta uma estranha sensação de libertação, uma impressão de liberdade que o leva a sair sozinho, aonde quiser, nos corredores de Hogwarts. "Rony resmungou dormindo. Será que Harry devia acordá-lo? Alguma coisa o deteve – a capa de seu pai –, sentiu que desta vez – a primeira – queria usá-la sozinho" (I, 177). Parece que, para Harry, o fato de vestir uma roupa do pai o autoriza a sair do isolamento, só (pela primeira vez), para explorar a escola. Harry parece chegar a uma espécie de capacidade de estar só. Mas trata-se de estar só em presença de alguém:

> A criança brinca com a certeza de que a pessoa que ela ama e em quem, portanto, pode ter confiança, está disponível e assim permanece quando, após tê-la esquecido, dela nos lembramos. Essa pessoa é sentida como que a refletir o que se passa no jogo[9].

Que uso faz ele dessa forma de autorização a agir e a assumir seus atos e pensamentos? Ele corre até a seção reservada na biblioteca para aprender alguma coisa sobre a morte e a imortalidade! Mas ele também corre o risco da Magia negra... e se aproxima então inconscientemente de Voldemort. Nos livros proibidos, descobre palavras desconhecidas cujo sentido ele ignora. Vê sangue que brota entre as páginas e ouve sussurros. Abre um livro que começa a soltar um grito horrível e assustador. Tem medo de ser surpreendido pelo professor Snape e o zelador Filch. Entra em pânico e se refugia numa sala abandonada na qual está um velho espelho, uma antiguidade, um dejeto: "Alguma coisa que parecia que alguém acabara de pôr ali para tirá-la do caminho"" (I, 179). Uma

---

[9] D. W. Winnicott, *Jeu et réalité*, p. 68.

misteriosa inscrição está entalhada no alto do espelho: "Oãça rocu esme ojesed osamo tso rueso ortso moãn."[10] Rowling observa que Harry se acalma e se aproxima do espelho para ver sua imagem. "Harry moved nearer to the mirror, wanting to look at himself but see no reflections again. He stepped in front of it" (I, 153). Notemos que o tradutor [francês] comete um erro. A edição francesa indica: "Ele tirou a capa e se aproximou do espelho para verificar se continuava invisível" (I, 206)* No entanto, Harry não retira a capa para constatar a ausência de seu reflexo. Ele busca sobretudo rever sua imagem e verificar sua invisibilidade.

A partir desse poder de tornar-se voluntariamente invisível aos olhares dos outros, é sua posição subjetiva que se coloca em jogo. Quando veste a capa do pai, ele fica invisível a seus próprios olhos. Ele existe, enfim, ao tomar iniciativas e ao seguir sua idéia pessoal (ainda que transgrida os regulamentos da escola). Ele se torna alguém, e quer verificar isso no espelho. Mas continua invisível... Para além de sua visibilidade/invisibilidade, ele experimenta sua existência/inexistência diante de um espelho ao solicitar a seu reflexo que lhe mostre a verdade de seu ser.

Mas ele solta um grito de horror, pois se confronta com uma experiência de pavor. Com efeito, vários personagens cercam sua imagem e o olham. Ele se vira para verificar a realidade da presença deles, mas ninguém está de fato a seu lado. Parece estar vivendo uma forma de experiência alucinatória especular. Embora esteja invisível, seu próprio reflexo e o de várias pessoas aparecem no espelho. O espelho se enche de imagens, mas a sala mesmo assim permanece deserta. Seria possível dizer que Harry não perceberia as pessoas que no entanto se encontram na sala (alucinação negativa). Também se trata do inverso da situação do vampiro que não pode se refletir no espelho. Por que ele solta um grito de pavor? Acredita que são fantasmas? O espelho permanece enganador. Ao se voltar, Harry só pode constatar o vazio da sala. Revive ele a ausên-

---

[10] Escrita em espelho: "Não mostro o seu rosto mas o desejo em seu coração."

* A tradução brasileira de Lia Wyler ficou assim: "Harry aproximou-se do espelho, querendo mirar-se sem ver nenhuma imagem como antes. Adiantou-se para o espelho", *Ibid*, p. 179 (N. T.).

cia da mãe morta quando ele tinha um ano e que ele não podia mais ver, ouvir, tocar? Harry observa primeiro uma mulher que sorri e chora ao mesmo tempo: sua mãe. "No desenvolvimento emocional do indivíduo, o precursor do espelho é o rosto da mãe", nos diz Winnicott[11]. Depois, vê o pai e talvez os avós. "Estava olhando para sua família, pela primeira vez na vida" (I, 180). Os reflexos não falam. A imagem no espelho ignora as palavras e a linguagem. Harry fica fascinado e atraído por esse mundo de mortos unicamente feito de sorrisos silenciosos. "Harry estava tão perto do espelho agora que seu nariz quase encostava em sua imagem" (I, 180). Harry quer atravessar o espelho e mergulhar naquele mundo virtual e fora do tempo, espaço utópico e anacrônico. "Sentiu uma dor muito forte no peito, em que se misturavam a alegria e uma terrível tristeza" (I, 180)[12]. Alegria e tristeza se misturam, sorrisos e prantos. As crianças maltratadas se constroem como oximoros ao clivarem e justaporem seus sentimentos:

> Assim, a criança deve viver com uma personalidade ferida e um Eu [*Moi*] que encontra seu potencial de reparação ao se clivar para sobreviver. A figura de retórica, o oximoro, pode ser a testemunha da clivagem, na qual coexistem duas partes:
> – uma, que é destruída pelo trauma (falecimento dos pais);
> – a outra, mais secreta, que resiste e que busca manter-se como condição da sobrevivência[13].

Harry torna-se cativo dessa imagem. Só pensa em revê-la novamente. Fica apaixonado por seu reflexo cercado pelas imagens amorosas dos pais. Sente-se amado, vê-se amado, pensa que é digno de afeição, amável. "O que vê o bebê quando volta seu olhar para o rosto da mãe? Em geral, o que ele vê é ele mesmo."[14] Harry se situa bem na situação

---

[11] *Ibid.*, p. 153.

[12] "Half joy, half terrible sadness" (I, 153).

[13] E. Avriacombe, *Harry Potter, l'enfant héros*, p. 85.

[14] *Ibid.*, p. 155.

de Narciso, apaixonado por seu reflexo, mas também está acompanhado das sombras do passado. O que é o espelho de Ojesed? Rony pensa que ele só mostra os mortos e tem razão, pois as imagens dos pais de Harry não estão vivas. Mas o espelho anuncia sobretudo o desejo profundo daquele que o contempla. Ele não dá forma nem ao futuro nem ao passado. Ele "mostra" o desejo.

Ato III – A fala de Dumbledore

Harry só pensa em voltar para a frente do espelho, mas vai ser interrompido em sua contemplação pelo professor Dumbledore que lhe diz que a invisibilidade o deixa míope, tanto ele parece fora da realidade[15]! Dumbledore lhe indica a verdade do espelho e os perigos de seu uso: a imagem não abre para o verdadeiro conhecimento do ser, mas mostra o desejo mais caro que possamos ter. Assim, Harry pode descobrir sua família ao passo que Rony se descobre chefe dos monitores e capitão do time de quadribol. A imagem especular põe em cena uma relação de tipo dual, em duas dimensões, que abre para o confronto entre o eu [*moi*] do sujeito e seu *alter ego*. A partir dessa fase, uma relação fusional pode instalar-se na qual nem um nem outro podem diferenciar-se de fato. Rowling descreve bem essa situação de atração, de fascinação quase hipnótica, de alienação que essa bela imagem exerce. Dumbledore explica a Harry que homens pereceram ou ficaram loucos ao contemplar o que o espelho lhes mostrava. "Não faz bem viver sonhando e se esquecer de viver, lembre-se." (I, 185). A relação dual, não midiatizada, do estádio do espelho instaura uma espécie de conhecimento paranóico ao abrir para a problemática do duplo. Harry será confrontado com essa questão e com esse destino mortífero quando descobrir, no tomo V, a profecia que evoca sua relação com Voldemort. Um deverá matar o outro pois não podem existir ao mesmo tempo (V, 944). Essa profecia descreve de maneira precisa a relação imaginária do duplo, na qual um dos dois

---

[15] "Strange how short-sighted being invisible can make you" (I, 156).

protagonistas deve desaparecer (V, 960).

A imagem não diz a verdade, precisa Dumbledore. Esta não se situa na contemplação das imagens do passado, mas na abertura para um devir. Instalar-se no sonho constitui uma forma de loucura que leva a esquecer de viver e existir. A fala e o ato de Dumbledore, que torna o espelho de Ojesed inacessível, libertam Harry de sua fascinação por essa imagem idealizada dos pais e dele mesmo ao lado dos dois. No entanto, ele permanece habitado por essa imagem. Ela povoa suas noites em seus sonhos e pesadelos e reativa certas lembranças da cena traumática da agressão de Voldemort (I, 186). Dumbledore, que transmitiu a Harry a herança de seu pai e lhe deu a possibilidade de viver essa experiência especular, intervém junto ao garoto como um substituto paterno. Seu papel consiste em estruturar a relação especular a fim de tornar possível a separação do Eu [*Moi*] de seu *alter ego*. Sua fala tem um efeito separador que permite que o garoto tome distância de seu duplo especular cercado de seus pais amorosos. Ela midiatiza a relação imaginária e Dumbledore torna-se o elemento terceiro que permite que Harry atravesse uma etapa em seu desenvolvimento psíquico. Doravante, ele poderá lançar-se na aventura da pedra filosofal e enfrentar Voldemort. Mais tarde, ao se olhar de novo no espelho, ele não vê mais os pais, mas sua imagem que lhe faz uma piscadela cúmplice e lhe transmite o objeto de seu desejo: a pedra de fato se encontra em seu bolso! Seu duplo torna-se um aliado cordial (I, 249). Mas Harry também se vê cara a cara com o rosto de Voldemort. Apesar da dor de sua cicatriz, ele consegue combatê-lo pois conta com uma poderosa proteção. "Ouvia [...] outras vozes, talvez dentro de sua própria cabeça, chamando: "Harry! Harry!"" (I, 252)

Epílogo "provisório"

O amor da mãe constitui para Harry uma proteção durável, um escudo imperecível que Voldemort não pode compreender. "Ter sido amado tão profundamente, mesmo que a pessoa que nos amou já tenha morrido, nos confere uma proteção eterna" (I, 255). O amor da mãe levado até ao sacrifício e a fala do pai e sua herança, é isso que vai permitir que Harry Potter encontre aos poucos uma forma de se lembrar dos pais, de sua história e da cena traumática, de suas origens. Ao se apoiar nesses elementos, graças aos substitutos parentais que ele encontra e a seus amigos, ele poderá aos poucos superar seu sofrimento de menino órfão e maltratado, vencer provas difíceis e enfrentar novos lutos assim como outros confrontos com sua face de sombra, o Lord das Trevas.

HARRY POTTER, DA VERSÃO INGLESA À VERSÃO FRANCESA: UMA CERTA ARTE DA TRADUÇÃO

FRANCK ERNOULD (ADAPTADO POR ISABELLE SMADJA)

O estudo de Franck Ernould disponível no *site* da Internet "Littératures de l'imaginaire"[1] formou parcialmente a trama original deste capítulo; foi completado por uma análise de Isabelle Smadja, que livremente remodelou e reescreveu o conjunto do texto.

Além da criação das intrigas, a inventividade de Rowling se manifesta nos patronímicos, nomes de lugares, de feitiços... Interessados pela transposição de uma língua a outra, pelas escolhas estéticas, até mesmo ideológicas, que ela inevitavelmente chama, passamos ao jogo das correspondências. Se às vezes certas retificações ou modificações são indiretamente decididas por Rowling e são encontradas, por exemplo, na versão americana editada por *Scholastic*, a comparação entre versões original e francesa permite desvelar as implicações, com freqüência desconhecidas, que sustentam uma ou outra escolha. Não é de modo algum nossa intenção negar o talento e a engenhosidade do tradutor francês, Jean-François Ménard, e sim refletir nos laços entre tradução, interpretação e interpretação da tradução, ainda que arriscando esboçar, aqui e ali, críticas ou questionamentos.

Recomendamos igualmente, para um estudo exaustivo das correspondências entre os termos franceses e seus equivalentes ingleses, consultar

[1] http://rernould.club.fr/h1PottFr.html.

a excelente *Encyclopédie Harry Potter*: a quase totalidade das palavras inventadas, e empregadas na tradução francesa, ali estão associadas a suas equivalentes inglesas, com a etimologia precisa dos termos. Para dar apenas um exemplo, uma pesquisa sobre "Quirrel" nos oferece uma lembrança da identidade desse professor de Hogwarts, o detalhe das diferentes passagens do romance em que ele intervém, assim como a significação de seu nome: "Talvez, de maneira voluntária, Quirrel pareça foneticamente com "querulous", que significa "alguém que se queixa sem parar, que é irritável", ou ainda com *squirrel*, "esquilo"."[2]

Nomes de lugares, nomes de pessoas

A tradução de *sorcerer* devia ser bruxo ou mágico? Antes de o sucesso de Harry Potter modificar a imagem dos bruxos, estes nos remetiam ao lado sombrio do humano, tanto pela lembrança da perseguição que sofriam quanto pelas imagens do sabá dos bruxos. O mágico, em compensação, revestia um aspecto mais bonachão, ou por pensarmos nos coelhos que ele tira da cartola, ou por ele evocar espontaneamente Merlin o mágico. Se a escolha voltou-se para o termo bruxo [*sorcier*], foi, sem a menor dúvida, mais por fidelidade à intenção da autora, decidida a utilizar a história com freqüência desconhecida da bruxaria, que por fidelidade a nosso imaginário coletivo. Vale dizer que, desde o título, escolhas afiguravam-se necessárias, escolhas que, questionadas, nos informavam sobre estados de espírito, sobre nuanças de sentidos que podem aparecer num país e não em outro. Nos Estados Unidos, a alusão à filosofia, mesmo num sentido derivado, deve ter desagradado ao editor, que preferiu, com certeza para melhor visar seu público de crianças, apresentar de maneira sedutora a idéia de uma enigmática pedra de bruxos, mais que contar com o conhecimento do que é a pedra filosofal[3]. Na França igualmente, os editores parecem ter recuado diante da pedra

---

[2] http://www.encyclopedie-hp.org/wizards/hogwarts/staff/quirrel.php.

[3] Ver igualmente a esse respeito, nesta obra, a análise de J. Prud'homme.

filosofal, que evocava paisagens sulfurosas e medievais da alquimia. O selo Gallimard Jeunesse provavelmente temeu que esse termo, esotérico e erudito, pouco adaptado ao jovem público visado, o desanimasse. Assim, o editor optou por um título mais banal, sem correr risco, mas em ruptura com a regra adotada para os títulos ingleses dos sete volumes: *Harry Potter à l'école des sorciers* [*Harry Potter na escola dos bruxos*] não evoca uma aventura limitada apenas a esse tomo.

Em inglês, a escola de bruxaria, no entanto prestigiosa, que acolhe até os filhos "de boa família", chama-se... Hogwarts. *Hog* significa porco capado, ou, no sentido figurado, lambão, *wart* é uma verruga, e *warthog*, um facoquero[4*]. Como traduzir? E onde reside a maior fidelidade? Deve-se buscar privilegiar o espírito de um texto, arriscando um contrassenso ou uma interpretação secundária, ou, ao contrário, mais modestamente, traduzir tão logo possível a letra do texto em detrimento às vezes de seu espírito? Deve-se dar mais crédito à forma (poética ou discordante, baseada em ressonâncias, correspondências ou assonâncias fônicas) ou, no fundo, às idéias inscritas diretamente no texto? Hogwarts, Poudlard...: à verruga responde o *pou* [piolho], ao porco responde o *lard* [toucinho]... Poudlard restitui perfeitamente o espírito zombeteiro e refratário da autora, e bem menos a letra. Um questionamento similar deve ter presidido à escolha de tradução das quatro casas de Hogwarts: Slytherin, Hufflepuff, Gryffindor e Ravenclaw. Seria melhor conservar a força tranqüila da rima abraçada contida em Godric Gryffondor ou esforçar-se para restituir o conceito de Deus (God-ric) assim como sua terminação céltica, arriscando abandonar a rima? Gryffindor tornou-se Griffondor [Grifinória], Slytherin transformou-se em Serpentard [Sonserina] (*slither* significa ondular como uma serpente [*serpent*]). Desta vez, a letra prevaleceu sobre o espírito: o "y" dotava os dois nomes de um aspecto medieval, e sobretudo tornava mais evidente uma afinidade, provavelmente desejada pela autora, entre Slytherin e Gryffindor (*griffin* em inglês – e não *gryffin* – significa grifo* [*griffon*]. Hufflepuff torna-se

---

[4*] Ou javali ou porco-africano. (N. T.)

naturalmente Pouffsouffle [Lufa-lufa], conservando a aliteração. Quanto a Ravenclaw (*claw* = *serre* [estufa] e *raven* = *corbeau* [corvo]), o tradutor mudou de pássaro, escolheu Serdaigle (*serre* d'*aigle* [águia]) [Corvinal, em português], que dá a essa casa ares mais nobres mas conserva, talvez até aumente, a agressividade enérgica do termo. Estes poucos exemplos nos introduzem de imediato na delicada arte da tradução, em que neutralidade e perfeição parecem um ideal difícil de ser atingido.

Às vezes, no entanto, certas invenções são tão engenhosas que começamos a pensar que, longe de perder o gosto, elas acrescentam ao texto um sabor extra. Assim, *muggle* (um neologismo de Rowling para designar os não bruxos) diz-se *moldu* [trouxa]. O adjetivo *muggy* significando pesado e mole, ou quente e úmido, *moldu* [trouxa] passa bem essa idéia de umidade [*moiteur*], e, por extensão, de moleza, que exala do termo. Sabemos a importância dessa palavra, e portanto de sua tradução, na dinâmica do romance: os bruxos vão definir-se, caracterizar-se e até identificar-se pelo viés de sua oposição aos *muggles*. A impressão negativa sentida ao descobrir o termo "*moldu*" [trouxa] se estabelece por contraste com o conceito a partir do qual ele é formado, "*mordu*" [lit. mordido], apaixonado: aos apaixonados [*mordus*] de bruxaria opõem-se os não bruxos, que, *moldus* [trouxas], sofreram uma perda, vivendo daqui por diante molemente, sem a paixão que podia animá-los. Só podemos louvar tanto a habilidade da romancista quanto a do tradutor. Da mesma forma, a rua de Londres que dá acesso ao mundo paralelo dos bruxos chama-se Diagon Alley [Beco Diagonal]. É bela a invenção que, pela pena do tradutor, transforma a Diagon Alley num bem poético "*chemin de traverse*" [travessa]: compensa amplamente o jogo de palavras sobre "*diagonalley* / em diagonal" e "*alley* / ruela", difícil em francês. A Floo Powder [Pó de Flu] vai se tornar um delicado "*poudre de cheminette*" [Pó de chaminezinha] e, como a Allée des Embrumes [lit. Travessa das brumas] (Knockturn Alley) [no Brasil, Travessa do Tranco] antes dela, acrescentará ao texto inglês uma poesia extra. A poção

* Animal fabuloso, corpo de leão, cabeça, bico e asas de águia. (N. T.)

Pepperup (*pepper* = pimenta) se metamorfoseia em Pimentine [em português, Porção de Pepperup] e o Polyjuice [a Poção Polissuco], em vez de uma vulgar pluribeberragem, em *Polynectar.* "The Witching Hour" [Momento Bruxo] torna-se "*Salut les Sorciers*" [lit. Oi bruxos!], uma alusão ao célebre programa de rádio dos anos 1960 "*Salut les copains*" [Oi companheiros!]. O tradutor também encontrou uma bela equivalência para o *sorting hat* [chapéu seletor], encarregado de separar os alunos por casa. O termo, que significa literalmente um banal chapéu classificador, torna-se em francês, de modo bem bonito, um *choixpeau**. Assim, ao acentuar a proximidade entre a escolha e a pele, o *choixpeau* reforça a impressão sentida pelos alunos: a decisão do chapéu é bem de importância capital, pois toca na intimidade do indivíduo. Em compensação, o albergue *The Leaky Cauldron* [o Caldeirão Furado] torna-se *Au Chaudron Baveur* [lit. o Caldeirão Baboso], o que fica um pouco gastrópode demais: *Au Chaudron qui fuit* [lit. O Caldeirão Furado] teria sido mais exato e mais aberto, com mais felicidade, para um imaginário poético.

Os ocupantes de Hogwarts têm nomes muito imaginosos. Não traduzi-los teria privado os jovens leitores, que ignorassem tudo do inglês, de um elemento essencial ao estilo de Rowling e ao sucesso de seus romances: o humor, a fantasia, o caráter lúdico que presidem à escrita, e essa aptidão específica para o espírito de infância que permite torcer as palavras, tirá-las do contexto para delas se apoderar e com elas brincar. Talvez seja por essa razão que Nearly Headless Nick torna-se Nick Quase-Sem-Cabeça, que Wood [bosque] se chama Dubois [lit. do bosque], que Ulric The Oddball [Urico, o esquisitão] se nomeie Ulric le follingue [lit. o maluquete] ou ainda que Neville Longbottom veja-se judiciosamente afrancesado em Londubat (homônimo de "long du bas" [longo por baixo]: *bottom* significa "posterior"). A Sra. Malkin [em português, Madame Malkin], proprietária de uma loja de "roupas para todas as ocasiões para mágicos e bruxos" no Beco Diagonal, torna-se a Sra. Guipure, palavra antiga

*Trocadilho: *chapeau* [chapéu] e *choix* [escolha] e *peau* [pele] = *choixpeau.* (N.T.)

para qualificar tecido de renda. Como ressalta a *Encyclopédie Harry Potter*, "o sentido mais familiar de *malkin* deve ser o de gato, com conotações de magia negra, em referência a *Macbeth*" (Grimalkin é o gato das bruxas na peça de Shakespeare). Entretanto, a palavra tem outros sentidos, que mostra o humor de Rowling: *malkin* também é um "monte de panos velhos usados em limpeza ou uma mulher desprezada"[5]. "Quanto ao rato velho de Rony, Skabbers [Perebas], ele passa a ser *Croûtard* [lit. casquento] em francês. *Scabby* significa piolhento, mesquinho, e *scab*, crosta, mas também, em outra acepção, "amarelo" [no sentido de covarde], aquele que não acompanha a palavra de ordem de greve."[6] A tradução por *Croûtard* [Perebas], embora muito feliz, em nada anuncia a futura traição do falso rato, mas pelo menos tem a vantagem de associar os leitores que ignoram a língua inglesa à criatividade da escritora. Rogue, que, em francês, é pouco usado mas significa desprezível, chama-se Snape em inglês [sem tradução em português], *snappy* significando "irritável": os dois adjetivos, embora não valorizem o mesmo defeito, convêm muito bem ao professor Severus Snape, que é a um só tempo orgulhoso, severo e irritável. Infelizmente, a tradução nos faz perder indícios essenciais à intriga: ao contrário de Rogue, Snape levava imediatamente a *snake* (serpente), cuja afinidade com Voldemort é conhecida; e, ao contrário das iniciais SS de Severus Snape, idênticas às de Salazar *Serpentard* [Sonserina], Severus Rogue não faz ressurgir sombrias lembranças.

De fato, a tradução dos nomes próprios não foi percebida por todas as críticas da mesma maneira. Nancy Jentsch deplora que tenhamos assim deixado passar a oportunidade de nos impregnar da cultura britânica: "Na versão francesa, a maioria dos nomes próprios e dos nomes de lugares são reinventados em francês."[7] Ora, as traduções de Snape por

---

[5] http://www.encyclopedie-hp.org/wizards/a-z/wizards/g.php.

[6] Ver http://rernould.club.fr/h1PottFr.html.

[7] *The Ivory Tower and Harry Potter*, "Harry Potter and the tower of Babel", p. 293, tradução de I. Smadja.

Rogue, ou de Longbottom em Loudubat, afirma ela, "em nada ajudam à compreensão do texto e prestam a contra-sensos ao impedirem de entender plenamente a inscrição desse romance num lugar muito preciso e carregado de história. A proliferação desses nomes franceses impede até que se entenda por inteiro o contraste entre os jovens ingleses e seus hóspedes franceses, contraste provocado na versão original pela chegada da Sra. Maxime e de seus alunos da Academia de Beauxbâtons"[8]. Philip Nel, em "Harry Potter e a transfiguração da linguagem", lembra igualmente as críticas que se ergueram quando o editor Scholastic tomou a decisão de traduzir o romance em inglês-americano (transformando, por exemplo, os *motorbike* em *motorcycle*, o futebol em *soccer*, as [batatas] *chips* em *fries*...): alguns, lembra ele, censuraram então "a arrogância globalizadora dos americanos" ou "o imperialismo americano" por esse ato "de reapropriação cultural"[9]. O editor Arthur Levine se defendera então explicando que "eu não quis americanizar os *Harry Potter*. Eu quis simplesmente me assegurar de que um garoto americano teria direito à mesma experiência literária que um garoto inglês"[10]. O parêntese nem por isso estava fechado e, nos Estados Unidos, a controvérsia prolongou-se: "Ao querermos proteger nossas crianças de eventuais erros de interpretações ou de um desvio para o dicionário, fingimos crer que as outras culturas são, ou deveriam ser, como a nossa, escreve por exemplo Peter Gleick. Ao insistirmos para que tudo seja americanizado, emburrecemos nossa própria sociedade em vez de enriquecê-la."[11] Como sugere com humor Nell, que dá a seu artigo o seguinte subtítulo: "You say Jell, I say Jell-O" (Você diz Jelly, eu lhe digo Jell-o), em referência a uma transposição americana do inglês decidida por Scholastic, mesmo que um jovem americano empregue o termo Jell-o para designar esse alimento, ele não teria tido dificuldade alguma para entender o termo

---

[8] *Ibid.*, p. 294.

[9] *Op. cit.*, "Harry Potter and the transfiguration of language", *in op. cit.*, p. 261-262.

[10] Citado por Philip Nerl, *ibid.*, p. 260.

[11] Peter H. Gleick, citado por Philip Nel, *ibid.*, p. 271.

inglês Jelly. De modo que dificilmente se pode explicar a versão americana só pela vontade de facilitar a leitura do texto.

De fato, é possível querer saber as razões de certas escolhas: por que afrancesar personagens secundários e deixar os nomes dos personagens principais sem mudança ou quase? Para Franck Ernould: "*Les aventures d'Aristide Pottier* com certeza não teriam o mesmo sucesso, sem falar da exploração comercial que deveria mudar de um país a outro... A globalização assim exige... Harry Potter fala em todas as línguas, ou quase."[12] Seria por essa mesma razão que os tradutores se recusaram a traduzir os nomes de Albus [Alvo] Dumbledore e de Dudley [Duda]* Dursley? De qualquer modo, teria sido no mínimo pouco hábil traduzir em francês todos os nomes próprios deixando assim perder-se a singularidade de Voldemort*, personagem central, que a romancista dotou, desde a origem, de um nome francês. Convivendo, na edição francesa, com Dumbledore, Quirrell, Mac Gonagall, Ludo Verpey, Peter Pettigrow [em português, Pedro Pettigrew]... que guardam suas consonâncias inglesas, Voldemort conserva toda a sua originalidade. Da mesma forma, era importante que Sirius Black não sofresse nenhuma transformação. Em inglês, Sirius é pronunciado como "*serious*" [sério], *sérieux* em francês, uma conotação confirmada em parte pelo nome Black. Estava fora de questão afrancesar esse nome, que teria ficado ridículo, e sobretudo teria ocultado o sentido primeiro de Sirius, estrela mais brilhante da constelação do Cão Maior, sentido no qual, inegavelmente, Rowling pensa quando Sirius se metamorfoseia num grande cão negro. A morte de Sirius, em quem Harry, o órfão, havia colocado tanta esperança quanto numa estrela brilhante, só se torna mais trágica. Mas, a rigor, teria sido possível afrancesar todos os nomes à exceção do próprio Voldemort... que se tornaria, por exemplo, numa edição francesa *Veil-of-Death* (*veil*, o véu, teria permitido, por associação de idéias, ainda que de modo

---

[12] http://rernould.club.fr/SAISONS/a2PotFr3.html.

* Alvo e Duda são os nomes dos personagens no Brasil, dados por Lia Wyler, o que o autor deste artigo ignora. (N.T.)

* Le *vol de* mort: O vôo da morte. (N.T.)

imperfeito, combinar os dois sentidos de *voler* [voar e roubar]*) ou Lordofdeath (em alusão ao *Lord of the Rings* e a "Land of Mordor" [Terra de Mordor] de *O Senhor dos Anéis* aos quais, provavelmente, a origem francesa do nome de Voldemort faz eco)?...

A ESCOLHA, QUASE IMPERCEPTÍVEL, DE UM ESTILO E DE UMA EROSÃO...

Inversamente, por que, no tomo VI, não ter traduzido o nome de família de Amelia Bones, assassinada pelos Comensais da Morte, um personagem no entanto secundário ao mesmo título que Wood [Dubois]? Seria porque *bones* (os ossos) é uma palavra muito sugestiva, que, nesse contexto mortuário, teria sido constrangedor? Vamos verificar isso com freqüência, quando o que está em jogo não for essencial, a tradução tende antes a arredondar os ângulos, a atenuar, e não a acentuar as passagens rugosas ou rudes do texto original. Assim, no que se refere aos Death Eaters [Os Comensais da Morte], em que a tradução não podia passar despercebida, a transposição em *Mangemorts* [lit. Comemortos] é quase literal, mesmo que se possa considerar que "Os comedores da morte", mais literal ainda (*to eat*=comer, *eater*=comedor, *death*=a morte), teria sido uma fórmula mais agressiva, pois mais ativa. Vamos dedicar esta parte a perseguir essas três leves erosões do texto original, embora estejamos conscientes de que essas reflexões não têm valor absoluto e que outras leituras seriam possíveis, que, à luz de outras passagens, dariam uma orientação diferente a esse trabalho interpretativo.

É difícil não perceber a crítica feroz que a escritora dirige ao *Daily Prophet* [*O Profeta Diário*], o jornal lido pelos bruxos: Rita Skeeter, a jornalista que o representa, é, com efeito, sem escrúpulos, à espreita dos mínimos boatos, e dá uma imagem extremamente negativa do universo

* *Vol*, portanto, significa roubo e vôo. (N.T.)

dos *paparazzis*. Ora, o *Daily Prophet* [*O Profeta Diário*] é traduzido por a *Gazette du Sorcier* [lit. a Gazeta do Bruxo]. Mais uma vez, o francês é mais tímido ou mais desconfiado: para um inglês, Daily Prophet sugere instantaneamente uma referência ao *Daily Mirror*, *Daily Express* ou *Daily Star*, tablóides ingleses atuais politicamente bem presos à direita, de modo que a sátira que Rowling faz disso respinga naturalmente sobre esses jornais ingleses. Na França, em compensação, a *Gazette du Sorcier* não evoca nenhum jornal preciso, desrealizando assim a crítica que permanece confinada ao universo bruxo sem que tenhamos naturalmente tendência a transpô-la para o nosso mundo. Outros exemplos poderiam confirmar essa tendência à erosão ou à colocação em surdina. Por exemplo, Ripper*, o buldogue preferido de tia Marge, chama-se Molaire [Molar], nome até que bem simpático, que em nada traduz a ameaça que induz: em inglês, *ripper* quer dizer estripador, e lembra à Inglaterra um período sombrio em que agia o sinistro Jack the Ripper, Jack o Estripador. O que deveria ter sido feito com o professor Gilderoy Lockhart, um irritante personagem, narcísico e cheio de si? Autor prolixo e preocupado com sua reputação, ao ponto que sua blasfêmia favorita é "*Porcaria de best-seller!*", Lockhart não deixa de ser vaidoso e desonesto. *Lock* significa fechar, *heart*, o coração: traduzir esse nome teria evidenciado a insensibilidade e o egoísmo criminoso desse personagem que fechou o coração sobre si mesmo. Não traduzi-lo deixa de início subsistir uma dúvida sobre esse personagem e evita que seja apontado de imediato. Aliás, é forçoso constatar que Ménard lustrou um pouco o personagem em sua tradução, suprimindo numerosas passagens em que ele aparece ainda mais insuportável. Da mesma forma, o gato de Hermione, chamado a ter um papel importante na seqüência da história, chama-se Crookshanks [Bichento**]. *Crook* = ângulo, curvatura, mas também escroque. *Shanks*, em gíria, significa pernas. A tradução, Pattenrond [lit. Patarredonda], passa bem a idéia de que o animal é *bow-*

---

* No Brasil, permaneceu *Ripper*. (N.T.)

** No sentido de bichano, mas, também, de cambaio, que tem as pernas tortas. (N.T.)

legged, isto é, tem as patas arqueadas, mas oculta a conotação pejorativa de Crook, e a substitui pelo redondo, bem mais positivo...

A loja do Sr. Borgin & Burkes transforma-se em M. Barjow & Beurk*: se Borgin poderia a rigor fazer pensar em *boring*, que quer dizer tedioso, o Barjow francês é muito mais imaginoso e o "w" dota de uma distinção bem britânica um patronímico que evoca talvez até uma marginalidade bem simpática. Mas Beurk só passa uma parte das conotações do Burkes inglês, a da onomatopéia, sem chegar a integrar seu outro sentido, bem mais sombrio, precisado pela *Encyclopédie Harry Potter*: "Burke provém do nome de um assassino que agia em Edimburgo no século XIX e matava suas vítimas estrangulando-as ou sufocando-as a fim de vender os corpos para dissecações; o mais velho sentido dessa palavra é matar uma pessoa dessa maneira. Num sentido derivado, *to burke* (*something*) significa evitar um assunto constrangedor, geralmente sufocando-o ou calando-o."[13] Quando se sabe, além disso, que Rowling, de origem escocesa, não podia ignorar esse episódio da história de Edimburgo, que Burkes estava associado por seus crimes a Hark e que os crimes dos dois, uma vez revelados, foram qualificados de "caso Hark & Burke", e, enfim, que Borgin & Burkes vendem produtos proibidos, utilizados para a magia negra, a associação passa a ser evidente. Mas, em vez de deplorar a deficiência pontual da tradução francesa, parece-nos preferível prestar homenagem à qualidade do trabalho de ourives da romancista. Ao nos debruçarmos sobre a tradução dos nomes próprios, mergulhamos numa obra em que cada palavra é pesada, escolhida com um cuidado permanente do detalhe, de modo que são inúmeros os duplos sentidos, os trocadilhos, as referências históricas perfeitamente adaptadas aos termos que Rowling inventa.

Nessa ótica ainda, uma evolução do texto é interessante. Ao compararmos apenas as versões francesa e inglesa, poderíamos nos perguntar

---

* *Barjo* quer dizer maluco; *beurk* é expressão de nojo, equivalente de *hirc*!. (N.T.)

[13] http://www.encyclopedie-hp.org/wizards/a-z/wizards-b.php.

por que ter traduzido Batilda Bagshot, autora de *A História da Magia*, por Adalbert Lasornette. Ora, o nome de Lasornette [Bobagens] é na realidade uma transposição literal da primeira edição inglesa desse terceiro tomo, que fazia de Adalberto Waffling (*to waffle* = falar para não dizer nada, dizer bobagens) o autor de *A História da Magia*, antes que, alertada por leitores atentos, Rowling percebesse que, no primeiro tomo, a *História da Magia* já fora escrita... por Batilda Bagshot[14]. Assim, entre 1997 e 1999, a romancista pensou diferentemente a idéia que queria dar de uma obra que relatasse a história da magia: em 1999, teria preferido que essa obra fosse escrita por um certo Waffling mais que por uma inconsistente Bagshot, mas foi impedida, preocupada com a coerência. Ora, se Bagshot parece sugerir que aprender a história da magia pode simplesmente deixar de mau humor (*bag*, no sentido figurado, pode tomar o sentido de "metida a besta"), Waffling ou Lasornette provocava um juízo de valor imediato: a história da magia só contaria bobagens? Rowling queria assim responder indiretamente a uma das críticas feitas ao romance ou antecipar a crítica? Teria ela chegado a um grau mais alto do humor e do distanciamento? Longe de fazer o elogio da magia e da irracionalidade, o romance queria, em 1999, apresentar a história da magia como pouco fiável.

O exame OWL (Ordinary Wizardry Level), "exames de níveis básicos em bruxaria", cujas iniciais formam em inglês a palavra coruja, torna-se BUSE (lit. Brevê universal de bruxaria [*sorcelerie*] elementar). Assim, fica-se nos nomes de pássaros, embora, provavelmente sem que uma intenção deliberada esteja em ação, o inglês dê bem mais prestígio ao exame que o francês ao associá-lo à coruja, um animal bem nobre, e sobretudo muito valorizado no romance. Em francês, ao contrário, a *buse* [o gavião] é uma ave de rapina comum, que durante muito tempo foi perseguida. Pior, no sentido figurado, *buse* significa uma pessoa boba e ignara, e "ter uma *buse*" é uma expressão, hoje inusitada, que significava "ficar reprovado nos exames". O que mostra o quanto a tradução às vezes é difícil: escolhas aparentemente sem importância podem acabar

[14] Ver Philip Nel, *ibid.*, p. 266, que resume as diferentes etapas desses retificativos.

modificando o sentido de um texto. Uma observação análoga vale para a ASPIC (lit. Acumulação de bruxaria [*sorcelerie*] particularmente intensa e constrangedora), que faz eco ao NEWT inglês, Nastsily Exhausting Wizardry Tests (*newt* significando tritão)*. A transposição é hábil, por certo, mas, uma vez mais, o *aspic* [a víbora], serpente venenosa cuja mordida pode ser mortal e que pode, no sentido figurado, designar uma pessoa maledicente, acrescenta uma conotação negativa ao exame. Em inglês, no entanto, o NEWT poderia ter parecido valorizado, por sua associação ao tritão, a um só tempo animal e divindade marinha, e por sua semelhança com *new* (novo), como que para significar uma nova etapa uma vez superado o obstáculo do exame. Além disso, apesar da qualidade do trabalho de tradução, certas referências continuam difíceis de ser transpostas. O jogo de palavra com monitor [em francês, *le préfet*], Head Boy, HB abreviado, que se torna Humongous Bighead, pretensioso e bravateador, é ainda mais difícil de traduzir já que monitor não tem equivalente algum em nossos estabelecimentos escolares. Entretanto, um pouco mais adiante, os travessos gêmeos Weasley, para zombar do irmão Percy, pedante demais, acrescentaram sobre sua insígnia "Big" à menção original, Headboy. O jogo de palavras não era fácil de traduzir: monitor = Headboy, literalmente "garoto cabeça"; Bighead Boy = garoto de cabeça grande. O tradutor se sai muito bem ao colocar um "*Roquet en Chef*" [lit. Cãozinho-chefe] no lugar do inicial "*Préfet à la grosse tête*" [Monitor cabeção].

Da erosão à omissão

No segundo tomo, aparecem cortes quase sistemáticos, às vezes uma ou duas linhas, às vezes um parágrafo inteiro, em média uma frase a cada duas páginas. Por exemplo, p. 39**, uma breve passagem é esquecida, que, no entanto, já deixava prever que nem tudo é perfeito no seio

---

* A tradução em português foi N.I.E.M.s [Níveis incrivelmente exaustivos de magia]. (N.T.)

** *Harry Potter e a Câmara Secreta*, Ed. Rocco, Rio de Janeiro, 2000, tr. Lia Wyler. (N.T.)

da própria comunidade bruxa. Arthur Weasley nela comentava seu dia: "Houve algumas ocorrências feias mas não foram no meu departamento. Mortlake foi levado para interrogatório sobre umas doninhas muito esquisitas, mas isto foi com a Comissão de Feitiços Experimentais, graças a Deus."[15]Algumas páginas depois*, são informações sobre a psicologia dos personagens que são desprezadas: "Rony admirou, cobiçoso, um conjunto completo de vestes da grife Chudley Cannon, na vitrine da Artigos de Qualidade para Quadribol, até que Hermione puxou os dois para irem comprar tinta e pergaminho na loja ao lado." Nada essencial, é verdade, mas por que abandoná-lo? Substituir "in the tone of someone explaining that 1 + 1 make 2" (no tom de alguém que se sente forçado a explicar que 1 + 1 = 2) por "disse ele num tom seguro" tampouco é importante. O Kwikspell ou Feiticexpresso [em francês, Vitemagic = mágica rápida], aulas aceleradas de bruxaria por correspondência tomadas pelo zelador Filch, vê-se reduzido a algumas linhas, embora seja dito "depois seguia uma longa descrição...". Como observa Ernould,

> em inglês, em compensação, está tudo ali, como nos verdadeiros volantes à americana, com as opiniões entusiastas dos antigos utilizadores do método, e a polícia de caracteres artísticos em apoio. Esse tipo de humor é no entanto entendido sem problema em todos os países do mundo, colonizados pela publicidade... por que então ficar sem ele?

Seria que a crítica das mentiras veiculadas pelas mensagens publicitárias ali é evidente demais? Pouco provável. Seria então para dinamizar a leitura, com medo de que fique tediosa por descrições longas demais?

Alguns desses cortes podem parecer lamentáveis, como, por exemplo, esta passagem em que Madame Hooch examina a Firebolt**:

> Antes de confiscá-la, ela pegou-a nas mãos e deu a eles a opinião de uma profissional: Olhem que equilíbrio! Se as Nimbus tinham um defeito, era

[15] Todas as traduções das passagens cortadas são de I. Smadja sobre textos escolhidos por f. Ernould.

* P. 55, *ibid.* (N.T.)

** Em francês *Éclair de feu* [lit. raio de fogo]. (N.T.)

só uma ligeira inclinação nas extremidades – com freqüência é verdade, a gente se queixava que, após alguns anos, ela oferecia resistência demais ao ar. Eles aperfeiçoaram o cabo, ela agora é um pouco mais fina que a das *Cleansweeps*. Isso me lembra as boas velhas Flechas de Prata. Que pena que tenham parado de fabricar, foi com elas que aprendi a voar, e eram belas vassouras também... Ela prosseguiu no assunto até que Wood a interrompesse: "Eh, Madame Hooch..."[16]

"Por que, pergunta-se Ernould, os leitores franceses não têm direito a esse divertido monólogo, que trará lembranças a quem conhece, por exemplo, um fanático por carros de esporte? Os parágrafos dedicados ao desenrolar das provas para o exame costumam ser abreviados. A razão disso nos escapa, sem que em nada se possa incriminar a qualidade do texto original."[17] Talvez, aí também, se tenha julgado que a atração do livro provinha sobretudo da intriga principal e das relações entre os alunos e que era preferível não se demorar na descrição dos exames. Nesse campo, evidentemente, só podemos emitir hipóteses que, sem serem gratuitas, dificilmente são verificáveis.

Em *Harry Potter e o Prisioneiro de Azkaban*, os cortes são sistemáticos, o capítulo 16, intitulado "A predição da professora Trelawney", sendo com certeza o mais mutilado. Assim, na edição inglesa, os clientes mostram um a outro o que compraram: "É um lunascópio, meu chapa – com isso, os mapas da lua não vão ter mais mistério pra mim, entende?", ou comentam a evasão de Sirius Black: "Comigo, não tem essa de criança ficar brincando fora enquanto ele não voltar para Azkaban." Embora nada tragam de essencial, esses trechos de conversas dão um lado mais pitoresco à cena que dá pena abandonar... Depois, uma dúzia de linhas desaparecem, sem que se entenda a razão. A versão inglesa nos introduzia nos pensamentos de Harry: para não gastar tudo de uma só vez,

---

[16] *Harry Potter and the Prisonner of Azkaban*, p. 273, trad. Smadja. (N.T.) Essa passagem tampouco aparece na edição brasileira.

[17] http://rernould.club.fr/SAISONS/a2PotFr3.html.

> ele precisava se lembrar o tempo todo de que ainda lhe faltavam cinco anos de escola e que se sentiria mal em pedir dinheiro aos Dursley para comprar livros de bruxaria, e se segurou para não comprar um belo conjunto de bexigas de ouro maciço (um jogo de bruxos parecido com o de bolas de gude, em que as bolas espirram um líquido fedorento na cara do outro jogador quando ele perde um ponto). Harry se sentiu tentadíssimo, também, por um modelo perfeito de uma galáxia em movimento, dentro de um grande globo de vidro, e que teria significado que ele jamais precisaria assistir a uma aula de astronomia na vida.*

Como interpretar essas omissões? E é mesmo legítimo querer a qualquer preço interpretá-las? Não seria mais simples, e mais respeitoso para com o tradutor, considerar que se trata aí de uma simples negligência? Se, em compensação, persistirmos em ver nisso uma omissão voluntária, por que justificar uma hipótese em vez de outra? Pois, de um lado, podemos ler aí, aqui como em outra parte, a vontade de aliviar o texto de descrições e reflexões, suspeitas de serem suscetíveis de afastar os leitores, a fim de conservar essencialmente uma escrita ativa que dê um ritmo mais nervoso ao conjunto. Mas, por outro lado, podemos igualmente nos perguntar se editores ou tradutores não preferiram faltar com a audácia em vez de serem censurados por incitar as crianças a jogos de mau gosto, talvez até perigosos, ou ainda por incitá-las a deixarem de lado certas aulas.

Sempre no terceiro tomo – seria o mau tratamento que sofrem as salamandras que teria sido censurado? –, todo um parágrafo está suprimido. Traduzimos:

> Hagrid havia previsto, para diverti-los, uma fogueira onde assavam um monte de salamandras, e os alunos passaram a aula, agradável e insólita, a colher galhos secos e folhas mortas para alimentar o fogo, enquanto

---

* *Harry Potter e o Prisioneiro de Azkaban*, Ed. Rocco, Rio de Janeiro, 2000, trad. Lia Wyler, p. 47. Logo, o trecho não foi cortado na versão brasileira. (N.T.)

> os lagartos, unindo-se às chamas, subiam e desciam, enlouquecidos, ao longo das achas incandescentes. A primeira aula de adivinhação foi bem menos engraçada [...].

Uma mesma vontade de moderação parece estar na origem da seguinte modificação: em inglês, os métodos de adivinhação são os seguintes: ***palmistry, crystal balls, bird entrails***... Na versão francesa, o início é sem surpresa: quiromancia, bolas de cristal, mas, curiosamente, as entranhas de pássaros são substituídas por... pó de café. Os editores teriam achado que o uso desse método de adivinhação difundido na Antiguidade, nas mãos de jovens estudantes, mesmo bruxos, devia ser proscrito, que tal uso seria mal visto pelos leitores, e sobretudo poderia, por mimetismo, ter conseqüências deploráveis? Na mesma ordem de idéias, os leitores franceses não saberão que um colega de Harry lhe propõe falsificar a assinatura dos Dursley a fim de autorizá-lo a ir a Hogsmead para o Halloween.

A leitura do inglês, observa Ernould, reserva outra surpresa de porte: Hagrid tem um acento popular fortíssimo... que completamente desapareceu das traduções estrangeiras. Os anglófilos, mais uma vez, tem acesso a nuanças que a tradução e a adaptação infelizmente fazem, com muita freqüência, desaparecer. Seria para evitar vexar aqueles que poderiam reconhecer o sotaque num contexto em que ele parece depreciado? Talvez os editores tenham preferido não correr esse risco, da mesma forma, aliás, que os realizadores dos filmes. Se, na versão original dos filmes, Hagrid conserva um leve sotaque, este último desapareceu totalmente da versão francesa. Nancy Jentsch, constatando que nenhum dos tradutores francês, alemão e espanhol conserva a gíria particular de Hagrid, escolhendo lhe dar uma sintaxe e um vocabulário comuns, escreve:

> Talvez tenham temido que a utilização por esse personagem de um dialeto particular seja mal percebida pelas pessoas que o falam, na medida

em que o discurso de Hagrid é manifestamente o de uma pessoa menos educada e menos culta[18].

Entretanto, precisa ela, um tradutor hábil pode facilmente mostrar o pertencimento a uma classe social só pelo uso da linguagem. Bem mais, os tradutores francês e alemão, embora hesitem em transcrever a gíria de Hagrid, demonstram uma real aptidão para manejar a linguagem popular quando se trata de fazer falar o motorista do Noitebus Andante que usa alegremente "ééé, não esquenta, qual é?..." da linguagem popular[19]. Logo, tudo se passa como se, quando se tratasse de especificar pela linguagem um indivíduo diretamente oriundo da classe popular, no caso um motorista de ônibus, as hesitações se esvaecessem muito mais rápido que quando se está às voltas com um indivíduo socialmente mal definido. Como vemos, longe de ser neutra, uma tradução implica, com freqüência de maneira inconsciente, escolhas que podem modificar profundamente o estado de espírito de um texto.

Certas escolhas parecem se impor aos diferentes tradutores. Por exemplo, traduzir o "*you*" inglês? Imaginamos mal os alunos de Hogwarts se tratarem [em francês] por *vous* e o tratamento por *tu* vem naturalmente sob a pena do intérprete[20]. Outras escolhas são mais discutíveis e mais delicadas: os três amigos deviam tratar Hagrid por *vous* ou *tu*? Dumbledore tratará os alunos por *tu* ou por *vous*? Se adotar o tratamento *vous*, como se dirigirá a Harry? Vai ele instaurar pelo *tu* uma relação mais privilegiada, mas que igualmente faz de Harry um ser à parte, marginalizado por essa relação privilegiada com o diretor do colégio?* Detalhes, dirão. Certo. Mas detalhes que, ao se acumularem,

---

18 *The Ivory Tower and Harry Potter*, chap. VI, p. 290.

19 *Ibid.*, p. 292.

20 Ver sobre este ponto preciso, Nancy Jentsch, p. 288-289.

* A tradução dos pronomes franceses *vous* e *tu* é muito mais complexa que o simples emprego de *o senhor* e *você*. Colegas de escola podem se tratar por *vous*, professores com freqüência tratam por *vous* seus alunos. Mas o tratamento implica reciprocidade. Hagrid é um adulto, deveria ser tratado por *vous*. Se Dumbledore trata Harry por *tu*, é porque dá a Harry o direito de usar o mesmo tratamento, o que vai implicar uma relação mais íntima entre os dois. (N.T.)

podem modificar o sentido de um texto. Afinal, como Rony ressalta no tomo VI, após uma disputa com Hermione: "Well, it's a free country"[21] (estamos num país livre), o que a edição francesa traduz com sua prudente neutralidade "Somos livres, não?"[22], negligenciando mencionar o país... sabe-se lá?

Mas vamos mais longe: se toda tradução às vezes exige que se radicalize um sentido em detrimento de outro, a leitura que é feita de uma tradução também está sujeita à interpretação. Longe de ser neutra, ela é, à sua maneira, subjetiva, ou pelo menos, chamada a sê-lo, orientando para certas hipóteses mais que outras, negligenciando certas passagens e insistindo em outras. Tentamos neste capítulo mostrar os laços que se tecem entre interpretação de um texto, logo crítica literária, e tradução. Assim, uma esclarecendo a outra, a tradução revela sua origem interpretativa, e a crítica literária revela uma de suas características às vezes esquecida: longe de contentar-se em reproduzir o texto de forma idêntica, precisando-o, detalhando-o, ela traduz, transpõe em outros termos, em outra língua, estranha ao texto original.

---

[21] *Harry Potter and the Half-Blood Prince*, chap. 15, p. 304, New York, Éditions Scholastic, 2005.

[22] *Harry Potter et le prince de Sang Mêlé*, chap. 15, p. 339, Paris, Gallimard, 2005.

O QUE HARRY POTTER MUDOU NA EDIÇÃO. ANÁLISE E PERSPECTIVA DO "EFEITO HP" NO MUNDO DA EDIÇÃO

NATHALIE RAOUL

Verdadeiro fenômeno editorial, a série *Harry Potter* forçou os editores a reverem sua práticas. Ao abalar certos princípios bem estabelecidos, tanto no que diz respeito à forma quanto ao conteúdo e estratégias de venda, Harry Potter insuflou um novo ânimo ou, ao contrário, deu uma porretada no mercado do livro juventude? Que questionamentos e que conseqüências editoriais, econômicas e estratégicas o sucesso desse jovem herói produziu?

Para começar, impõe-se uma breve lembrança das etapas da espetacular progressão da série: vamos relatar seu sucesso junto ao público, depois junto aos meios de comunicação.

Quanto ao conteúdo das coleções, a fama das aventuras de Harry Potter vai incitar numerosos autores a seguirem os rastros romanescos de Rowling. Muitas séries aparentadas ao gênero da *fantasy* brotam de todos os lados. Quanto à forma, a edição "grande formato", lançada na França pela editora Gallimard, propaga-se entre os jovens. Ainda mais que as séries de grande sucesso conhecem uma segunda vida no cinema, com conseqüências não desprezíveis nas vendas de livros. Enfim, essa ebulição da esfera juventude coloca muitas questões aos editores. A superprodução, o marketing e a best-sellerisação tornam-se as palavras-mestras num mercado que conhece fortes movimentos estruturais.

A evolução do catálogo dos editores assim como a consideração do contexto geral da edição juventude (agrupamentos estratégicos, números de venda...) vão apoiar nossas afirmações.

Breve panorama do advento de Harry Potter

Para o pequeno bruxo, a fama está longe de ser fulgurante. Ao contrário, ela se instala progressivamente. A publicação dos primeiros tomos passa despercebida nos meios de comunicação. É só à medida que avança a saga que indícios anunciadores do tamanho da "pottermania" aparecem.

Na Inglaterra, Christiane Baker, editora-responsável da Gallimard, instalada em Londres, é uma das primeiras a ler o manuscrito que lhe chega às mãos através de sua rede habitual. De imediato o acha muito bom. O que a inquieta é o anúncio dos sete tomos. Além disso, o lado muito inglês com o ambiente de um colégio anglo-saxão não deixa especialmente felizes seus colegas de língua francesa. Por outro lado, essa idéia de fazer o herói envelhecer cada ano de um ano é pouco comum e audaciosa. Essa verdadeira garantia de autenticidade passa agora por adquirida. A editora tem a oportunidade de encontrar a autora, então desconhecida e hoje totalmente inacessível. O agente literário de Rowling não tem conhecimento algum no setor juventude mas tem muito faro. Finalmente, seu manuscrito é publicado na Inglaterra pela editora Bloomsbury, que nessa oportunidade funda um departamento juventude. A Gallimard é a primeira editora a adquirir os direitos para a França, sem imaginar o tamanho do sucesso futuro. *Harry Potter à l'école des sorciers* recebe o prêmio inglês "Smarties", presidido por um júri de crianças, em 1997. É o primeiro passo para a glória embora a imprensa não dê muita importância à escolha de um júri não profissional. Mais tarde, o tomo III será de novo escolhido por esse mesmo júri.

Nos Estados Unidos, milhões de exemplares das aventuras do mágico são vendidos desde o lançamento dos primeiros tomos. Sinal inegável de um sucesso pouco comum: a série continua indestronável nas listas dos livros mais vendidos. O relato de Rowling ocupa os três primeiros lugares durante cem semanas na lista dos mais vendidos do *New York Times.* Uma seção especial juventude tem de ser criada para diferenciá-lo da seção adultos e reabilitar assim uma rotação "normal" das vendas de romances.

Na França, a chegada dos primeiros tomos das aventuras do pequeno bruxo, publicadas uma após a outra, por "Folio jeunesse" (Gallimard), passa despercebida. Para lembrança, nessa época, os heróis Tom-Tom e Nana (Bayard) assim como a coleção de romances "Chair de poule" [A Hora do Arrepio] (Bayard) ocupam as listas dos mais vendidos. Como o nome indica, essa coleção produzida por um único autor, R. L. Stine, explora a linha do horror e dos arrepios. Seu sucesso junto ao público jovem não a impede de ser vivamente criticada pelos profissionais por seu lado repetitivo e sua pobreza literária. O primeiro volume de J. K. Rowling é publicado em outubro de 1998: *Harry Potter à l'école des sorciers* tem tiragem de 15.000 exemplares. Já é três vezes mais que uma tiragem média. Os dois tomos seguintes são publicados sucessivamente na França em março de 1999 e em outubro de 1999. Só a presença simultânea dos três primeiros tomos na lista dos mais vendidos de *Livres-Hebdo* sublinha uma força de venda fora do comum. Será preciso esperar o ano 2000 para que uma verdadeira virada se inicie com o tomo IV. *Harry Potter e o Cálice de Fogo,* lançado em 29 de novembro de 2000, de imediato encabeça as melhores vendas nas diferentes categorias. Por outro lado, a editora Gallimard, que antecipou os pedidos para os primeiros tomos, lança uma caixa que reúne os quatro primeiros volumes em formato fora de série (67 €).

Longe desses primórdios modestos, a obra de Rowling torna-se progressivamente um verdadeiro fenômeno comercial. Desde a publicação inglesa do tomo V, as peripécias de Hogwarts, imaginadas pelo autor e até então mantidas secretas, estão em praça pública. Todos querem saber dela. E, sobretudo, começa a corrida para figurar no pelotão de frente dos primeiros leitores! Fenômeno insólito em 2003: a edição inglesa do tomo V: *Harry Potter e a Ordem do Fênix* ocupa o primeiro lugar da lista dos mais vendidos na França! A impaciência dos leitores está no auge. A tal ponto que lêem *Harry Potter* na língua original (o livro é publicado em 21 de junho de 2003), sem esperar a tradução francesa, cujo lançamento é programado para meses mais tarde (em 3 de dezembro de 2003). Esse entusiasmo coloca um problema para a editora francesa Gallimard, que vê uma parte de seus leitores sair "à inglesa"!* Desnecessário dizer que o texto em língua original é de um nível relativamente complexo, ainda mais que Rowling inventa nomes e palavras originais. Assim, só os leitores com um bom nível de inglês têm acesso à seqüência das aventuras de Harry Potter. E, pode-se deduzir, sem risco, principalmente que se trata de adolescentes já grandes e adultos. Uma prova a mais de que os leitores adultos de fato sucumbiram à magia do jovem bruxo. Para os leitores não anglófonos, a tradução em francês é ainda mais esperada. O editor francês é forçado a anunciar uma data de publicação a fim de acalmar o ardor dos fãs. Jean-François Ménard, o tradutor de Harry Potter, passa à velocidade superior para que o *opus* possa ser publicado o mais rápido possível. Essa precipitação visa não só atender à expectativa dos leitores de língua francesa mas também diminuir os riscos, para o editor francês, de ver o efeito surpresa comprometido. Informações sobre o conteúdo não deveriam reduzir a zero o suspense mantido. A palavra de ordem é bem manter-se na mais estrita discrição. Nenhuma informação deve ser divulgada antes da publicação do romance. A comunicação resulta de uma sábia dosagem entre o que deve permanecer secreto e o que deve ser dito. O objetivo é atiçar o bastante a vontade do leitor sem no entanto tirar-lhe o prazer da descoberta. Sobretudo que é preciso não só levar em conta a imprensa profissional mas igualmente fontes de informações menos controláveis como *sites* de fãs. Na era da globalização, dominar a comunicação não é assunto fácil!

Para a publicação do tomo VI, a organização é ainda mais gigantesca: *Harry Potter et le prince de Sang Mêlé* [*Harry Potter e o Enigma do Príncipe*] (23 €), publicado em 30 de setembro de 2005, tem tiragem de

---

* Note-se que, na França, diz-se *filer à l'anglaise* [lit. sair à inglesa], daí o duplo sentido em francês (N.T).

mais de 2 milhões de exemplares. Sua colocação à venda nas livrarias e outros pontos de venda ocorre por toda parte no mesmo momento. É orquestrada com grandes reforços de cenários especiais, chapéus pontudos... e horários de abertura pouco habituais das livrarias: à meia-noite e um minuto do dia do lançamento do romance, leitores lêem as primeiras páginas. A data de lançamento do livro na França, se depende da rapidez de tradução, tampouco é deixada ao acaso: o momento ideal sendo a volta às aulas em setembro (para o tomo VI) ou logo antes do Natal, período sentido para o tomo VII. Um momento propício à compra de presentes, sobretudo para um livro relativamente caro. Desde o início, a autora anunciou claramente que haveria sete volumes. Embora a trama esteja mais ou menos decidida, ela escreve a seqüência das aventuras de Harry Potter à medida que os tomos são lançados. Esse estado de fato reforça a impressão de suspense: especulações sobre o futuro dos personagens acontecem por toda parte. Já que nada está escrito, tudo ainda é possível! Esse sursis atiça ainda mais a curiosidade. A fim de tranqüilizar os leitores e permitir que estejam entre os primeiros a obter o volume, um inteligente sistema lucrativo se instala, bem antes do lançamento do livro em livraria: a pré-reserva permite comprar o livro embora ele ainda não esteja no prelo! Esse sistema é sobretudo o apanágio das livrarias *on line*, que, desde o anúncio da data de lançamento do tomo VII, exibem, por exemplo, na página inicial do *site*, uma capa não contratual do último tomo bem visível para os internautas. Essa pré-compra participa do *teasing* global em torno de Harry Potter. Com efeito, visto o número de exemplares postos à venda, uma ruptura de estoques é pouco plausível. Ora, todo o jogo do editor consiste em incentivar essa onda de marketing em torno de um herói tornado o objeto de consagração midiática sem precedente.

"O que não é nem um pouco aceito é que a literatura de juventude é uma verdadeira literatura. É considerada uma literatura alimentar para os autores e, para as crianças, contanto que leiam, pouco importa a qualidade. [...] É preciso que os adultos leiam. Como existem poucas críticas, é muito difícil diferenciar o que não tem valor do que é bom. O sucesso torna-se sinônimo de qualidade", denunciava Geneviève Brisac, editora da École des loisirs em 2002, à revista *Lire*. Essas palavras revelam a tensão do mundo da edição juventude. Pois pouco habituados à publicidade em torno das produções para crianças, os editores não sabem mais como entender um sucesso editorial que os supera. Deve-se louvar esse súbito fascínio em torno de uma publicação juventude ou antes criticá-lo? Os editores, a imprensa mas também os profissionais do livro têm dúvidas. As referências foram abaladas e chovem críticas. O sucesso de Harry Potter é tal que vai obrigar os jornalistas, e *a fortiori* os críticos, a se interessarem por ele e, portanto, a lerem – ao menos percorrerem – a literatura destinada à juventude! *L'Express, Le Point, Paris-Match, Libération*... todos lhe dedicam no mínimo algumas linhas, quase sempre um dossiê especial. Nunca a literatura de juventude suscitou tanto interesse do público e da mídia. Até então, à exceção das habituais seleções de Natal e de alguns célebres heróis contemporâneos como Babar (De Brunhoff) ou Titeuf (Zep), as colunas de "livros" das revistas raramente apresentam romances ou álbuns juventude... A literatura juventude, durante muito tempo considerada um gênero menor, é o apanágio de uma imprensa especializada como *La revue des livres pour enfants* ou *Griffon*... Na grande imprensa, só *Le Monde, L'Humanité*, a revisa mensal *Lire* ou ainda a revista profissional *Livres-Hebdo* dedicam de vez em quando algumas colunas – pouquíssimas – a críticas aprofundadas. A maioria dos artigos publicados aborda assuntos que podemos dividir em quatro grandes eixos temáticos: primeiro, o autor, sua vida, seu percurso, suas fontes de inspiração; segundo, o herói, o mundo mágico, as temáticas inerentes ao relato; terceiro, o fenômeno editorial, os números de venda ou de entrada nos cinemas, o marketing e a globalização; e, enfim, quarto, as polêmicas sobre os efeitos Harry Potter: os prós e os contras, com exposições sobre as conseqüências tanto psicológicas quanto literárias sobre os – jovens e menos jovens – leitores. A imprensa não se atém apenas ao conteúdo dos livros mas nos entope de números e detalhes de todo tipo. Na França, ele é capa da revista *Lire* por duas vezes: em 2000, depois em 2002. Potter também faz vender... ganha as manchetes dos jornais! O *Time Magazine* e o *New York Time* o estampam na primeira página. Hoje, são incontáveis as páginas dedicadas ao herói e sua autora. Há um recrudescimento de artigos a cada novo tomo, mas também a cada lançamento de filme, que substitui o herói no centro da atualidade cultural.

Desde Harry Potter, o olhar dos críticos e do grande público sobre a literatura destinada a crianças e adolescentes evoluiu. Essa literatura ganhou alguns galões em consagração. É uma das primeiras conseqüências do "efeito HP". A série sobretudo mudou o olhar dos adultos sobre a literatura destinada aos adolescentes ao permitir que um público mais amplo se interessasse por ela. Aliás, outro micro-acontecimento vem corroborar esse reconhecimento. Na Inglaterra, pela primeira vez na história, um prêmio literário famoso é atribuído a um livro de *fantasy* destinado a crianças: *A luneta âmbar* (tomo 3 da série "Fronteiras do universo")*, escrito pelo inglês Philip Pullman. Essa trilogia publicada ao mesmo tempo que Harry Potter (e publicada em francês por Folio-Gallimard) é uma epopéia fantástica que tem igualmente muito sucesso. Uma menina, Lyra, e seu daemon partem em descoberta dos universos paralelos. O autor aborda as grandes questões existenciais através da busca de seus personagens. A série *Harry Potter* coloca a questão dos fundamentos de uma literatura compartimentada por faixas etárias. No início, os adultos lêem esses romances constrangidos e circunspectos: sem confessá-lo abertamente. Depois, esse complexo vai pelos ares. No momento do lançamento do tomo IV, Gallimard recomenda às livrarias que evitem apresentar Harry nas estantes juventude[1]. Certas bibliotecas aliás colocam os volumes na seção adultos... O formato fora de série (ao qual voltaremos) permite isso, não é mais necessário ter crianças para ler *Harry Potter*! O fato de o herói crescer junto com os volumes facilita o movimento transgeracional. A passagem da infância à idade adolescente é inerente à série. Com efeito, Harry amadurece, tem 15 anos no tomo VI. Mudança de situação: as crianças/adolescentes prescrevem. Conseguiram transmitir sua paixão por um relato que lhes era destinado. Os

---

* Em francês, *Le miroir d'Ambre* ["À la croisée des mondes »], em inglês, *The Amber Spyglass* [« His Dark Materials »]. (N.T.)

[1] *L'Humanité*, 28 de novembro de 2000.

adultos dele se apoderam e o de boca em boca aumentando, os leitores – adultos, inclusive – lêem e falam do célebre Harry Potter.

O CONTEÚDO

Desde o sucesso de Harry Potter, a literatura para adolescentes conhece um crescimento sem precedente. "Esse público lê mais do que pensávamos[2]", constata Hedwige Pasquet, diretora-geral da editora Gallimard. "E hoje existe uma literatura específica para eles. Harry Potter deu vontade de ler mas também de escrever a autores cujos manuscritos melhoram de qualidade." O público, que ficara um pouco na sombra, agora está na linha de mira para os editores. No início, todos se põem à procura de um relato semelhante ao de Rowling. Nos confins do conto e da magia, as aventuras de Harry Potter estão ligadas ao gênero literário chamado *fantasy*. As peripécias explicam-se não graças à ciência (como a ficção científica) mas graças à magia. E, como no romance de aventuras, o herói conta com sua coragem, sua inteligência para vencer seus inimigos.

O universo de Harry Potter rompe com os romances propostos até então aos adolescentes. Através de seu relato, Rowling preconiza a reabilitação do imaginário, contra certas correntes muito presas no cotidiano, por exemplo os romances da coleção "Neuf ou Médium" (L'école des loisirs). O sucesso de Rowling vem em parte de seu talento de dosagem apropriada. Ela não distingue os mitos do folclore. Esse entrelaçamento do cotidiano e da magia sempre foi pregnante entre os ingleses. O nome do urso Paddington, criado em 1958 pelo inglês Michael Bond, era tirado da estação de Paddington, em Londres. Desde a publicação de *Harry Potter*, não se pode mais pegar o trem da mesma maneira em Kingcross. A Inglaterra vê-se modificada pela fama de seu herói[3].

---

[2] *L'Humanité*, 28 de novembro de 2000.

[3] Assim como o autor do *Código Da Vinci* também imbrica a realidade e o imaginário. O museu

Após Harry Potter, todos os relatos de *heroic fantasy* estão com prestígio, junto com o que é preciso de ingredientes iniciáticos, fadas e trolls, luta entre as forças do Bem e do Mal... Os editores buscam a galinha dos ovos de ouro, em particular no mundo anglo-saxão, em seguida na França. Numerosos *opus* de *fantasy* vão aparecer como outras tantas variações ou variantes do relato de Rowling. Pálida cópia de Harry, muito (demasiadamente) próximos de Harry, os irmãozinhos ou irmãzinhas, primos ou primas pululam: Tom Cox (Krebs), Charlie Boné (Nimmo), Tara Duncan (Manoukian), Arthur (Besson), Kevin (Bellairs), Artemis Fowl (Colfer), Peggy Sue (Brussolo), Nathaniel (Stroud), Guillemot de Troïl (L'Homme)... Impossível citá-los todos aqui tanto as séries são numerosas e desiguais.

Autores "esquecidos" voltam ao gosto do dia como Diana Wynne Jones e sua série os *Mundos de Crestomanci* que também se passa numa escola de bruxos (publicado pela Folio-Gallimard), ou ainda o relato de Clivage Staples Lewis – um amigo de Tolkien. Para apresentá-lo, o dossiê de imprensa de Gallimard Jeunesse indica:

"Na origem de toda obra-prima da *fantasy*, há um momento mágico, o momento da travessia. A travessia do armário pela pequena Lycy em 1950 é um dos momentos emblemáticos desse poderoso gênero da *fantasy* de que *O Senhor dos Anéis* e *Harry Potter* estão entre as referências marcantes. Uma linhagem que remonta àqueles de quem o próprio C. S. Lewis é o herdeiro: os mitos gregos, o folclore irlandês, os contos de Grimm e de Andersen... [...]"

Eis o que explica a publicação dos sete tomos das *Crônicas de Nárnia* – escritas entre 1950 e 1956, e que são publicados pela primeira vez em sua integralidade em francês: em sete volumes separados na Folio-Gallimard primeiramente. O lançamento do filme *O leão, A feiticeira branca e o Armário mágico* (dezembro de 2005 – Walt Disney) é a oportunidade para juntar todos os tomos da saga num único volume de mais de 868 páginas!

---

do Louvre goza doravante de uma aura extra junto aos turistas que vêm "verificar" as palavras do livro.

As edições Nathan fisgam os *Orphelins Baudelaire*, uma série que comportará 13 volumes: o autor americano Lemony Snicket quer fazer melhor que Rowling. Previne seus leitores num tom sarcástico: "Tudo começa mal." Uma sucessão de azares e acontecimentos catastróficos é o que cabe às crianças Baudelaire. A alemã Cornelia Funke foi qualificada de "revide alemão a Rowling"[4]. *Le Prince des voleurs* [*O Príncipe dos Ladrões*], publicado pela editora Hachette em 2003, será seguido de outros romances povoados de dragões. Na veia da *fantasy* animalesca igualmente, as edições Mango não ficam atrás com *Les naufragés du Hollandais volant* [*Os náufragos do holandês voador*] de Brian Jacques, que elas publicam desde 1998. Cada um escolhe um universo de predileção. O de Michelle Paver é orientado para a pré-história, com a *Chronique des temps obscurs* (Hachette), que põe em cena um jovem órfão de 12 anos. Ele tem de superar um malefício no seio das tribos da floresta. Tenaz e corajoso, descobre um segredo familiar que dá sentido à sua existência. Gallimard publica entre outros heróis, *Artemis Fowl* do irlandês Eoin Colfer cujo universo é provido de fadas e trolls mas também de tecnologias modernas como a Internet e o nuclear. Ao inverso de seu compatriota Potter, a ambição desse menino de 12 anos, cujo pai é ausente e a mãe doente, não pressagia nada de bom. Vindo de uma família de malfeitores, ele imagina um plano maquiavélico para seqüestrar uma fada e pedir ouro de resgate.

Do lado francês, verdadeiros talentos emergem. Autores rivalizam em engenhosidade para nos mergulhar em mundos complexos e ricos em segredos e repercussões. Gallimard propõe o primeiro tomo da trilogia das aventuras de *Qadehar le Sorcier* [*Qadehar, o Feiticeiro*], escrito por um grenoblês, Erik L'Homme, historiador medievalista de formação. Este se diz abertamente inspirado por Harry Potter que o levou à escrita. Na linha do fantástico, sua trilogia se passa no País de Ys, situado a meio-caminho entre o mundo real e os territórios do Mundo Incerto. Com o sucesso, ele engrena com outra série intitulada *Cão da lua*

[4] *Le Monde*, 22 de setembro de 2005.

que nos leva num mundo interestelar, a bordo de um engenho espacial comandado pelo capitão Vranken, digno herdeiro do Capitão Albator e outros desenhos animados de que o autor bebeu na juventude. Em *La rivière à l'envers*, Jean-Claude Mourlevat (Pocket) arrasta seu jovem herói Tomek numa incrível busca para encontrar o rio Qjar e sua água que impede de morrer. Mais recentemente, *Le combat d'hiver* (Gallimard) nos mergulha num combate pela liberdade, comandado por adolescentes órfãos, num universo semifantástico povoado de homens-cães e homens-cavalos.

Pierre Bottero, que já escreveu dois ciclos de Ewilan, inaugura um "thriller esotérico"[5]. *Le souffle de la Hyène*, nas edições Rageot, propõe o relato de dois adolescentes dotados de poderes mágicos às voltas com terríveis malefícios. Mesmo a L'École des loisirs publica uma série fantástica em três tomos: *La trilogie des tripodes* de John Christopher, sem no entanto mudar uma vírgula na brancura de suas capas (col. "médium"). Timothée de Fombelle e seu *Tobie Lolness* (Gallimard) nos arrasta num mundo miniatura, no oco de uma árvore-mundo. Uma microssociedade que põe em cena poderosos, de maneira bem realista. A um só tempo romance de aventuras, ensaio político e defensor ecológico, esse romance é objeto de uma enorme oferta nos Estados Unidos. Christine Baker[6] também anuncia a venda da trilogia *Le livre du temps* de Guillaume Prévost, ao editor americano Scholastic. Felizmente, os gêneros das coleções se diversificam. Por exemplo, numa veia mais histórica, *Titus Flaminius*[7], de Jean François Nahmias (col. "Wiz", Albin Michel) nos mergulha no coração dos ritos iniciáticos da Antiguidade. "Embora nada seja verídico, tudo é verossímil e perfeitamente documentado[8]. [...] Titus se oferece ao leitor como um revelador civilizacional."

---

[5] *Le Monde*, 30 de junho de 2006.

[6] *Le Monde*, 31 de março de 2006.

[7] O tomo 3: *Le Mystère d'Eleusis* é publicado por Albin Michel Jeunesse em grande formato em 2005 e em Livre de poche jeunesse en 2007.

[8] B. Longre, in *Sitarmag.com*, uma revista cultural em linha.

Atualmente, o público adolescente permanece no centro das preocupações dos editores. E os adultos não hesitam mais em ler as coleções que lhes são destinadas. Por outro lado, se o sucesso de *Harry Potter* incita os editores a adquirir os direitos de romances estrangeiros, hoje, um movimento inverso se opera. As produções francesas vão de vento em popa e vendem bem: sinal inegável de uma certa vitalidade da criação francesa! A oferta editorial se amplia, séries tomam outros caminhos temáticos: aventura, suspense... E felizmente, pois essa diversificação de gêneros salva os leitores de uma *overdose* de *fantasy*.

Harry Potter abala a edição

A partir do quarto volume, o formato de publicação de *Harry Potter* é um fora de série. Não é mais publicado diretamente na "Folio junior" na editora Gallimard, como para os primeiros tomos[9]. Seu sucesso junto a todos os públicos tornava-o inclassificável ao ponto que a imagem "juventude" não colava mais nele e que era preciso inventar uma forma nova? Os adultos o leram mais facilmente nesse formato? Esse novo formato, mais próximo daquele dos romances de adultos, contribuiu para lhe dar mais valor? Golpe de marketing ou conforto de leitura?

As razões que levaram as edições Gallimard a mudar o formato são múltiplas e mais ou menos defensáveis. Seria uma vontade da autora: "A França é o único país a ter diretamente editado *Harry Potter* em bolso. Para a autora, indica Hedwige Pasquet, diretora da Gallimard Jeunesse, o grande formato representa uma outra dimensão, que, a nosso ver, essa obra-prima merece."[10] Em todo caso, esse objeto volumoso permite justificar um preço mais elevado (entre 15 e 27 €). O editor conta a um só tempo com a impaciência e a independência financeira dos compra-

[9] O tomo III é simultaneamente publicado em bolso e em grande formato.

[10] *Le Point*, 24 de novembro de 2000.

dores adultos ou adolescentes, dispostos a investir mais, para descobrir, sem esperar, a seqüência da epopéia. Até aqui o preço de um romance juventude permanecia mais abordável que aquele aplicado aos romances de literatura geral das editoras. O "fora de série" vai impor-se como uma prática corrente no setor júnior? A literatura juventude vai publicar os romances em grande formato (mais caro), antes de reeditá-los em bolso, como quer a regra para a produção destinada aos adultos? Gallimard tira outros títulos no formato fora de série – que paradoxalmente se torna uma verdadeira coleção. *Artemis Fowl* (Eoin Colfer), que comporta atualmente cinco títulos, sai em grande formato depois em Folio. Outro exemplo, a série fantástica *Le Silence du Rossignol*, de Liane Hearn (cujo quarto título é publicado no início de 2007), que cativa tanto adolescentes quanto adultos. Hoje, esse formato passou a ser a norma para as novidades. Vendido entre 12 e 25 € aproximadamente, o "fora de série" está em forte crescimento desde os últimos anos em todos os editores. E sobretudo, os editores não hesitam mais em propor tijolos aos leitores: a publicação de tomos cada vez mais grossos de *Harry Potter* mostrou, ao contrário do que se acreditava, que não era necessário ilustrar um livro para que fosse lido, que um número de páginas além de 350 podia vender. Os relatos com vários tomos têm ainda mais sucesso porque mantêm um certo suspense, logo uma sede de ler, logo uma vontade de comprar... O que se traduz em termos financeiros por bons resultados.

Numerosas obras mostram esse jogo com os formatos, do livro brochado ao de bolso, do de bolso ao brochado. *La porte de Ptolomée* [*O Portão de Ptolomeu*], do autor inglês Jonathan Stroud, é um dos numerosos exemplos do gênero. Essa *fantasy* não genérica[11] nos embarca num duelo entre o jovem aprendiz mágico Nathaniel e Bartiméus, inenarrável djinn, que virá finalmente ajudá-lo a vencer um inimigo comum... O último tomo da trilogia, publicado em janeiro de 2006, por Albin Michel, na coleção "Wiz", é mais que volumoso (614 páginas). A publicação em bolso do tomo I é anunciada para junho de 2007. Antes de

[11] Ver J. Baudou, jornalista e especialista do gênero, *Le Monde*, 20 de janeiro de 2006.

Potter, o formato bolso em literatura juventude compunha-se principalmente de inéditos. Depois de Potter, a edição em brochura em grande formato impõe-se progressivamente ao público. Assim, como para as edições adultas, a exploração do bolso chega em segundo lugar: uma reedição do texto está disponível em menor formato e valor inferior. O que, por outro lado, permite amortizar os direitos autorais. Os primeiros tomos de *Kevin et les magiciens* de John Bellairs são primeiramente publicados nas Éditions du Rocher depois em coleção "Folio", ao passo que *Peggy Sue* (Plon) é publicado em 2004 na Pocket.

O caso da saga animalesca *Rougemuraille* do inglês Brian Jacques é mais complexo. Composta de vários ciclos, ela compreende mais de 16 volumes em sua versão original (em inglês). Mas quando o editor Mango começa a publicá-la na França, ele divide os primeiros romances em três ou quatro partes. Por exemplo, a série *Cluny le fléau* compreende os títulos *Le Seigneur de la guerre, L'Épée légendaire, La Vipère géante.* E, desde 2005, uma vez que os jovens leitores provaram que liam tijolos, a editora Mango troca o fuzil de ombro. As primeiras aventuras, de que certos títulos estão esgotados, são reeditadas em grande formato e em volume único (480 páginas por 19 €). A tendência a reunir e ligar os textos de uma mesma história num único bloco ganha terreno. E numerosas caixas vão igualmente surgir. Até Pocket Jeunesse, por definição especialista do bolso, faz uma entorse no formato 10 X 18! A editora[12] publica um conjunto de cinco volumes concebidos como uma novela pelos irmãos e irmã Murail. A série nos mergulha num mundo real onde acontecem coisas estranhas. No coração da cidade, um aluno ganha um computador: uma verdadeira porta aberta para a internet e os videogames mas logo o horrível Golem aparece. Fantasmas assustadores e cenas estressantes, longe do mundo feérico da bruxaria. Ao contrário de Rowling, os autores bem rápido escreveram a saga. A editora publica a totalidade do *Golem* diretamente em formato bolso e em menos de um ano, embora tivesse podido espaçar as publicações e criar uma ex-

[12] Pocket Jeunesse completou 10 anos em 2004.

pectativa junto aos leitores. Em 2003: os cinco tomos são reunidos num único volume, formato 14X23, com um pouco mais de 500 páginas: difícil de pôr em bolso! Por outro lado, fato espantoso: o romance *Le bizarre incident du chien pendant la nuit* [*O curioso incidente com o cão da noite*], de Mark Haddon, é publicado simultaneamente por Nil Éditions – para um público adulto – e por Pocket Jeunesse, em grande formato e ao mesmo preço (19 €)! O grande formato conquistou até as edições que por essência fazem pequeno formato! "Não se deve abusar", avisa Jean-Claude Dubost, presidente de Univers Poche, sob pena de arruinar o efeito de singularidade esperado[13].

A expansão do grande formato não significa que os editores abandonam o bolso! Ao contrário, a concorrência aumenta; Rageot lançou "Rageot bolso" e Nathan aliás criou "Nathan poche" em 2005: os títulos dos *Orphelins Baudelaire* ali são publicados num prazo de dois anos após o lançamento em grande formato. Da mesma forma, na primavera de 2006, Thierry Magnier, diretor editorial da Actes Sud e da Thierry Magnier, lança Babel J (filha da coleção "Babel"), uma coleção de bolso com "textos para adultos a quem daremos uma nova chance e que pode ser um novo nicho de leitores"[14]. O bolso está presente mas seu uso aos poucos muda: torna-se cada vez mais sinônimo de reedição de textos já publicados e propõe menos textos inéditos. Se o grande formato parece conferir ao texto um valor mais palpável, mais precioso, o valor simbólico do "bolso" – e seu nome lembra isso – reside em sua funcionalidade e seu preço acessível a todos. Com essa mudança de uso, o aspecto do bolso também muda. Ele sobe de patente: suas páginas são de melhor qualidade, abandonando o papel jornal que amarela. As capas, quase sempre com muitas cores, são primordiais para atrair o cliente. As de Points Fantasy, por exemplo, convidam à viagem com ilustrações contemporâneas. E não acabou já que eis que surge o formato... semibolso,

---

[13] Ver o artigo de J.-P. Catinchi, *Le Monde*, 9 de abril de 2004.

[14] *Le Monde*, 2 de dezembro de 2005.

na Hachette. Como o nome indica: um formato médio para um preço médio: 9 €. Com certeza uma maneira de reduzir os riscos editoriais e financeiros. Um livro a um preço abordável pode contribuir para seduzir os adolescentes. *Vampirates*, entre a *dark fantasy* e o fantástico, já *best-seller* na Inglaterra, Espanha e Itália, é destinado a um público a partir de 11 anos. A série *L'apprenti d'Araluen*, do australiano John Flanagan, que nos mergulha numa atmosfera feudal, também é publicada em semibolso. Na linha dessa pequena "revolução formal": grande formato, capas cuidadas... idéias novas emergem com notadamente os foto-romances na editora Thierry Magnier e os romances gráficos na Albin Michel, que defendem um lugar maior para o visual... A via para o novo romance juventude está aberta!

Livros e cinema inexoravelmente imbricados

Harry Potter também tem um efeito sobre as produções cinematográficas. Em 1999, o filme *Tarzan* (Walt Disney) já havia propulsado o livro na lista dos mais vendidos na França. Uma verdadeira façanha já que, naquele momento, a coleção "Chair de Poule" [*A hora do arrepio*] era indestronável da lista. Da mesma forma, o álbum *Kirikou et la sorcière* de Michel Ocelot encontra um enorme sucesso, após o desenho animado. Harry Potter é objeto de um desafio mirabolante para sua adaptação para o cinema. É finalmente Chris Columbus quem ganha, para o primeiro tomo. O primeiro episódio é lançado em 16 de novembro de 2001 na Warner Bros e é um verdadeiro sucesso. Figurinhas, videogames, flâmulas... Os produtos derivados em torno do herói são legiões e a edição aproveita esse novo avanço de Harry Potter. Na França, durante a festa do selo, em março de 2007, a Empresa de Correios emite selos com a efígie de Harry, Rony e Hermione, representados pelos atores Daniel Radcliff, Rupert Grint e Emma Watson!

Desde sua ascensão, a ficção para a juventude constitui um valor no mercado cinematográfico. Conseqüência, cada vez mais livros de *fan-*

tasy, livros de sucesso, são adaptados para a tela. E o impacto é maior. A concorrência aumenta com emulações surpreendentes para a aquisição dos direitos. Os produtores se incrustam no mercado dos direitos autorais e tentam também descobrir o relato que baterá os recordes em termos de freqüência das salas. Na veia fantástica, Peter Jackson realiza *O Senhor dos anéis*, que sai ao mesmo tempo que as duas primeiras adaptações cinematográficas de *Harry Potter*, em 2001 e 2002. Seguirão *Les chroniques de Nárnia* e, para o Natal de 2006, o primeiro tomo da série *L'Héritage* [*A Herança*], de Christopher Paolini, que já vendeu mais de 150.000 exemplares pela editora Bayard. O filme *Eragon*, de Stefen Fangmeier, tendo nos papéis principais Jeremy Irons e John Malkovich, põe em cena o jovem herói que se prepara para fazer renascer a ordem desaparecida dos Cavaleiros do Dragão no reino de Alagaësia.

Assim, as adaptações de *fantasy* vão igualmente no sentido do tempo. Os próprios filmes, que se baseiam em sucessos editoriais, participam do sucesso dos romances. Com efeito, cada lançamento nas telas substitui o livro na atualidade e quase sempre se acompanha de reedições. Luc Besson surfa na onda *heroic fantasy*. O cineasta, tornado autor para crianças, em pouco tempo escreve os quatro tomos das aventuras liliputianas de *Arthur et les Minimoys*, publicados por Intervista – uma editora especializada em cinema. Fortalecido por seu sucesso, Arthur é adaptado para as telas e lançado com grande reforço de cartazes durante as férias do Natal de 2006. Impossível escapar às 1.000 cópias do filme que mistura tomadas reais com imagens de animação. O mesmo editor Intervista lança igualmente uma coleção intitulada "Cinémascope" – dirigida por Luc Besson – que tem por ambição criar uma ponte entre literatura e cinema: publicar livros e adaptá-los nas telas, na medida do sucesso que têm. *Les vagabons de l'Entremonde*, de Johan Heliot, publicado em janeiro de 2007, poderia fazer parte destes. Um último exemplo mostra o quanto a edição tira proveito das adaptações cinematográficas. No lançamento, no cinema, do mais célebre justiceiro camponês *Jacquou le croquant* (em janeiro de 2007), as edições Hachette o reeditam em fora de série (8 €). Ora, esse relato de Eugène Le Roy foi escrito em 1899! Já adaptado uma primeira vez em novela para a televisão em 1967, ele vai trazer lembranças a alguns. Quando o cinema dá um segundo fôlego aos livros...

A edição em ebulição

A literatura juventude vai muito bem. Representa 21% do mercado e seu crescimento atingiu os 5,5%, em 2005. A ficção ganha o sufrágio dos leitores, diante dos documentários e ensaios um pouco deixados de lado. O imenso sucesso da série *Harry Potter* mexeu com o setor da edição. Entre essas conseqüências, primeiramente, alguns editores abrem um departamento juventude que eles não tinham. O fenômeno de superprodução editorial acentua-se e inquieta. Por outro lado, alguns abalos estruturais importantes ocorrem com grupos econômicos. A dança das cadeiras entre os responsáveis editoriais modifica a política editorial de certas casas.

Após a explosão de vendas da série de Rowling, editores lançam-se na aventura juventude: ""J'ai lu" criou um novo setor juventude. Editores até então ausentes (Plon, Fayard, Le Rocher, Michel Laffont) lançaram-se com sucesso nesse setor."[15] As Éditions du Rocher compram os direitos de *Kevin et les magiciens*, de John Bellairs. Série em oito volumes cuja data de lançamento do primeiro título *La pendule d'Halloween* coincidia com a festa do mesmo nome. Longe do universo rico e complexo de Harry, o herói cujos pais morreram aterrissa na casa de seu tio Jonathan, que na verdade é um mágico. Serge Brussolo cria Peggy Sue, pequena americana que luta contra fantasmas que só ela pode ver graças a seus óculos. Embora o autor apresente sua heroína como um antídoto contra o "tédio da série de Rowling", seu editor, Plon, que, em 2001, inaugura uma seção juventude para a ocasião, aproveita a corrente iniciada pelo jovem mágico inglês. Além da dezena de tomos publicados, outros heróis seguem na Plon: Wendy (*et les mutants*) do mesmo autor e

[15] F. Mathieu, *L'Humanité*, novembro de 2000.

Valentin Letendre (imaginado por Gudule): "Amor, magia e bruxaria", assinala o título.

Além desses dois editores que se lançam diretamente no rastro da magia, outros abrem seus catálogos para a juventude, visando gêneros e públicos diferentes. Assim, desde 2003, Philippe Picquier, especializado em literatura asiática, abre seu catálogo para a juventude e os romances adolescentes. Quanto à editora POL, ela mostra sua vontade de "criar uma efervescência recíproca entre POL e Petit POL"[16]. O público visado é muito jovem e não comporta nenhuma produção romanesca para os adolescentes. A autora e ilustradora Bénédicte Guettier e seus "Petits caractères" ou Antonin Louchard com "La petite bête" inauguram seu departamento juventude. Enfim, as Éditions du Rouergue, célebres graças ao estúdio gráfico dirigido no início por Olivier Douzou, entram no jogo do romance para adolescentes "na fronteira dos romances para adultos" com a coleção "DoAdo", em 1999. Guillaume Guéraud, autor referência da coleção, propõe relatos baseados na realidade: *Cité nique le ciel* ou *Je mourrai pas Gibier* nada devem à onda *fantasy*. Aparentam-se mais com a linha editorial dos romances que a École des loisirs defende há mais de vinte anos.

Esse sucesso se duplica de uma concentração dos grupos. Gallimard Jeunesse está entre os primeiros editores juventude[17] na França. Essa editora ocupa aproximadamente 20% do mercado e é atualmente carregada pelo extraordinário sucesso dos *Harry Potter* (que representa um terço do faturamento da editora). Assim, o projeto, iniciado em 1999, de fundar uma sociedade comum com a Editora Bayard arrisca fracassar. O sucesso de venda de *Harry Potter* desequilibra a relação de força entre as editoras. Um ano mais tarde: Bayard assume o controle das Éditions Milan. Os dois ex-concorrentes formam juntos um dos pilares da imprensa juventude, sem parar de produzir livros juventude. Os mais conhecidos são declinações dos títulos de imprensa (*Petit ours brun,*

[16] *Le Monde*, 21 de novembro de 2003.

[17] Na Gallimar Jeunesse, a ficção é majoritária e representa 70% do fundo.

Popi). Em 2001, Gallimard entra no grupo Mango. No mesmo ano, Actes Sud toma 25% do Rouergue e Syros entra na Nathan Jeunesse. Em 2004, as Éditions de La Martinière compram as Éditions du Seuil. A fusão do sistema de distribuição-difusão conhece sérias disfunções; ora, mais de uma centena de editores disso dependem. A filial Volumen vê então vários editores descontentes mudar de distribuidor, como a École des loisirs, que se junta à Sodis. O ano de 2005 vê a fusão das Éditions Actes Sud e da Rouergue, depois as Éditions Thierry Magnier se juntam a elas. O objetivo é garantir a perenidade da produção e sobretudo a independência. Thierry Magnier assume a direção das Éditions Actes Sud Junior. Sempre na mesma época, as Éditions du Rocher são compradas pelas Éditions Privat e integradas ao grupo Fabre.

Ao oposto desses agrupamentos, criam-se editoras independentes. Jacques Binzstock, ex-responsável pelo departamento imagem na Seuil, funda a sua Éditions du Panama. Entre suas publicações, uma série, escrita por Claudine Desmarteau, desenhista de imprensa e ilustradora, que se lança na escrita romanesca com *Trouilleland*. As Éditions du Gulf Stream, criadas em 1982, em Nantes, conhecem um novo desenvolvimento em juventude, sob o comando de Madeleine Thoby (que antes trabalhava para Actes Sud), notadamente com a coleção "Les romans bleus", uma coleção apresentada como "sentimental". A edição juventude não escapa ao movimento de concentração da edição que vê alguns grandes grupos assumirem os comandos financeiros. À margem de suas enormes estruturas, uma pletora de pequenos editores independentes persistem na criação apesar de seus problemas de distribuição.

Entretanto, o sucesso da obra de Rowling bem como a evolução global da oferta não deixam de suscitar às vezes temores ou irritações. Bem mais que a série em si mesma, é o marketing em torno da série que irrita. Geneviève Brisac, autora e editora na École des loisirs, lançava alto e forte em novembro de 2000 em Montreuil, a respeito do lançamento de *Harry Potter*, que se tratava "de um acontecimento comercial bem mais que literário". E ela não era a única a insurgir-se contra todo esse estardalhaço. Assim, Henriette Zoughebi, fundadora do salão do livro de Montreuil e conselheira em literatura no Ministério da Educação

Nacional, diz que "ele não pode impedir os outros livros de existirem. Com 9.252 títulos para a juventude em 2002, certamente não se pode resumir esse setor só ao *Harry Potter*[18]". Os escores impressionantes das vendas levam os editores a investir sobretudo nos segmentos reconhecidos como vendáveis. Coleções juventude florescem em todas as editoras e a literatura para adolescentes conhece um desenvolvimento particularmente sustentado. O número de títulos aumenta mas o número de exemplares diminui! Muitos tornam-se fracassos comerciais. A vida de um livro juventude é normalmente muito mais longa nas prateleiras que a de um romance adulto. Não há, propriamente falando, ritmo sazonal pontuado por épocas de acontecimentos literários. "Um livro para criança inscreve-se na duração", afirma Thierry Magnier. Ora, a superabundância dos livros em livraria traduz-se por uma rotação rápida das coleções e pela dificuldade de operar uma verdadeira seleção.

Quando fica difícil acompanhar a produção, que é impossível tudo ler, os mediadores têm mais dificuldades de preencher seu papel de crítico e conselheiro. Escolher um livro torna-se um verdadeiro desafio para os leitores (crianças) e para os compradores (pais) ou educadores. Sobretudo que, com o *teasing* orquestrado em torno de *Harry Potter*, o marketing literário faz seu caminho e esmaga ao passar os livros mais discretos, que, estes, não têm autoridade para falar! A globalização leva à formatação em detrimento da criação... Uma das conseqüências da superprodução também poderia ser, a termo, uma diminuição da diversidade editorial.

Certo, em 2005, a produção juventude afirma sempre sua vitalidade com brio: representa 11% do faturamento da edição francesa. "Com vendas dignas de um bom [prêmio] Goncourt, que às vezes atingem 100.000 exemplares vendidos, a era do "best-seller" *versus* "long-seller" começou em literatura de juventude. Esse fenômeno não era concebível há cinco anos", afirma Collette Gagey, durante o salão do livro de Montreuil 2006. É bem contra esse princípio da *best-sellerisação* que

---

[18] *L'Express*, 27 de novembro de 2003.

se erguem várias vozes, dentre elas a de Jean Favre, diretor e fundador da École des loisirs, editora que festejou seus 40 anos em dezembro de 2005. Os "golpes editoriais" são legião, deplora ele. Ora, o talento de um autor precisa afinar-se. Não só um livro publicado requer tempo nas prateleiras para alcançar os leitores, mas, além disso, é preciso dar tempo aos autores para que possam criar e construir uma obra. Nos argumentos que lista[19], Jean Fabre mostra que, se o editor não tivesse dado tempo a Nadja, se não a tivesse incentivado, nunca o álbum *Chien bleu* teria visto o dia. Só ao fim do enésimo álbum publicado é que uma produção particularmente bem conduzida estoura. O editor deve necessariamente assumir riscos no início para apoiar um autor, que aos poucos se torna um valor seguro, alcança o sucesso e torna-se rentável. As palavras de Antoine Gallimard em *Le Débat* (nº 86) vêm corroborar a tese de que hoje é muito mais difícil para um editor "publicar e divulgar um autor durante vinte, trinta anos, até que seu talento se imponha e seja reconhecido". Ora, o sucesso não pode ser imediato todas as vezes! Cada livro de referência foi um dia uma novidade. E cada nova publicação é suscetível de se juntar aos "clássicos". Uma das preocupações centrais das editoras consiste em garantir suas referências.

Quanto tempo ainda?

Hoje, a juventude é um dos setores da edição mais florescentes. A ficção é a lança dos editores. Harry Potter inegavelmente também marcou o mundo da edição e sobretudo o mercado editorial. Bem apesar dele, com certeza. Um fascínio – em todos os sentidos do termo – de fato ocorreu. Desencadeou ou acelerou numerosas mudanças no mundo editorial nestes últimos anos. Antes de Harry Potter, a literatura para adolescentes não existia do ponto de vista do que é hoje: os adolescentes estão na linha de mira na produção. As séries vão de vento em popa. E,

[19] Ver a seqüência do vídeo no *site* das edições da École des loisirs.

sobretudo, são primeiro publicadas em grande formato antes de saírem em formato bolso. A forma dos livros é particularmente bem cuidada com capas atraentes. O reverso desse sucesso é a superprodução de livros e daí decorre a falta de lugar nas estantes das livrarias. Hoje, o número cada vez maior de títulos é um sinal da fraqueza da qualidade editorial: o livro torna-se uma mercadoria como as outras, num mercado onde a quantidade prevalece na esperança de "fazer números". Assim, os autores de sucesso ocupam as vitrines. Livros caem no esquecimento, ou por serem sem interesse, ou por não terem conseguido ser notados, no tempo e na hora, o que é muito mais grave!

O espírito crítico continua a faltar cruelmente: a imprensa literária e a grande imprensa não se preocupam o bastante em desempenhar o papel que lhes cabe. Houve um sobressalto com Harry Potter. Mas debruçar-se sobre sucessos editoriais que deram sua prova ou contentar-se em resumir livros em três linhas não basta. O leitor precisa ser guiado em literatura juventude para não passar ao lado de talentos notáveis. E existem! Apostemos que as aventuras de Harry serão perenes; lidas por ainda algumas gerações de leitores. O tomo VII, último da saga, põe fim ao suspense das aventuras de Harry Potter. Mas também anuncia o fim de um "peso pesado" da edição que puxou os resultados das vendas de livros para cima. O trabalho dos editores é mais do que nunca um trabalho de seleção, triagem e pesquisa. "A perenidade dos títulos é crucial para a economia de uma editora. É também um luxo na edição francesa. Mas por quanto tempo?", já se interrogava em 2005, Bénédicte Matthieu no jornal *Le Monde*.

ENTRE MÍDIA-CULTURA E CULTURA ESCOLAR: AS REPRESENTAÇÕES DA ESCOLA E DAS DISCIPLINAS ENTRE OS ALUNOS LEITORES DE *HARRY POTTER*

Nicole Biagioli

Problemas de proporcionalidade convertidos em receitas de poções mágicas, estadas lingüísticas que propõem representações nos lugares de filmagem: *Harry Potter* parece ter definitivamente conquistado direito de cidade na escola. A não ser, se considerarmos que a literatura juventude tem cada vez mais tendência a caçar nas terras da cultura legítima (Bruno, 2000, 67)[20], que a escola tenha simplesmente decidido retomar-lhe seu bem.

A equipe de pesquisa I3DL "Interdidática e discursos das disciplinas e das línguas" da IUFM de Nice, que estuda as relações entre os aprendizados de todas as disciplinas em todos os países, além do mais utilizando a literatura juventude como suporte de atividades diferenciadoras (Martinez, 2005, 19), não podia ignorar *Harry Potter*. Escolhemos esclarecer três aspectos complementares das influências recíprocas da escola e do romance sobre os leitores: os comportamentos sociais com uma enquete, as fantasias de aprendizado com entrevistas de explicitação dos escritos e jogos derivados da leitura, as atividades interdidáticas com análises de gravações de situações de classe (I3DL, 2006).

[20] Ver a bibliografia no fim do artigo.

A enquete e a reprodução social das condutas escolares

Não só Rowling põe em cena um estabelecimento escolar, mas ela o situa num universo cindido, entre trouxas e bruxos, que reproduz a cisão entre escola profissional (como Hogwarts) e a escola comum que toda sociedade desenvolvida conhece. Para além do alvo exibido: os 8-12 anos (um ano por tomo), todos os alunos passados, presentes ou futuros estão envolvidos. A amostra espontânea de nossa investigação, formada por cooptação, comportava 30 crianças (até a 3ª série do primário), 44 pré-adolescentes (da 4ª à 7ª série), 12 adolescentes e 25 adultos.

Nossa hipótese era que a leitura do romance apelasse para a experiência escolar dos leitores mas contribuísse, em contrapartida, para conscientizá-la. As preferências e as rejeições dos leitores mostram que eles reproduzem as atitudes para com a escola real:

- afetivas: o interesse por uma matéria depende muito do professor;
- culturais: o internato seduz, mas não a concorrência entre as casas;
- de geração: as crianças preferem a aula de metamorfoses, mais divertida; as outras gerações, a luta contra as forças do mal, símbolo por excelência do objetivo educativo.

Mas não tiveram dificuldade alguma de dissociar real e ficção e de identificar os rastros do sistema escolar na escola dos bruxos. Aí também, cada idade reage em função de seus conhecimentos e do contexto da aquisição. O curso de poções mágicas é química para alunos do 2º grau e adultos, física e química para os do 1º grau, ao passo que os do primário vêem nisso apenas ciências (são ensinadas a granel com a geografia e a tecnologia na escola primária), talvez até cozinha (praticada do maternal ao primário).

A noção de disciplina permite que os leitores associem os dois universos através de:

- os nomes ("astrologia" faz pensar em "astronomia");
- os sentidos (a astronomia é o estudo dos astros, a astrologia, o estudo da influência dos astros sobre os homens);
- e os fatos (a primeira é uma ciência, a segunda uma "arte").

As matérias gerais são escolhidas na resposta à questão sobre as disciplinas que faltam em Hogwarts. As crianças acrescentam ciências, os pré-adolescentes equilibram letras e artes, os adolescentes aprofundam sua orientação, os adultos preferem as línguas e as letras.

Concebido como um lugar de comunicação cultural, *Harry Potter* pertence à categoria dos livros capazes de fazer com que gerações e nações se comuniquem. Acessível e apoiando-se em representações amplamente partilhadas, ele dá acesso à leitura especializada da literatura (muitos pré-adolescentes e adolescentes justificam a escolha de um personagem, uma disciplina ou uma situação por seu interesse romanesco) mas também da vida (os leitores saem de seu contexto ao compararem a experiência que têm não só com o universo ficcional mas também com o que acreditam ser a experiência do autor e dos outros leitores).

O desvio pela ficção facilita igualmente as confidências sobre os sonhos, os projetos e as decepções que as questões diretas das enquetes tradicionais sobre a escola desanimam. Com freqüência criticadas durante a escolaridade, as matérias gerais são revalorizadas tão logo nos tornamos (novamente) livres para escolhê-las ou que delas somos privados.

Entretanto, o retorno à leitura provocado pela enquete, embora ajude os leitores a relativizarem o que viveram, é apenas uma etapa para a conscientização do sistema escolar. Com efeito, a cultura partilhada explorada pelo romance para todos os públicos é mais próxima do preconceito que do conceito. Desusada, binária, simplista, a escola dos bruxos é aquela de todos os estereótipos. O que o estereótipo ganha sobre a relação, ele sacrifica sobre o conteúdo. Mas sua simplificação excessiva provoca inevitavelmente ou contra-estereótipos ou críticas. Rowling brilha nesse tipo de arbitragem e, graças a seu humor e à diversidade dos pontos de vista que ela orquestra, os estereótipos escolares saem de seu romance menos reforçados que denunciados. Isso explica a ambivalência das respostas. Os leitores fazem questão, pois eles os tranqüilizam, mas estão longe de a isso aderir (Biagioli, 2005).

Os jogos derivados e a resiliência escolar

Uma das causas essenciais da crise da cultura escolar é a falta de apropriação dos saberes pelos estudantes (Jacquet-Francillon, Kambouchner, 2003). Daí justamente o sucesso dos estereótipos, conhecidos de todos, que (de novo) passam a ser um modo de entrada na cultura escolar para todos aqueles, alunos ou não, aos quais ela parece longínqua demais. O aprendizado da abstração requer a instauração de hábitos de pensamento, discurso e trabalho específicos, mas também uma grande capacidade de discernimento pois ao mesmo tempo aprendemos em todas as disciplinas. Por isso, a escola produz um corte, talvez até uma série de cortes no caso de estudos longos, com o meio imediato do estudante.

Logo, não é exagerado falar de trauma escolar (Cyrulnik, 2005, 86) e perguntar-se por que alguns conseguem melhor que outros articular a vida pessoal e a vida escolar. Os jogos imaginados para alguns leitores a partir de *Harry Potter* nos colocaram na via daquilo que poderiam ser as estratégias de resiliência dos alunos. Se o trauma psíquico interrompe o trabalho de reelaboração da experiência pela imaginação, provocando distúrbios da personalidade, doravante se sabe que ele é reparável contanto que um meio afetivo tranqüilizante favoreça a retomada do trabalho simbólico. Foi o que aconteceu com os leitores que quiseram prolongar o efeito euforizante do encantamento realista ao inventarem uma escola paralela com seus deveres, horários e programas, no próprio lugar e nos interstícios das atividades escolares, ajudados pela semelhança do local e da organização escolar (aulas de música em horários programados) com Hogwarts. Assim, eles:

- preencheram os furos da ficção em conformidade com sua lógica narrativa;
- estruturam as relações sociais entre co-discípulos pela divisão do jogo;
- trataram no espaço intermediário do jogo os problemas da escolarização efetiva (tédio, confusão diante das matérias novas, conflitos, temores suscitados pela perspectiva da entrada no colégio).

Por três anos, acompanhamos a evolução das representações da escola e das disciplinas entre as crianças de 8-11 anos, passando de uma gestão do paralelismo baseado na analogia à comparação dos dois sistemas escolares. A conscientização do parentesco das competências desenvolvidas no jogo com aquelas trabalhadas em sala, notadamente para a leitura-escrita, marca a saída da fase lúdica.

Em seguida, estendemos a experiência a outras formas de continuação ao propormos a leitores que colocassem em cena o personagem depois a disciplina preferidos a partir do episódio do espelho dos desejos: o Ojesed, que materializa as aspirações de quem nele se mira. Graças a uma instalação multimídia, eles puderam escolher cenário e acessórios, interagir com personagens tirados das transposições cinematográficas e ser filmados enquanto brincavam. Depois, a apresentação foi objeto das mesmas autoconfrontações que o jogo da escola paralela. Mais íntimo que este último, o jogo do Ojesed informa sobre a maturação psicológica dos leitores. Ele confirma o recurso sistemático aos estereótipos na identificação social das disciplinas (mesa de adições para a matemática, quadros de conjugações para o francês). Põe sobretudo o acento na passagem do princípio de prazer ao princípio de realidade que corresponde ao aparecimento do projeto de vida, quando os "espectadores" justificam sua escolha não mais apenas por seus gostos mas pela referência aos comportamentos dos adultos para o personagem, e pelo próprio futuro profissional deles para a disciplina.

Faz igualmente aparecer a solidariedade da escola e do meio familiar que acarreta ou a cura dos traumas, ou a agravação deles, se os alunos não encontrarem tutores de resiliência nem entre eles nem na escola nem num terceiro lugar. A ficção pode cumprir essa função contanto que eles ali não estejam submetidos como a uma droga, pois a adição é uma falsa saída do trauma, mas que possam transformá-la. Ora, é outra característica do romance convidar à sua apropriação lúdica, a um só tempo pelo que ele mostra: um universo de grande riqueza simbólica, e o que ele deixa implícito: o cotidiano dos aprendizados fácil de restituir. A leitura põe palavras sobre o mal-ser, a reescrita permite, ao pôr suas palavras e suas escolhas no lugar das do autor, reparar a si mesma.

A retomada lúdica pela escrita ou a multimídia é uma espécie de ensaio geral das atividades sérias por ultrapassar o limite da imitação superficial e enceta a reprodução inteligente das posturas e iniciativas. Entretanto, a escola é pouco propensa a reconhecer os aprendizados miméticos. De seu lado, o jogo tem sua própria realidade e suas próprias regras, é por isso que os jogadores só podem aceitar as aproximações com sua situação real numa certa medida, na verdade sobretudo quando não precisam mais dele para fazer frente a isso. Logo, é preciso encarar a junção entre cultura escolar e cultura adolescente pelas duas pontas e introduzir *Harry Potter* no cerne dos aprendizados.

Aprendizados interdidáticos e negociação dos saberes

Uma coleção de disciplinas não faz um pedestal comum de saberes. Que ponham *Harry Potter* em todas os molhos pedagógicos, que o estudem em francês (o herói na 5ª série, o maravilhoso na 6ª), em latim (língua das fórmulas mágicas), em EPS (o quadribol é próximo do handebol), em inglês, língua de Rowling, e nas outras línguas vivas, não faz justiça a todas as suas virtudes didáticas. É preciso que a escola, por sua vez, como o leitor privado o faz espontaneamente, possa tirar proveito da representação do conjunto das disciplinas no romance escolar, e, para isso, é preciso que ela coloque, ao reescrever o romance à sua maneira, a questão do co-aprendizado delas. Ainda não existe manual interdidático, mas se existir um dia, nenhuma dúvida de que os romances como *Harry Potter* ali vão ocupar um lugar importante. Com efeito, as ficções de visada ou simplesmente de intertexto didático inevitavelmente acarretam um confronto da disciplina em questão no aprendizado da língua da ficção com a ou as disciplinas que é preciso dominar para entender seu conteúdo.

Graças a esses textos de gênero misto (literário e científico, ou histórico, ou geográfico, ou matemático, etc.), os alunos aos poucos descobrem as razões pelas quais um romance toma uma descrição, um raciocínio, um comportamento num âmbito disciplinar, e as diferenças de funcionamento destes últimos em seu contexto e na economia narrativa. Os trechos são selecionados a partir da abordagem do léxico especializado: "estalactite e estalagmite" para o episódio da visita ao banco subterrâneo de Gringotes no tomo 1 (p. 78-80), "propriedades curativas da planta" para o do reenvasamento das mandrágoras no tomo 2 (p. 81-83).

As situações de aprendizado propostas pertencem à categoria das situações problemas. Não admitindo resposta unívoca (há ciência e literatura um pouco em toda parte, mas onde e como elas se emaranham?), levam os alunos a transpor suas aquisições em situações novas ou inabituais. Fazem trabalhar a memória semântica. Para alguns, "propriedade" evoca apenas o sentido mais corrente: "posse", ao passo que outros são capazes de reconhecer o microtexto científico fora da aula de ciência e identificam o sentido de "qualidade".

Elas facilitam sobretudo a reflexão sobre os saberes, a metacognição, favorecendo o confronto dos conceitos espontâneos, ascendentes, que partem do vivido para ir rumo à formulação, e conceitos científicos, descendentes, que partem das definições para se aplicar à realidade (Vygotski, 1997, 368). E isso tanto a respeito dos objetos do mundo quanto das disciplinas que os estudam. Com efeito, rastros de conceitos empíricos são identificados na adesão à descrição do sub-solo de Gringotes, sombrio e gelado, embora, na realidade, a temperatura aumente com a profundidade, como na identificação da disciplina a um intervalo de tempo (vai-se estudar ciências porque é o dia das ciências) ou à pessoa do professor. Da mesma forma, quando as produções são dispostas no classificador ao fim da sessão, as atividades de imediato são associadas às disciplinas de maneira estatística e não funcional (é francês porque se estudou um texto, são ciências porque se fez o desenho de uma planta).

É por isso que o professor deve provocar o debate de maneira a fazer que se descubra que não existe conceito solitário mas que todo conceito faz parte de um sistema. É preciso saber a diferença entre raiz e rizoma para possuir as noções de reprodução e nutrição vegetais, como é preciso dominar noções de botânica e poética para compreender o efeito produzido sobre o leitor pelo episódio da mandrágora.

Entretanto, o acesso à conceituação científica não deve ser pago com a erradicação das representações correntes. Primeiro, os conceitos espontâneos sempre ressurgem, porque têm a ver com a intimidade do vivido e constituem a esmagadora maioria das transações intelectuais. Em seguida, não reconhecê-los acentua o sentimento de insegurança do estudante que se sente julgado e excluído. Por outro lado, se o educador consegue admitir que as duas espécies de conceitos são iguais em dignidade, o debate será encarado como um lugar onde todos os tipos de argumentação, científica, ética ou retórica podem e devem surgir a fim de que possam ser diferenciados. O que supõe que possamos retrabalhá-lo a partir de registros, mas também que possamos alimentá-lo por suportes que para isso se prestem. A superioridade de *Harry Potter* sobre esse ponto é incontestável. Graças a ele, professores puderam ouvir seus alunos falarem em sala da dificuldade que têm de:

- rejeitar as imagens simbólicas (saídas dos filmes mas também da leitura) que os assaltavam quando tentavam realizar uma esquematização científica;
- combinar a distinção real/imaginário com a distinção objeto/propriedades (com efeito, a mandrágora existe mas com outras propriedades que aquelas que lhe são atribuídas no romance).

E puderam juntos construir soluções:

- fazer dois desenhos para dar um lugar de expressão a cada tipo de conceito;
- trabalhar sobre plantas totalmente imaginárias, ou fazer um quadro das propriedades curativas e dos diferentes ingredientes que os possuem no real.

A literatura desempenha aqui um papel singular. Ela traz muito aos estudos ao lhes oferecer um lugar de reflexão nos dois sentidos do termo: eles podem aí se perceber e aí se descobrir. E os estudos lhe retribuem isso: fazem progredir seu conhecimento: não ao acumularem os saberes literários mas ao darem acesso às grandes problemáticas que o atravessam. Mas, sobretudo, as possibilidades de utilização didática da obra de Rowling põem à frente a vocação de reunir e de diferenciar a literatura. Se podemos, graças a ela, fazer com que dialoguem tanto os saberes quanto os símbolos, e as instituições tanto quanto as pessoas, deve ser porque, em seu projeto, ela recusa separá-los.

Referências bibliográficas

Biagioli N., "Désensorceler l'école: les représentations de l'école et des disciplines enseignées chez les lecteurs experts de la série *Harry Potter* », colóquio *L'édition pour la jeunesse : entre héritage et culture de masse*, cederom, 2005.

Biagioli N., Bornel-Rainelli B., Cartaud S., Legendre J.-J., Martinez M.-L., « Les lecteurs experts de la série *Harry Potter* : une percée dans l'univers des savoirs, croyances et discours des préadolescents », symposium *Adolescences entre défiance et confiance*, Université de Lille, IUFM de Lille, Revue *Spirales*, 2006.

Bruno P., *Existe-t-il une culture adolescente ?*, Paris, In Press, 2000.

Cyrulnik B., *Le murmure des fantômes*, Paris, O. Jacob, 2005.

Jacquet-Francillon f., Kambouchner D., *La crise de la culture scolaire*, Paris, PUF, 2003.

Martinez M.-L., « Approche(s) anthropologique(s) des savoirs et des disciplines », *Trema*, n 4, IUFM de Montpellier, 2005.

Vygotski L., *Pensée et langage*, Paris, La Dispute, 1997.

HARRY POTTER E SEUS FÃS : ENTREVISTA COM OS CRIADORES DE TRÊS *SITES* DE LÍNGUA FRANCESA

A entrevista foi realizada por Isabelle Smadja sobre questões de Pierre Bruno e de Isabelle Smadja, tendo por interlocutores Quentin Lowagie e Laly, para a *Encyclopédie Harry Potter*, Mélanie e Melodie Courchesne, para *Le Grimoire d'Harry Potter*, Cécile Courcelle, Séverine e Stéphane Recoules, para *La Pensine*.

Em geral se dá uma conotação pejorativa ao termo fãs: são imaginados bem fanáticos, sem distância crítica. Ora, basta navegar pelos *sites* dedicados ao universo de Hogwarts para se dar conta da energia criadora que os romances de Rowling engendraram em seus fãs: espantosos tanto pelo número quanto pela qualidade, são numerosos os *sites* (*Harry Potter Lexicon, Mugglenet, the Leaky Cauldron, La Pensine, La Gazette du Sorcier, Veritaserum...*) magnificamente decorados (*Le Grimoire d'Harry Potter* é um belo exemplo disso), cheios de humor e fineza, e que contêm análises detalhadas, interessantes, judiciosas. Em suma, um grande número de fãs não pararam na leitura das obras mas conceberam em torno de e a partir de Harry Potter um verdadeiro trabalho artístico e intelectual. Quisemos interrogar alguns desses criadores tanto sobre suas motivações quanto sobre a percepção que eles têm do trabalho que fazem. Prestaram-se assim ao jogo de perguntas e respostas os criadores e responsáveis pelos três seguintes *sites*: a *Encyclopédie Harry Potter*, tradução do *Lexicon* americano, *La Pensine* e *Le Grimoire d'Harry Potter*.

O resultado não deixa subsistir dúvida alguma: é possível apreciar o romance de Rowling sem ser fanático, e é possível aliar paixão por um romance e abertura de espírito.

Nossa primeira questão era a seguinte: "Se vocês tivessem que apontar uma única razão que os fez gostar dos *Harry Potter*, qual escolheriam?" Todos concordam em dizer que a atração pelos *Harry Potter* provém de uma abundância de elementos: longe de privilegiar uma explicação entre outras, eles enumeram um feixe de razões.

Quentin – Essa leitura permite rememorar lembranças de infância: fiquei seis anos num internato, e uma multidão de elementos me lembram esses anos. Também gosto desse universo por sua incrível riqueza, seu humor onipresente, a espontaneidade dos personagens e das situações. Rowling conseguiu criar um universo completo baseando-se em elementos existentes, mas introduzindo o inédito, o imprevisível. A magia é só um contexto, e os relatos falam de nós mesmos.

Pensine – A intriga é palpitante, os personagens sedutores, a escrita engraçada e profunda. Encontramos, disseminados nos romances, uma multidão de indícios: procurá-los torna-se um jogo. Os *Harry Potter* comportam um bom número de elementos não explicados, de simbólicas a serem penetradas para que possamos discuti-las por anos. Por outro lado, o fato de esse meio mágico ser paralelo ao nosso permite evadir-se sem deixar de ficar em harmonia com o real.

Laly – A riqueza de detalhes é realmente fascinante. É impressionante ver, num livro, na base, "para crianças", referências a tantas mitologias, línguas (latim, francês...) e ao folclore anglo-saxão. A autora tem uma imaginação fértil, nunca lhe faltam idéias sobre seu universo (que tem um passado, é evolutivo...) e cada peça do quebra-cabeças se imbrica perfeitamente (com exceção de algumas pequenas incoerências). Enfim, ela tem muito humor, solta piscadelas de olho e jogos de palavras. O fato de haver sempre algo a ser descoberto talvez não seja o que me seduziu na primeira leitura (descobri *Harry Potter* aos 11 anos), mas é o que mantém minha atração pela série.

Méli e Mélo – Rowling conseguiu nos interessar por seu universo: os personagens são fascinantes, a evolução psicológica deles é pertinente, o mundo imaginário é muito realista e perfeitamente estruturado e inclui uma reflexão moral.

Questão 2 – Estávamos em seguida curiosos de saber como vocês, que têm entre 20 e 30 anos, vivem sua incursão no universo da literatura de juventude. Não se sentem constrangidos, ou pior, perturbados?

Pensine – "O quê, você tem 28 anos e lê *Harry Potter*!!": na França, o olhar dos outros era constrangido, talvez seja menos hoje. Na Grã-Bretanha, o país de *Alice no país das maravilhas* e de *O Senhor dos anéis*, esse tipo de literatura não é assimilada a uma faixa etária mas a um gênero específico: a *fantasy*. Aliás, as temáticas abordadas são universais, tanto que tudo depende da maneira de abordar a obra: é possível fazer dela uma base de reflexão, sejam quais forem a idade e a referência do leitor.

Laly – Os personagens e o universo fantástico estão ao alcance das crianças e Rowling costuma ressaltar que ela escreve antes de tudo para as crianças. Mas jovens e adultos apreciam a série por razões diferentes. Alguns ali encontram lembranças de infância, outros são cativados pela complexidade do universo. A menção "livro de juventude" pôde perturbar os mais velhos, ao ponto que os editores de língua inglesa lançaram edições "adultos" com uma capa mais sóbria. Entretanto, o fato de *Harry Potter* ter sido de início classificado na categoria literatura de juventude também contribuiu para seu poder de atração: que os adultos mergulhem num livro para crianças intrigou.

Méli e Mélo – *As crônicas de Nárnia* de fato se endereçam a crianças: será o caso dos *Harry Potter*? A resposta não é fácil... Como *Os reinos do Norte* de Philip Pullman, é um romance que permite vários níveis de leituras.

Quentin – Ser fã de Harry Potter na minha idade (24 anos) costuma ser considerado imaturo. É verdade que esse livro parece destinado às crianças: Harry tem apenas 11 anos quando entra em Hogwarts, um lugar que parece muito com um colégio *trouxa* clássico. Mas por que seria tão imaturo e engraçado gostar da infância aos 24 anos uma vez que é um período primordial no desenvolvimento de um ser humano? Por que virar as costas a esses relatos escritos... por adultos (Lewis, Barrie, Carroll, Baum, Dahl, Tolkien)? E não leio só *Harry Potter*. De qualquer modo, na Internet, há bem mais adultos fãs de webmestres de *sites* nos países de língua inglesa do que nos de língua francesa, certos símbolos sendo mais acessíveis a um adulto que a um adolescente. As crianças vão se identificar com os personagens porque eles estão numa "superescola", fazem magia... Eu me identifico com eles pelo que vivem, pois eu mesmo tive meus momentos difíceis, perdi pessoas próximas, tanto que entendo melhor a gravidade da situação. E os últimos tomos são mesmo para crianças? Aqueles que qualificam os *Harry Potter* de relatos para gente imatura e superficial costumam não conhecê-los.

Questão 3 – Mas por que ter feito um *site*. No início, vocês imaginavam que funções ele teria?

Laly – O objetivo era fazer um conteúdo de qualidade, à altura do *site* de Rowling e de seus romances, e que poderia ser útil para todas pessoas de língua francesa.

Méli et Melo – Ao conversarmos com os fãs, falávamos com eles de detalhes e elementos que eles não tinham visto antes nos livros. Quando decidimos criar esse *site*, nenhum *site* de língua francesa tinha feito uma análise aprofundada da obra. Só alguns *sites* americanos começavam esse exercício. Com nossa bagagem artística e literária, quisemos fazer com que os leitores compreendessem todo o alcance mítico de *Harry Potter*: o sucesso encontrado nos incentivou a prosseguir.

Quentin – Queríamos pôr à disposição da francofonia o excepcional conteúdo do *Lexicom* e é uma sorte poder fazê-lo. *EHP*[1] nos toma muito tempo e energia, mas, como diria Laly, é nosso raio de sol. Gostamos muito dele e o sucesso crescente nos deixa honrados. Tento sem parar melhorar a estética e a ergonomia, para que o nosso *site* não seja

---

[1] *EHP* é a abreviação do *site* internet a *Encyclopédie Harry Potter*.

só uma vulgar tradução, mas um *site* por inteiro. Aliás, fiz alguns mapas, redigi uns ensaios e enriqueci o conteúdo com muitas páginas.

Pensine – A idéia desse *site* nos veio depois de conversas sobre um grupo de discussão Harry Potter: quisemos agrupar e compartilhar nossas reflexões em artigos mais detalhados e, na verdade, criamos o *site* que gostaríamos de ter lido. Enquanto a Internet estava cheia de *sites* dedicados aos filmes e a seus atores, existiam muito poucos *sites* franceses de análises ou de reflexões sobre o romance e quisemos remediar essa falta.

Questão 4 – As escolhas estéticas foram, segundo vocês, inteiramente tributárias da leitura dos *Harry Potter* ou então vocês pensaram que a liberdade de criação era indispensável, ou então ainda vocês procuraram essencialmente tornar o *site* atraente, atrativo?

Méli e Mélo – Na época, poucos *sites* tinham desenhos personalizados da obra: estávamos entre os primeiros a mostrar belas ilustrações. Os desenhos são nossa interpretação pessoal do mundo de *Harry Potter* e muitos internautas nos felicitaram pela qualidade deles. Alguns fãs nos disseram até que isso os ajudava a imaginar os personagens.

Quentin – Não se pode dizer que o *Lexicon* deva sua notoriedade à sua estética, ainda que esteja mudando. Não tenho a pretensão de dizer que o meu *site* é magnífico, mas ele é em todo caso graficamente melhor que o original: fui muito atento à paginação, à escolha das cores, à compressão das imagens... Acho que uma estética medieval é perfeita para um *site* sobre Harry Potter, e ainda que, à primeira vista, o *site* pareça um pouco arcaico, ele não é tanto assim, e acho ele bem atraente e agradável de consultar.

Pensine – Era preciso diferenciar-se dos outros *sites*, que, nessa época, se pareciam todos, e criar um universo próprio, um grafismo reconhecível, ergonômico e claro: o objetivo é ler as análises e navegar nesse *site*, feito de maneira profissional, num universo muito "pensiniano" e acessível a todos, inclusive às pessoas com problemas de visão. Aliás, escrevemos à editora Gallimard a esse respeito para que eles prossigam com a edição áudio dos livros.

Laly – Refundar inteiramente o *design* do *Lexicon* não nos pareceu uma questão fundamental. No entanto, durante as minhas primeiras visitas, a estética do *Lexicom* me incomodou por seu aspecto meio velhinho, a tal ponto que, no início, eu não gostava de visitar o *site*. No entanto, ao entrarmos nele, estamos diretamente imersos num universo particular, que talvez seja o reflexo criativo daquilo que Steve (o fundador) reteve dos livros.

Questão 5 – Que tipo de público vocês esperavam atingir? Foi surpresa descobrir que público consulta de modo mais ou menos regular o *site*?

Quentin – Nosso público é de língua francesa e relativamente adolescente, o que me decepciona um pouco. Mas também tem sua vantagem; no grupo de discussão, reina um ótimo ambiente. De qualquer modo, a gente tenta não simplificar tudo, o objetivo sendo incitar as crianças a ler e a escrever bem em francês (a linguagem SMS aliás está banida). A sutileza não pode fazer mal a ninguém.

Pensine – Ao nos preocuparmos com os livros e não com os filmes, estávamos pensando em nos dirigir unicamente a pós-adolescentes e adultos. Mas estávamos subestimando os mais jovens. Temos na verdade dois públicos: leitores de todas as idades, mais para intelectuais, interessados pelas análises, e um público compreendido entre 15 e 45 anos, leitores e criadores de *fanarts* e *fanfics*, que são continuações do relato imaginadas pelos próprios leitores. Algumas *fanfics* abrigadas em nosso grupo de discussão conhecem um sucesso crescente: por exemplo, a *fanfic* de Miss Teigne, intitulada "Os segredos de Hermione", tem muito sucesso. Ora, Miss Teigne tem 40 anos e esquadrinhou todos os romances ao ponto de fazer uma ficção quase tão verdadeira quanto a original.

Laly – Visávamos um público de língua francesa interessado no universo de Harry Potter. Mas todos podem se achar ali, seja para verificar um detalhe, para ficar sabendo mais sobre personagens, lugares, ou para testar outros pontos de vista ao ler os ensaios. A grande força de

EHP é a riqueza das informações e a preocupação com o detalhe. A surpresa veio das estatísticas de visitas! Sem outra publicidade que a ligação com o *site* do *Lexicon*, *EHP* parece ter adquirido certa reputação.

Méli e Mélo – O objetivo era comunicar a nossa paixão. O *site* nos reservou algumas surpresas: estudantes vêm ali buscar informações para suas provas sobre os mitos, professores o mostram aos alunos. Enfim, jornalistas pedem autorização para publicar trechos. Notamos que certos fãs, às vezes mais jovens que nós, encontravam outros simbolismos nos romances e nos contavam para enriquecer a análise.

Questão 6 – Criam-se redes entre as pessoas que freqüentam o *site*?

Pensine – O grupo de discussão ocupa um grande lugar na vida de nossos internautas muito fiéis (uma centena nos mais de 4.000 inscritos), que se encontram diariamente numa comunidade à qual estão de fato ligados. Ele permitiu que fossem criados laços, que nascessem amizades e até que outro *site* literário fosse criado. Houve encontros regulares na França e na Suíça. As raras vezes em que o grupo de discussão conheceu um problema de acessibilidade temporária, muitos nos assinalaram um quase estado de falta.

Laly – *EHP* não é um *site* muito interativo uma vez que o único lugar onde os visitantes pode se falar é o grupo de discussão. Mas, aos poucos, este está crescendo e penso que laços se estabelecem entre as pessoas que o freqüentam.

Méli e Mélo – Certos fãs se tornaram amigos nossos.

Quentin – Acho que membros do grupo de discussão vão se reunir para um churrasco perto de Paris, embora não se conheçam. E nós mesmos estabelecemos contatos com alguns bons *sites*, como *La Pensine*, *La Gazette du Sorcier*, *HarryDico*, *Le Repaire de Harry Potter*, *Bézoard*, etc. Aliás, criamos uma rede de *sites* de língua francesa para promover os *Harry Potter*.

Questão 7 – O que vocês preferem: a leitura das obras de Rowling ou a gestão do *site*?

Laly – Prefiro a gestão do *site* à (enésima) leitura das obras. Conheço a intriga de cor, li e reli os livros em francês, depois em inglês. O que me interessa agora é dar-me conta dos detalhes que me escaparam e traduzir páginas que condensem certas informações, mesmo que eu tenha que reler passagens para encontrar uma citação. Por outro lado, tão logo sai um novo tomo, ponho o *site* entre parênteses para mergulhar na história.

Méli e Mélo – Um não funciona sem o outro.

Quentin – Por enquanto, a gestão do *site*, pois existe outra coisa para ler além de *Harry Potter*!

Pensine – Cada um traz uma satisfação e um prazer diferentes. O mais agradável é ler um tomo pela primeira vez e criar uma nova versão gráfica do *site*!

Questão 8 – Como vocês reagem às críticas endereçadas aos *Harry Potter*? De um modo apaixonado, passional? Ou vocês têm a impressão de que elas não lhes dizem respeito de fato? Em suma, vocês se sentem implicados pessoalmente por essas críticas?

Méli e Mélo – Uma colega de trabalho recusava ler esse romance porque ouvira dizer que a moral era discutível e o livro violento! É absurdo, irritante até, mas o que você vai fazer?

Quentin – As críticas não construtivas não me interessam, positivas ou negativas. Ouvir alguém dizer que "Harry Potter é uma merda" sem ter lido um só não me interessa. Ouvir "Gosto do filme HP porque Tom Felton é lindo!!" tampouco me interessa. Mas até as críticas construtivas me cansam um pouco. Sei por que gosto do romance, não preciso que me imponham um ponto de vista.

Pensine – No início, tínhamos tendência a reagir de modo apaixonado. Depois, o fato de analisar o romance e de compartilhar essa paixão com outros fez com que adquiríssemos mais distância e que reagíssemos com menos emoção. Mas, de maneira geral, quando se coloca uma crítica no grupo de discussão, todos têm vontade de reagir e de se implicar.

Laly – Não me sinto implicada pela maioria das críticas negativas que ouvi, que são acusações de bruxaria, visando demonstrar que essa leitura é nefasta: elas costumam vir de gente que não leu os livros. Quanto às críticas negativas argumentadas e pertinentes, respeito seus autores mesmo que não esteja de acordo com eles. Certas observações positivas superficiais demais me irritam. Gritar que HP é genial não basta: tanta gente disse que se tornou clichê, tanto que não se sabe mais realmente se a pessoa gosta porque os outros gostam ou não...

Questão 9 – É complicado gerir o grupo de discussão?

Quentin – Dá para levar. Os moderadores, que eu nomeio depois de ter observado um pouco a atitude dos utilizadores e de ter pedido a opinião dos moderadores existentes, cuidam de gerir o grupo de discussão, lançar assuntos e fazer com que os debates continuem sendo amigáveis, educados, que a ortografia seja correta. Confio neles.

Pensine – Em certos momentos estratégicos, sim. Quando novos tomos são publicados, o grupo de discussão é invadido por adolescentes, habituados a grupos de discussão onde brigam, não lêem as intervenções dos outros e escrevem em SMS. Temos logo que enquadrá-los. Se gostarem, se acostumam, caso contrário, vão embora. Já vamos para três anos, temos muitos membros bem antigos, muito envolvidos, bem a par de nossas regras, que nos ajudam em nosso trabalho de moderação ou de redirecionamento. Desse modo, a gestão do grupo de discussão continua sendo um prazer.

Laly – Eu mesma vou muito pouco no grupo de discussão por falta de tempo. Acho que tudo se passa relativamente bem, talvez porque o grupo de discussão ainda não seja freqüentado demais.

Méli e Mélo – Somos menos ativas agora no grupo de discussão. Deixamos os fãs falarem para não ceder a uma forma de elitismo. Mas houve uma época em que os debates eram apaixonados. Conto-lhe uma historinha que mostra bem o envolvimento de certos leitores: o pseudo de Mélo, no caso Lord Voldemort, impressionou, até mesmo assustou durante um tempo certas pessoas, ao ponto que alguém de fato acreditou que estávamos recrutando membros para um círculo de magia negra. Tivemos que desenganá-lo. Desse jeito, a ficção da obra prevalecia sobre a realidade.

Questão 10 – Vocês reivindicam o qualificativo de fãs e, em caso afirmativo, como conciliam essa adesão total à obra de Rowling com a necessidade de um espírito crítico, de uma percepção mais neutra das obras e do sucesso que fazem?

Pensine – Não somos o que se poderia chamar fãs, com o lado pejorativo que se dá a essa palavra. Se eu cruzasse com Rowling na rua, não pularia no pescoço dela para que me autografasse um livro. Fã de U2, sim, mas não de *Harry Potter*! O romance nos cativou, nos emocionou, mas isso não proíbe o espírito crítico: só procuramos o prazer da leitura, os produtos derivados não nos interessam, e os atores ainda menos.

Laly – Eu me considero fã sem ser fanática. Sei aceitar as críticas e também criticar certos aspectos, como a multiplicação dos produtos derivados. Quanto aos filmes, embora distraiam bem, lamento essa exploração comercial excessiva. Enfim, tenho consciência de que a minha atração pelos livros talvez não tivesse persistido se não tivesse havido efeito bola de neve, e se o sucesso não tivesse levado à criação de uma comunidade *Harry Potter* graças à Internet. No início, a motivação é a mesma para todos, leitores ocasionais e fãs: a gente mergulha num livro e começa a gostar dele. Mas a iniciativa do apaixonado depois é diferente: ele vai sair à procura de informações sobre o livro, depois de tê-lo relido.

Méli e Mélo – Sim, nós somos fãs! Adoramos a obra! É um novo sopro no domínio da mitologia! É claro que, na saga, temos preferências...

Quentin – Sim, eu me considero fã. Sem isso, não poderia ter um *site* como esse! Mas o fato de ser fã não deve tirar nem lucidez nem espírito crítico: por exemplo, não gosto do aspecto "máquina de fazer dinheiro". Por outro lado, o universo, embora bem mais coerente do que se poderia pensar à primeira vista, comporta certas incoerências, e certas escolhas de Rowling não me agradam especialmente. Resta que é possível boicotar o lado marketing: sou fã e no entanto não esganei ninguém para obter o último tomo publicado. Para mim, um verdadeiro fã é aquele que foi tocado pelas relações humanas descritas nos livros. De qualquer modo, é só uma história, e nossa vida não depende dela.

Questão 11 – O marketing em torno da obra é, na opinião de vocês, um constrangimento ou um trunfo para o sucesso do livro? Os leitores são sensíveis a isso? Hostis?

Laly – Sinto cada vez mais o marketing como um constrangimento, porque se vê Harry Potter por toda parte, de todas as cores. Quase esqueceriam os livros... Não sei se o fã reage ao marketing diferentemente do leitor comum, isto é, daquele que vai ler *Harry Potter*, apreciar ou não..., e passar a outra coisa.

Méli e Mélo – O marketing responde a uma necessidade: quando se gosta de uma obra, quer-se dela uma representação material. De um ponto de vista comercial, os filmes são um êxito enquanto que o arsenal de objetos (calendários, xícaras, figurinhas) costuma ser de mau gosto, sem originalidade nem pesquisa estética, e não estão de acordo com a atmosfera dos romances. As pessoas os compram um pouco a contragosto. Resta que existem *sites* em que se pode encomendar objetos de coleção que valem realmente a pena.

Quentin – Sinto-me constrangido por ser fã de um fenômeno que se tornou comercial demais: aliás, muita gente pode rejeitar um bombardeio da mídia que seja hostil demais. Mas o marketing também é um trunfo pois quanto mais Harry Potter for conhecido, mais o nosso *site* terá sucesso! Da mesma forma, os filmes aumentam o sucesso embora a fidelidade deles seja discutível. Às vezes, eles completam a obra de Rowling, a enriquecem.

Pensine – Se o marketing pôde fazer com que crianças lessem e conhecessem o romance, por que não? Quanto a nós, como muitos outros, gostamos dos livros pelo que eles são, e não os produtos derivados ou as fantasias.

Enfim, à nossa última questão “Que relações vocês têm com o autor, o editor e o produtor do filme?”, a resposta foi unânime: à exceção de algumas trocas de e-mails para pedir uma autorização de publicar imagens, nenhum pensou em escrever a Rowling ou aos produtores dos filmes. Os criadores de *La Pensine* ressaltam, no entanto, ter aceitado a proposta da editora Gallimard a fim de abrigar um concurso que eles querem propor aos leitores.

QUARTA PARTE

Balanço e perspectiva

PERSPECTIVA. A IMAGEM DA MULHER: DO DEBATE DE IDÉIAS AO TRABALHO CRÍTICO

Isabelle Smadja e Pierre Bruno

Deve-se ver em *Harry Potter* um romance sexista, ou é possível considerá-lo portador de valores propícios a uma emancipação feminina? Conscientes de nosso desacordo, quisemos aqui expor nossas divergências a fim de discuti-las e de procurar suas causas. Vamos primeiro enunciar os pontos em que estamos de acordo, depois tentaremos entender como um mesmo livro pode dar lugar a interpretações tão opostas. São os métodos de análise que diferem ou então é preciso pensar que juízos de valor sub-repticiamente penetram em nossas leituras ao ponto de modificar nossa percepção do romance? Mas, se for este o caso, como julgar o valor de uma interpretação literária?

Acordos e divergências

Questão – Antes de exporem as suas divergências, notemos que vocês concordam pelo menos num ponto: a necessidade de interrogar os valores presentes na obra. Podem explicar melhor o que pensam?

Isabelle Smadja – Nós dois pensamos que é legítimo e necessário refletir na ideologia presente na literatura. Um livro não formula apenas uma bela história, escrita num belo estilo, mas dá corpo e alma a valores e idéias, que estamos no direito de analisar e eventualmente de criticar. Sem no entanto confundir a ficção e a realidade, nem as idéias e os atos, pensamos que a ficção tem uma influência sobre o real e que não é razoável denunciar a censura tão logo nos pomos a refletir no pensamento que sustenta tal ou tal obra, mesmo que seja uma obra-prima. Para dizer de modo bruto, parece-me que não se pode por muito tempo sustentar que seria melhor ler uma obra sem pensar no que ela contém. E, no entanto, essa vontade de refletir na ideologia de um romance encontra seus detratores, que lhe opõem duas recusas.

O primeiro, de pretensão ética, diz repousar no medo da censura. Assim, certos críticos se insurgem contra toda intrusão de uma leitura ideológica no campo estético ao argüirem que seria apenas uma etapa para a imposição de uma literatura bem-pensante. A atração da literatura não viria nunca, afirmam, da presença de um conteúdo moral ou ideológico, mas do literário enquanto tal, entendendo por aí uma forma, um estilo de pensamento, suficientemente poderosos para dominar totalmente a leitura e ocultar, por isso, no espírito do leitor, tudo o que se refere a seu vivido. Bem mais, para esses detratores, querer falar das idéias em vez de ater-se à textura do relato ou à sua superfície fascinante seria confundir o real com seus contrários: o imaginário, o simbólico e o fictício. Seria nada ter compreendido na literatura, que não descreve pessoas reais mas personagens de ficção, escapando por princípio a todo domínio do real. Essa recusa semi-ética semi-estética da crítica ideológica é normativa e não descritiva: não se apóia numa descrição do inventário da crítica literária (que, de modo mais ou menos explícito, se constitui baseada nas idéias que o livro transmite), mas quer erigir-se em norma daquilo que deve ser a crítica literária legítima: pura, formal ou artística. Logo, vemos o defeito dessa argumentação: normativa, ela quer, a pretexto de evitar a censura, censurar o pensamento, pelo menos esse pensamento que reflete nos valores presentes no romance.

A isso se acrescenta outro tipo de recusa, que quer levar em conta o público ao qual o romance de Rowling se dirige: *Harry Potter* deveria ser tomado como um simples divertimento, uma obra para crianças, de modo que seria ridículo querer procurar mais longe. Alguns desconfiam da crítica literária, que eles suspeitam de tornar insossa a obra em vez de enriquecê-la, de fazer com que se perca o entusiasmo que preside à leitura ao reduzir o gênio literário a conceitos, idéias e noções abstratas. "O coração tem razões que a razão ignora", nos repetem então, e, ao querermos racionalizar a magia da obra, nossa orgulhosa razão torna-se ridícula, e isto ainda mais por ela querer refletir a sério... numa obra para crianças. A reticência à crítica é portanto ainda mais forte uma vez que se trata de literatura de juventude. Ressurge por esse viés uma idéia que acreditávamos superar: seria infantil querer analisar com conceitos de adultos a infância e as produções para a juventude.

Pierre Bruno – Ressaltarei apenas que se é preciso interessar-se pelo conteúdo da obra embora seja "apenas" literatura para a juventude (em relação a uma literatura geral que seria a única digna de interesse), também é preciso interessar-se por isso "*mesmo*" que se trate da literatura para a juventude (em relação a uma cultura audiovisual potencialmente mais nefasta). A crítica dos bens culturais propostos aos jovens permanece, para além de um interesse partilhado pelas questões educativas, orientada em torno de correntes marcadas originalmente por *corpus* diferentes bem como problemáticas divergentes. Ela repousa numa hierarquização implícita dos meios de comunicação e de sua periculosidade que se inscreve numa longa tradição de depreciação das massas e de suas culturas e que merece tanto mais ser questionada uma vez que pode determinar o reconhecimento científico ou a midiatização dos resultados da pesquisa. Para só tomar o exemplo de minha própria perspectiva, esta aparece, a um só tempo para as mesmas pessoas ou os mesmos meios de comunicação, como "marxista" demais (quando introduzo uma dimensão "ideológica" no estudo do conteúdo de uma obra consensual como *Harry Potter*) e muito pouco crítica, quase "liberal", quando recuso reduzir os videogames à mera expressão de um hipotético *lobby* hegemônico norte-americano. Essa forte importância simbólica também explica que possam ser tolerados em trabalhos científicos reconhecidos a um só tempo excessos lamentáveis (entre outros amálgamas recorrentes entre cultura de massa e fascismo ou nazismo) e esquecimentos, talvez até renegações igualmente detestáveis (como aquela, por certos críticos em literatura de juventude, do anti-semitismo, no entanto muito explícito, de Jules Verne). É, então, tanto mais necessário tomar por medida o conjunto da oferta sem pressagiar *a priori* a "inocência" ou a "periculosidade" das obras.

Questão – A literatura e o ato de ler não escapam, como afirmam alguns, a toda tentativa de racionalização e não há perigo em negar a dimensão afetiva, "emocional" da relação com o texto? Aliás, essa racionalização é desprovida de toda segunda-intenção ideológica? Pois, como lembrava Michèle Petit, "foram colocadas quantidades de discursos cheios de "razão" – que se queriam até científica – a serviço dos piores totalitarismos e podemos nos perguntar se não entrou nesse horror das "emoções" – na linha reta das críticas dirigidas outrora ao romance? – uma boa dose de misoginia"[1].

Isabelle Smadja – Michèle Petit queria sobretudo prevenir contra as análises em sala de aula, em voz alta, dos romances, uma vez que se deve, como ela ressalta, preservar da melhor forma possível a intimidade da relação com a leitura. É menos a análise racional de textos que ela visava do que sua utilização na escola, onde a rigidez dos horários e dos exercícios arriscam prejudicar a espontaneidade da relação com o livro. Mas, por outro lado, sua tese vai no mesmo sentido que a nossa: não se pode opor radicalmente razão e paixões, mas é preciso reconhecer que a afetividade está em grande parte despertada e confortada pela razão, e que mesmo os discursos pretensamente mais racionais têm sua fonte em paixões. Quanto à misoginia, ela infelizmente encontra sua fonte tanto, senão mais, nas paixões que na razão. O que não impede certos mediadores do livro, entre os mais radicais, de só ter desconfiança para com a crítica literária como se ela fosse o defeito, levado à caricatura, de intelectuais desejosos de tudo entender e tudo explicar, inclusive, pensam, quando não há nada a compreender, mas simplesmente a ler e a

[1] M. Petit, *Éloge de la lecture*, p. 129.

se maravilhar. Se ouvirmos tais censuras, os divertimentos não influem em nossas idéias, não são investidos de uma ideologia e é bom conservar um domínio de não pensamento (distração, leitura de obras leves ou de para-literatura). Esconde-se, nessa recusa, uma vontade de fazer da literatura para a juventude um domínio preservado, que seria o do sonho, da inocência e da imaginação... e jamais o da reflexão e da conceituação. Ora, quem poderia negar que os livros para crianças também são investidos por uma ideologia? Quem, por outro lado, poderia sustentar agir apenas racionalmente? Também agimos sendo guiados por nossos devaneios, nossos ideais, e todos os elementos que nos maravilharam na infância. Em *Os mitos do amor no Ocidente*, Denis de Rougemont faz a seguinte constatação: "Nenhum europeu jamais foi Tristão nem Dom Juan; mas, sem esses mitos, os europeus não seriam o que são, e suas paixões seriam incompreensíveis; pois elas nascem de seus sonhos e não de suas doutrinas."[2] Que sejam ou não amplificados pelo bombardeio da mídia em torno da obra, ou que se expliquem pela comunhão que se criou em torno do fenômeno, as emoções e afetos armazenados pelo romance de Rowling são inegáveis. E pode-se apostar que a vida do jovem bruxo terá infiltrado o imaginário social e orientará os desejos, a despeito do olhar divertido e/ou cético que podemos lançar sobre ela.

Pierre Bruno – Com certeza é preciso evitar querer mas sobretudo pretender tudo explicar e com certeza é possível compreender as reticências diante de interpretações mecanicistas ou redutoras da relação com o texto. Mas há uma grande diferença entre uma prudência metodológica nascida da constatação dos limites do saber e uma hierarquização implícita dos objetos do saber. Estou inteiramente de acordo para pensar que nossos conhecimentos são por enquanto limitados e – temo – que eles assim permaneçam por muito tempo, pode ser até para sempre. Mas a idéia de que a Literatura porque Literatura, porque tendo a ver com o sublime ou com a "experiência vital mais que social"[3], só possa escapar a toda interpretação

[2] *Les mythes de l'amour en Occident*, p. 46.

[3] *Éloge de la lecture*, p. 141.

forçosamente redutora, essa idéia, digo, me dá medo. Nenhuma atividade humana escapa às leis comuns do humano como nenhum componente do gênero humano. Nenhuma "classe", nenhuma "comunidade", nenhuma vanguarda autoproclamada é dotada, pelo nascimento ou a cultura, de um sentido moral diferente do restante da espécie. E estabelecer hierarquias entre estas ou entre aquelas me parece perigoso.

De fato, a questão legítima dos limites do saber racional nesse âmbito permanece fortemente poluída pelo laço implícito entre "racionalização" e "dessacralização" da instituição literária. O fato de se interessar pelo sentido (talvez até contra-senso) do texto, pelas condições econômicas de sua produção como de sua difusão, e pela dimensão social mais que vital da relação com o livro, geralmente foi ligada a uma vontade de "dessacralizar a literatura [de] liberá-la de seus tabus sociais penetrando o segredo da força deles"[4]. E é o fundamento dessa iniciativa mais que seus inegáveis limites que suscita tanta hostilidade para com ela. Pois a "racionalização" do fato literário também é ideológica. Como lembrava (ou reivindicava) Antoine Compagnon, a teoria literária "também é, talvez para o essencial, crítica, oposicional ou polêmica. Pois não é nem do lado teórico ou teológico, nem do lado prático ou pedagógico, que a teoria me parece principalmente interessante e autêntica, mas pelo combate feroz e vivificante que ela travou contra as idéias prontas nos estudos literários, e pela resistência igualmente determinada que as idéias prontas lhe opuseram"[5].

Questão – Mas o que vocês fazem, então, com a liberdade do leitor?

Pierre Bruno – Penso que se deve reconhecer com honestidade que, em nossa compreensão do processo de leitura como em muitos outros campos do saber, o estado dos conhecimentos permanece limitado e relativo com impasses temporários. Apesar da multiplicação de estudos sobre a influência dos meios de comunicação sobre os jovens, não há

---

[4] R. Escarpit, *Sociologie de la littérature*, p. 127.

[5] *Ibid.*, p. 13.

realmente progressão incontestável dos saberes, e se permanece possível medir as práticas de leitura por pesquisas estatísticas ou compreender a função delas por entrevistas com jovens leitores, restam numerosas zonas de sombra como o fundamento do "gosto" por tal ou tal obra. Quanto à liberdade do leitor, e para ficar na tradição sociológica, até as correntes consideradas liberais (penso nos trabalhos de Raymond Boudon, por exemplo) nunca afirmaram que o indivíduo era totalmente livre de suas escolhas. Eles o vêm apenas como plenamente consciente de seus atos e capaz de racionalizar suas ações diante das pressões materiais externas, o que já é muito. A liberdade do leitor, tal como costuma ser definida, é mais uma crença "ultraliberal" que um objeto científico de estudo.

Isabelle Smadja – De fato, para Espinosa, já é uma ilusão crer que escolhemos livremente nossas crenças, gostos, amores ou ódios. Acreditamos erradamente ser livres, ele explica, "porque somos conscientes de nossos desejos e pensamentos, mas ignorantes das causas que nos determinam a desejar ou a pensar [tal ou tal coisa]"[6]. Entretanto, segundo ele, o conhecimento de nossos determinismos às vezes permite nos libertarmos disso, o que confirma a necessidade de refletir na ideologia presente nos romances, a fim, eventualmente, de criticá-la. Para tanto, criticar não é pedir a censura: devemos admitir que o impacto do imaginário literário sobre o real – e os efeitos de uma leitura – não são inteiramente previsíveis e sobretudo que não se pode calcar um no outro. Crer que o leitor de romances *noirs* torna-se criminoso e o leitor de romances de aventuras torna-se aventureiro é confundir os sonhos virtualmente satisfeitos numa ficção e os desejos que queremos ver realizar em nossa vida cotidiana. O processo de identificação é mais complexo que uma simples transposição. Por exemplo, identificar-se com Harry Potter não é, decerto, querer realmente sofrer em seu lugar e ser órfão, mas é considerar que os sofrimentos impostos ao menino, longe de enfraquecê-lo, reforçam sua humanidade. Vamos mais longe: será um acaso se o primeiro sofrimento por que passa Harry, e que o colocou na lista das

---

[6] *Spinoza, Éthique*, II, proposition 35, scolie, p. 389.

crianças heróis, são os maus tratos que os Dursley, únicos membros de sua família, lhe impõem? Tudo se passa como se, por não podermos – ou não querermos – suprimir os maus tratos familiares (porque seu desaparecimento suporia uma maior ingerência do Estado), aceitamos ler as provações vividas por Harry, como que para melhor nos habituarmos a isso. Emocionar-se com os maus tratos vividos pelo menino, depois ler que ele consegue, enquanto órfão resiliente, superá-los, não é identificar-se com Harry ao ponto de querer viver suas provações, mas é usar a literatura para encontrar um reconforto diante da existência desse flagelo e estar mais bem capacitado para suportá-lo, ainda que não o aceite. Em outros termos, às vezes sentimos a necessidade de antecipar sobre o insuportável a fim de conceituá-lo em vez de sofrermos sua fantasia. A literatura, quando põe em cena esse insuportável, talvez nos permita tal antecipação. Assim, o prazer experimentado na leitura dos *Harry Potter* nos informa *a contrário* sobre nós mesmos, sobre o que aceitamos com facilidade sonhar, para melhor dominá-lo, mas nem por isso significa que gostaríamos de viver tais sofrimentos. Talvez até seja o inverso: a leitura de acontecimentos dolorosos poderia ter a função quase supersticiosa de exutório, como se buscássemos nos persuadir de que, uma vez lida uma experiência, a dominamos o bastante para que não possa ocorrer, ou para que estejamos daqui por diante armados caso venha a surgir.

Da mesma forma, identificar-se com Harry Potter não é, por certo, querer ser escolarizado em Hogwarts para ter como professores o aterrorizante Snape ou a maléfica Umbridge. Mas, para alguns, pode ser uma maneira de admitir a existência, no seio dos estabelecimentos escolares, da autoridade e das sanções, até arbitrárias, e de conceder a preferência pelos abusos de autoridade mais que pela ausência de autoridade. Outros, ao contrário, verão nesses episódios a prova de que o autoritarismo nos liceus leva inevitavelmente a abusos. A fim de defender a liberdade de escrita contra toda censura, Paul Ricœur põe o acento sobre o caráter imprevisível da recepção das obras: “O artista nunca sabe se constrói ou se destrói; se não destrói acreditando construir; se não constrói acreditando destruir."[7] O que não proíbe analisar os conteúdos ideológicos de uma obra, mas impede daí concluir pela atração dos leitores por sua transposição no real.

Questão – No entanto, se vocês concordam quanto ao necessário estudo crítico dos valores, vocês não têm o mesmo juízo quanto a estes últimos. Tentemos ver aí mais claro respondendo a uma questão precisa: "Harry Potter é sexista?"

Pierre Bruno – Se considerarmos que o sexismo não se limita aos discursos discriminantes ou aos comportamentos violentos contra as mulheres: sim. Nem que seja porque a obra veicula representações sexuadas tradicionais e hierarquizadas dos "gêneros". Primeiramente, os homens "dominam" (nem que seja do ponto de vista quantitativo) as mulheres. Para um certo número de feministas americanas, os personagens femininos, jovens ou adultos, são nessa obra menos numerosos, menos importantes e menos valorizados que os personagens masculinos. Isto, quer se trate dos personagens principais do romance ou das figuras secundárias (ver, a esse respeito, o artigo de Christine Schœfer, "Harry Potter's girl trouble" na revista eletrônica *Salon*).

Isabelle Smadja – Essa avaliação da dominação masculina é subjetiva: como julgar objetivamente a importância e a valorização de um personagem? No caso, os personagens femininos são no romance realmente menos valorizados que os personagens masculinos? A importância de um personagem como Hermione parece-me indiscutível. Ela tem um papel determinante desde o tomo I, em que é ela quem compreende quem é Nicolas Flamel, ela quem conhece os meios de lutar contra os sortilégios. Por outro lado – e é essencial –, ela é a única a trabalhar à margem da intriga principal em vista de uma conscientização coletiva pela libertação dos elfos domésticos; em suma, ela é o único personagem do romance capaz de uma autonomia de pensamento num universo condi-

---

[7] P. Ricœur, *Histoire et vérité*, p. 122.

cionado pelo medo de Voldemort. Enfim, seu altruísmo (ela reconforta Hagrid quando os outros o desprezam), seu engajamento político, sua lucidez, sua determinação fazem dela um personagem excepcional: por contraste, Rony e até Harry têm personalidades muito mais insossas. Harry deve menos sua aura às suas qualidades que a um acontecimento exterior, que o propulsou ao nível de herói sem querer.

Pierre Bruno – De maneira mais episódica mas igualmente reveladora, os homens salvam as mulheres de situações perigosas às quais elas são bem incapazes de enfrentar. Surpresa e ameaçada por uma orca no banheiro onde ela tinha ido chorar após as humilhações que os dois garotos a fizeram sofrer, incapaz de se defender como toda mulher que se respeita ("Ela era incapaz de fazer um gesto e ficava colada na parede, de boca aberta, paralisada de terror"), Hermione será salva por Rony e Harry.

Isabelle Smadja – É verdade que sozinha diante de um troll gigantesco que ela não esperava encontrar, Hermione é incapaz de se defender, como qualquer outra criança, menina ou menino, teria estado em seu lugar. Mas outros episódios mostram Hermione dando prova de uma coragem sem falha. Quando fica sabendo que Harry quer enfrentar Voldemort sozinho, ela e Rony tentam num primeiro tempo dissuadi-lo. Depois, compreendendo que não conseguirão o que querem, nem ela nem Rony hesitam um segundo:

> – Ah, corta essa, você não acha que vamos deixar você ir sozinho?
> – Claro que não – disse Hermione com energia. – Como acha que vai chegar à Pedra sem nós?*

Uma página mais adiante, quando Neville substituiu Hermione em seu papel inicial de desmancha-prazeres – o que vale como prova de que Rowling não distribui os papéis em função do sexo –, Hermione tem uma reação ao oposto do estereótipo feminino:

* *Harry Potter e a Pedra Filosofal*, Ed. Rocco, Rio de Janeiro, 2000, p. 234, trad. Lia Wyler.

Mas Neville estava claramente tomando coragem para fazer alguma coisa desesperada.

– Não vou deixar vocês irem. [...]

– Vem, então, tenta me bater!

[...] Harry voltou-se para Hermione.

– Faz *alguma coisa* – pediu desesperado.

Hermione se adiantou.

– Neville – disse ela –, eu realmente lamento muito.

Ela ergueu a varinha.

– *Petrificus Totalus!* – falou, apontando para Neville.

Os braços de Neville grudaram dos lados do corpo. [...] Com o corpo inteiro rígido, ele balançou no mesmo lugar e, em seguida, caiu de cara no chão, duro como uma pedra.

– O que foi que você fez com ele? – sussurrou Harry.

– O Feitiço do Corpo Preso – respondeu Hermione infeliz. – Ah, Neville, me desculpe.*

Longe de ficar a reboque dos garotos, Hermione aparece aqui como uma figura dominante: os dois meninos esperam que ela salve os três de uma situação delicada, e ela cumpre sem demora nem hesitação uma tarefa que, do ponto de vista dos estereótipos, é tipicamente masculina. Ela preencherá uma função análoga no terceiro tomo quando Dumbledore lhe confia a tarefa essencial de voltar no tempo para salvar Sirius Black.

Pierre Bruno – O sexismo também joga com registros mais discretos, mais imperceptíveis à primeira vista, como a questão das redes de sociabilidade. Assim, os homens "integram" as mulheres. No universo de *Harry Potter*, as meninas não dispõem de nenhuma sociabilidade própria, vale dizer que uma menina só existe socialmente por sua integração

* *Ibid.*, p. 235.

pelos garotos, como uma mulher há pouco só podia ser reconhecida por seu casamento. Hermione não tem amigos – é verdade que ela não só é chata e autoritária mas, além disso, feia com seus dentes proeminentes e seus cabelos grossos e despenteados.

Isabelle Smadja – Parece-me, ao contrário, que, nesse romance, a relação que as meninas mantêm com o futuro e com a eventualidade de um casamento e/ou de uma maternidade está livre dos entraves tradicionais: as meninas não têm mais como única preocupação casar-se, mas tornam-se cada vez mais capazes de uma pluralidade de funções. Hermione, Gina Weasley, Luna Lovegood, Mac Gonagall, Tonks... têm personalidades complexas, que abrem a via a múltiplas possibilidades de existência. Resolutamente voltada para o engajamento humanitário e social, Hermione é igualmente sensível e inteligente, o que não a impede em nada de desenvolver qualidades quase maternas, tomando sob sua asa protetora o desajeitado Neville ou o imaturo Hagrid. Ao oposto, o pobre Rony torna-se, no sexto tomo, totalmente obnubilado por sua aventura amorosa, tudo se passando como se Rowling o tivesse maliciosamente investido de estereótipos femininos. A isso se acrescenta uma preocupação muito nítida de não excluir do quadro literário meninas cuja aparência física não é perfeita. Cinderela, Aurora, Pele de Asno só adquiriam direito à existência literária pelo fato da beleza excepcional. Que Hermione seja inteligente e sensível embora não seja bonita não deve ser deplorado, muito pelo contrário.

Compreender as divergências: "sensibilidade", métodos, paradigmas

Questão – Os argumentos de vocês podem decerto parecer convincentes mas é possível temer que cada um, em suma, pregue unicamente a convertidos. Para fazer o debate avançar, tentemos compreender as razões dessa divergência de ponto de vista. Estaria ela ligada a diferenças de valores entre vocês? Para falar de modo mais cru, esses fundamentos são ideológicos? Um de vocês se acomodaria mais facilmente que o outro com o sexismo ou pelo menos seria menos sensível a essa problemática?

Pierre Bruno – Para mim, num nível individual, a sensibilidade do crítico (ou, para ser mais preciso, seu implícito, seu *habitus*) desempenha um papel não desprezível. Todos os comentadores da obra – eu, inclusive – como o conjunto da comunidade científica permanecem marcados tanto por suas preocupações pessoais quanto pelos preconceitos do tempo que vivem, os do meio de origem ou pelas implicações próprias ao meio profissional – ainda que nossa formação ou, pelo menos, nossa função deva permitir que deles nos desliguemos um pouco. Não é um acaso se, rompendo com o consenso dominante, a denúncia mais virulenta das posições sociais de Jules Verne (em relação aos revoltos da Comuna de Paris, por exemplo) se encontra numa revista próxima da esquerda radical (*Fakir*) e se o estudo mais argumentado do anti-semitismo do mesmo autor foi publicado em *L'Arche*.

Por isso, a "sensibilidade" do crítico, se funciona em nível individual, não pode ser reduzida a variáveis pessoais. Não se deve esquecer que os conceitos como as ferramentas de avaliação da obra permanecem marcadas pelas representações da época. Não só o fato de se colocar uma questão (por exemplo, a do sexismo na literatura para a juventude) não se impõe por si, mas o fato de considerar "sexista" ou "racista" tal ou tal elemento do relato varia conforme as épocas ou conforme os países. O julgamento individual porque repousando por um lado em ferramentas que também são classificações permanece influenciado por um dado contexto político ou social. A questão primeira não é opor sexistas e feministas ou racistas e anti-racistas como se essas clivagens ou, mais precisamente, essas "classificações" fossem objetivas e determinadas de uma vez por todas. O importante, para mim, é ver como nosso grau de sensibilidade a essas questões permanece marcado pelo contexto social, como uma dada sociedade define limites, sempre flutuantes e imprecisos, entre o que é aceitável ou não – ainda que seja para tornar "inaceitáveis" os preconceitos dominantes de nossa época.

Isabelle Smadja – No que me diz respeito, não se trata de uma questão de sensibilidade mas sim de interpretações radicalmente opostas. Para ater-me à questão do sexismo, Pierre Bruno vê sexismo ali onde vejo um esforço constante para favorecer a igualdade dos sexos. Junto-me neste ponto aos autores de *Uma Cinderela masculino: o tecido complexo das relações homens/mulheres* que consideram que, longe de ser sexista, esse romance criou as condições de um questionamento do sexismo no seio da sociedade bruxa, e que concluem assim: "Ainda que Rowling se situe na tradição dos romances de *fantasy*, eles mesmos profundamente imersos na misoginia, ela consegue disso se libertar. Os leitores percebem que Harry não é um herói autônomo e egocêntrico, mas que sua integração a um grupo é indispensável: ao privilegiar as ações coletivas, que requerem a intervenção de meninas e meninos, essa série incita os leitores a terem um olhar crítico sobre as desigualdades atuais entre homens e mulheres."[8]

Questão – Justamente, segundo você, Isabelle Smadja, as acusações de sexismo repousam em grande parte sobre erros de métodos. Se não se trata aqui de fornecer uma metodologia crítica exaustiva, você pode nos dar alguns exemplos que expliquem que, ainda que certas passagens do romance dêem uma visão pejorativa da feminidade, você não vê nisso uma prova de sexismo do autor?

Isabelle Smadja – Darei dois exemplos de erros de interpretação que podem deixar crer num sexismo da obra. O primeiro é a confusão, no meio de certos críticos, entre a fala dos personagens e o ponto de vista do autor. Com efeito, paremos numa das passagens mais pretensamente sexistas dos *Harry Potter*: "[Harry] nunca reparara muito bem nisso. Garotas que davam risadinhas e cochichavam pelos corredores, garotas que riam alto quando os garotos passavam por elas..."[9] Se devêssemos ler apenas esse tipo de observações, o julgamento seria sem apelação:

---

[8] X. Gallardo e c. Jason-Smith, *Reading Harry Potter*, chap. 4, "Cinderfella: J. K. Rowling's Wily Web of Gender", p. 203 (Cinderfella provém de um jogo em cima das palavras *fellow*, que significa um tipo, e *Cinderela*).

[9] *Harry Potter e o Cálice de Fogo*, IV, Ed. Rocco, Rio de Janeiro, 2001, p. 308. Trad. Lia Wyler.

Rowling seria bem essa horrível misógina, e seu livro um tecido de preconceitos sexistas. Mas, por um lado, como vimos, essas palavras sobre as garotas são contrabalançadas por afirmações contrárias. E, por outro lado, pensando nisso melhor, é possível igualmente ler nessa passagem, caricaturada ao extremo, a ausência total de objetividade de dois garotos irritados por não terem encontrado uma companheira para o baile. Como o olho do leitor que seleciona num livro o que ele tem vontade de ali encontrar, o olho de Harry é bem semelhante ao *Espelho de Ojesed*:

> – Agora, você é capaz de concluir o que é que o Espelho de Ojesed mostra a nós todos? [...]
>
> Harry pensou. Então respondeu lentamente:
>
> – Ele nos mostra o que desejamos[10].

Em suma, Rowling não nos confia suas impressões sobre as garotas, mas ela deixa ler o que pode pensar das garotas um garoto de 14 anos desejoso de seduzir, mas desajeitado demais e sem experiência para conseguir isso. Ou, antes, essa passagem não nos diz nada mais que a concepção que Rowling tem dos garotos que olham as garotas, e dos múltiplos preconceitos deles. Nem Harry nem Rony são apresentados nesse episódio como perspicazes. Muito pelo contrário, a autor os pinta como tão bobos que nem sequer vêem em Gina e Hermione eventuais companheiras de baile:

> [Rony] – Hermione, Neville tem razão, você *é* uma garota...
>
> – Bem observado – respondeu ela com azedume[11].

Quando Rony diz julgar as garotas em função da beleza, ele tem direito a uma réplica cortante de Hermione. Seus preconceitos o tornam totalmente cego às qualidades de Hermione até que, precisando dela, ele e Harry sejam lentamente levados a rever o que pensam. Poderíamos assim

---

[10] *Harry Potter e a Pedra Filosofal*, *ibid*, p. 184.

[11] *Harry Potter*, IV, p. 218.

multiplicar os exemplos que mostram menos o desprezo com o qual os garotos consideram as garotas do que a inanidade de um tal desprezo.

Certo, podemos criticar a autora por ter dado a palavra a personagens que professam absurdos sexistas sem ter tomado precaução suficiente para depreciá-los. Mas podemos dificilmente lhe reprovar por ter apresentado essas observações como se detivessem a verdade sobre as garotas e a forma como se comportam: Rony e Harry são, nesse capítulo, mais ridículos que credíveis, e seus preconceitos lhes valem várias decepções. Rony é dispensado por Hermione, Flor e Lilá. E Harry é dispensado por Cho e Gina. Quando enfim têm uma resposta positiva de Parvati e Patma, comportam-se em relação a elas como uns grosseirões e a noite no baile os deixa amargos e envergonhados. Assim, a crítica feminista do romance repousa num erro metodológico grosseiro já que confunde a opinião do autor, que expõe uma pluralidade de pontos de vista (a opinião de Hermione valendo amplamente a de Rony), e a de seus personagens. Uma segunda fonte de erro é colocar como evidente a adesão do autor ao mundo ou aos discursos que ele apresenta em suas ficções. Em seu artigo intitulado "Hermione Granger, um gênero em herança", publicado no seio de uma obra coletiva, Elisa Dresang, professora na Universidade da Flórida, discute a hierarquização presente na estrutura do romance e culmina na seguinte conclusão, a qual apoio:

> Se chamam feminista um romance que constrói um mundo fiel às aspirações feministas dos leitores mais que um romance que é o reflexo da ordem social existente, então o romance de Rowling não é feminista. Ele é o reflexo de um mundo patriarcal e hierarquizado. Certas mulheres têm a oportunidade de se afirmar, de dirigir às vezes, e de ser escutadas, mas, no conjunto, os homens dominam e são eles que governam – pelo menos por enquanto. A estrutura social do mundo bruxo, no que se refere às relações homens/mulheres, é mais próxima do mundo real que de um mundo ideal[12].

---

[12] *Harry Potter and the Ivory Tower*, p. 222, tradução pessoal.

A observação é válida para todas as outras estruturas sociais ou políticas do mundo bruxo: a autora não procurou criar um mundo idílico mas calcar o universo bruxo no mundo contemporâneo, talvez até endurecendo a presença das desigualdades no primeiro tomo, mesmo que progressivamente tivesse que iniciar um reequilíbrio. Uma vez estabelecida essa constatação, o resto é assunto de interpretação. Pierre Bruno vê nisso a prova de que a obra veicula estereótipos sexistas, eu vejo nisso, ao contrário, um esforço particular para imprimir um movimento em favor da igualdade dos sexos e dos povos. Logo, acrescentarei à análise de Dresang precisamente essa idéia de uma evolução cada vez mais nítida, à medida que a história avança, rumo a uma igualdade tanto ao nível das relações homens/mulheres quanto ao nível da representação das minorias. É verdade que, bem no início do romance, mulheres e garotas penam para se impor e ocupam poucos postos de responsabilidades. Mas também é verdade que, aos poucos, à força de perseverança e graças às suas qualidades, elas conseguem subir ao mesmo nível que os homens: Mac Gonagall vai substituir Dumbledore à frente de Hogwarts, ela que era apenas adjunta; Gina, de menina tímida e desajeitada, transformou-se em moça independente e responsável, que colabora ativamente na luta contra Voldemort; Hermione vê seu papel central e sua independência de espírito, já efetivos no tomo I, confirmados. Sua amizade com Krum, um aluno vindo de outra região, é uma das manifestações disso. Interpreto essa evolução como fruto da vontade da escritora de impor a presença das mulheres nas instituições dirigentes e de promover uma conscientização feminina. Da mesma forma, as minorias culturais estão mais bem representadas nos últimos tomos que antes: Lee Jordan, por exemplo, não é simplesmente o comentarista cheio de humor e apaixonado das partidas de quadribol: ele também desempenha no tomo V um papel ativo no seio do "exército de Dumbledore" e encontra o meio de se vingar de Umbridge.

Pierre Bruno – Isso é totalmente verdade, mas esse ponto coloca outra questão metodológica muito interessante mas que provavelmente vai ficar sem resposta. Compartilho a constatação de Isabelle Smadja sobre o lugar tomado pelas mulheres e as minorias ditas visíveis no texto. Só que me pergunto se essa mutação permanece fruto de um projeto inicial do autor, de um sentido deliberadamente dado às obras ou de uma adaptação diante das críticas feitas a estes últimos (por exemplo, sob a influência do mercado norte-americano). Não houve, ao longo dos títulos, um reequilíbrio deliberado dos personagens, um pouco como Disney pôde fazer com *O rei leão* (filme de animação julgado sexista) ao produzir uma seqüência valorizando uma heroína feminina? É muito importante, sobretudo no quadro de uma obra publicada numa duração relativamente longa, levar em conta não só a dimensão dinâmica da ideologia (os valores dos *Harry Potter* como os dos *Asterix, Martine* ou até *Titeuf* evoluem ao longo dos volumes) mas também os laços dialéticos entre a obra e os discursos críticos. Entretanto, permanece difícil definir-lhe as causas, evolução inconsciente ou estratégia deliberada.

Todas essas questões de método, por mais indispensáveis que sejam, parecem-me apresentar dois limites maiores. Esses métodos permitem, por certo, testar, experimentar, as hipóteses do crítico, temo que não permitam que ele descubra uma dimensão nova, inesperada, para sua problemática inicial. Por outro lado, as questões metodológicas não podem explicar todas as diferenças de pontos de vista. Não só nossas divergências não são redutíveis a diferenças de método e ainda menos ao fato de que um de nós dois possa ser mais rigoroso que o outro mas, no fundo, nossa iniciativa permanece a mesma. Como lembrava Pierre Ansart, na investigação sociológica como na análise crítica dos textos, a primeira fase é a da redução ("a redução se impõe (como em toda ciência) já que a pesquisa faz escolha de descobrir o sistema de relações socialmente determinantes e afasta os dados anedóticos"). Isabelle Smadja e eu mesmo podemos decerto debater, talvez até estar em profundo desacordo um e outro quanto aos dois pilares de nossa avaliação dos textos, isto é, a escolha dos elementos julgados significativos (ou anedóticos) e aquela do sistema de relações que consideramos determinantes. O que não deve ocultar o fato de que operamos com uma iniciativa comum, com o mesmo trabalho de redução e interpretação mas a partir de modelos diferentes. Logo, não há leitura mais redutora que uma outra mesma se a questão se colocar bem então de saber em que medida essa redução primeira é pertinente. O que coloca, portanto, a questão da pertinência científica dos modelos prévios e fundadores às nossas interpretações do texto.

Questão – Justamente, como definir esses modelos prévios e, subsidiariamente (ou principalmente), como medir o grau de autenticidade deles?

Pierre Bruno – Em certas partes das ciências humanas, o debate científico caracteriza-se menos, como gostaria uma tradição positivista, por um progresso contínuo do saber, que pelo enfrentamento de diferentes modelos teóricos (o que se pode chamar "paradigmas"). Para retomar a tipologia dos modelos sociológicos de Pierre Ansart, podemos privilegiar (e isto ao risco de ser redutor) um modelo explicativo da sociedade que privilegie as ações racionais do indivíduo, a influência dos múltiplos papéis, estatutos e redes de sociabilidade, os movimentos sociais coletivos ou das estruturas de dominações sociais. Esses modelos explicativos podem e devem ser submetidos ao confronto mas nem por isso é possível propor modelos que respondam a todas as interrogações nem mesmo capazes de superar certos antagonismos convencionais, talvez até ritualizados entre as diversas correntes de pensamento. Aliás, "a história literária é sempre a história dos traços constitutivos de um paradigma ou de um conjunto de paradigmas diferentes, mais ou menos antagonistas"[13].

O problema é que o estado do saber nas ciências humanas se traduz menos pela sucessão dos diversos paradigmas (o paradigma "evolucionista" sucede ao "criacionismo" como o paradigma "copernicano" sucede ao "aristotélico") que por coabitação deles – às vezes pouco pacífica. Além disso, em certos casos como a sociologia da leitura, o avanço cronológico do saber pode caracterizar-se por um retorno a paradigmas

[13] P. Ouellet, "La notion de paradigme: de l'histoire des sciences à l'histoire littéraire", in *L'histoire littéraire, théories, méthodes, pratiques*, p. 13.

dominantes num estado anterior do campo. O retorno à primazia do indivíduo como princípio explicativo do literário, a crença em "clássicos" objetivamente definidos ou o questionamento de toda dimensão distintiva da cultura, marca uma ruptura com teorias literárias que queriam superá-las e dedica um movimento objetivamente regressivo – evolução impensável no âmbito da astronomia ou das ciências da vida.

Entretanto, o debate entre modelos divergentes pode ter fixados alguns limites. O primeiro é a rejeição do funcionalismo que tende a interpretar o mundo como expressão de um valor superior (o que Bourdieu qualificava de "determinismo do pior"). Certos estudos universitários próximos da sociologia dos efeitos insistem na influência majoritariamente hegemônica de meios de comunicação que veiculam valores e modelos norte-americanos (o que é uma questão legítima) mas ao introduzir por trás disso uma função oculta próxima da teoria do complô ou dos *lobbies* (destruição da identidade dos consumidores, promoção de uma ideologia neoliberal). Raymond Boudon pôde ironizar com justeza sobre esses estudos que visam sempre explicar "para que serve..." (à escolha: a escola, a polícia, a cultura, etc.) e trazendo invariavelmente a mesma reposta. A escola, a polícia, a cultura não são ferramentas ou aparelhos monolíticos que "servem para..." mas campos desigualmente trabalhados por lutas internas. O segundo limite é a rejeição de uma corrente que conhece uma renovação e uma popularidade certa e remete a uma tradição "essencialista" ou "substancialista" que visa definir os grupos ou os fenômenos sociais por características próprias porque naturais (por exemplo: a ideologia carismática da cultura para quem o "gosto" pela "Literatura" – sem que esses pesquisadores se interessem jamais pela constituição social desses conceitos – corresponde a uma necessidade "vital" da natureza humana). Podemos definir a composição química da água mas não a dos adolescentes leitores; o que, em suma, antes tranqüiliza.

Questão – Logo, a diferença de apreciação do sexismo da obra que cada um tem está ligada ao modo de medida do próprio sexismo?

Pierre Bruno – Para mim, sim. Parece-me que, em razão de minha abordagem estrutural dos textos e, de modo mais amplo, das ciências humanas, analiso as relações entre os personagens femininos e masculinos em relação a posições dominantes/dominados ao passo que Isabelle Smadja se prende mais à definição das identidades e à maneira como os personagens veiculam visões modernizadas e desligadas dos modelos sexistas (McGonadall/Dumblemore). Para mim, é verdade que as garotas jogam quadribol com os garotos e às vezes nos postos mais importantes da equipe, mas é preciso notar que são dominadas nas equipes dominantes (aquelas que têm chance de ganhar o campeonato) e dominantes nas equipes dominadas. Outro exemplo, o estabelecimento escolar onde se desenrola a quase totalidade da ação é fortemente hierarquizado por um sistema de casas (em número de quatro). É significativo que os dois grupos dominados (Lufa-lufa e Sonserina) tenham sido fundados por mulheres e os outros por homens.

Isabelle Smadja – Rowling poderia ter posto em cena mulheres nos maiores postos de responsabilidade, tendo homens como adjuntos. Era possível, mas, a meu ver, isso não teria tido outro interesse senão fornecer uma visão demagógica e falsificada da sociedade. O romance reproduz algumas das desigualdades sociais contemporâneas mais gritantes: vale dizer que ele as justifica? Parece-me que não: a obra, ao contrário, culmina numa mistura dos gêneros, favorecendo um questionamento dos estereótipos sexistas. Ao associar seu jovem herói a um objeto e a um comportamento tradicionalmente associados à feminidade, Rowling consegue misturar com jeito os gêneros e contribui assim para um questionamento dos preconceitos. Não é, por exemplo, indiferente que os homens estejam vestidos com capas de bruxas e voem em vassouras, embora até sejam atributos normalmente reservados às mulheres. Quanto a Harry, ele retém algo de Cinderela, daí o nome de Cinderfella que lhe deram os autores americanos do artigo "Um Cinderela masculino: o tecido complexo das relações homens/mulheres":

> Harry é um garoto transportado num mundo tradicionalmente feminino [...] Por mais que ele seja do sexo masculino, ele atravessa um universo,

salpicado de reclusão, de tarefas domésticas, da perda de pais protetores, que muitas garotas atravessaram antes dele[14].

Com efeito, cabe a ele preparar o café da manhã do antipático Dursley; tem de viver trancado num armário ou isolado num quartinho. Ora, nos contos de fadas, tais provas são destinadas às garotas, como para preveni-las de que o papel, o lugar delas, é no lar, e não fora. Em compensação, os contos reservam aos garotos provas em que eles têm de viajar e conquistar um mundo desconhecido: essas tarefas são não só mais valorizadoras, mas sobretudo mais suscetíveis de permitir que adquiram experiência e maturidade. Ao ampliar assim os papéis, ao dotar certas mulheres de caracteres espontaneamente atribuídos aos homens (a autoridade sem falha de Mac Gonagall contrasta, por exemplo, com a indulgência e a fraqueza de que Dumbledore às vezes dá prova diante de Harry), o romance de Rowling contribui para um questionamento radical das representações sexuadas.

Outros episódios mostram esse esforço para perturbar a divisão dos papéis entre homens e mulheres[15]. Assim, quando Harry não consegue fugir da contemplação de um espelho mágico e chora diante da imagem dos pais mortos, ele não corresponde, longe disso, ao estereótipo do garoto literário. Ao associar seu jovem herói ao espelho e às lágrimas, Rowling sugere, sem que a mensagem seja tão explícita que se torne moralizadora, que o garoto não é menos dado à contemplação narcísica que a garota. E ao fazer Harry chorar diante do reflexo dos pais, ela demonstra que a atitude heróica não implica necessariamente uma rejeição da emotividade. Com freqüência hesitante e temeroso, tomando pouca iniciativa, pouco combativo, preferindo, por exemplo, quando lhe dão a escolha, deixar a vida salva a Pettigrow em vez de exigir sua morte, Harry nada tem do garoto viril que esperamos encontrar em obras nas quais se reprova a misoginia. Longe de ver nos *Harry Potter* uma obra

[14] *Reading Harry Potter*, chap. 18, p. 196.

[15] Ver, para o estudo dos personagens femininos em Rowling, Pullmann e Lois Lowry: Isabelle Smadja, *Le temps des filles*, Paris, PUF, 2004.

que veicula preconceitos sexistas, vejo neles, ao contrário, um esforço bem particular da autora para lutar contra tais preconceitos.

Por outro lado, é preciso admitir que as descrições de garotas com caras bobocas "que dão risadinhas" quando os garotos passam são contrabalançadas por figuras não menos depreciativas de garotos agressivos (Draco) ou agressivos e bobos ao mesmo tempo (Duda, Polkiss, Crabbe e Goyle), ou ainda insuportáveis fanfarrões (Mac Laggen, Percy...). Os homens tampouco ficam sobrando: Filch, Lokhart, Pettigrew, os Crouch... outros tantos personagens extremamente antipáticos que proíbem uma leitura distinta demais. Para alguns desses personagens, Rowling fez a escolha da caricatura aumentando-lhes os defeitos. De mais a mais, Rowling é uma mulher: não é paradoxal querer depreciar o sucesso de uma mulher ao acusá-la de não valorizar... as mulheres em seu romance? Embora a intenção primeira de uma tal crítica pareça louvável, ela tem um efeito perverso não desprezível: recusar a uma mulher o direito a um sucesso legítimo por ela não ser feminista o bastante corresponde, em última análise, a depreciar as mulheres autoras. Da mesma forma, esse romance é incontestavelmente popular e apreciado por um público muito variado. Aí ainda, não é paradoxal criticar o elitismo de uma obra que tem precisamente o mérito de não ser elitista? Não é discutível denunciar o caráter reacionário de um romance que, em razão mesmo de seu sucesso junto a públicos extremamente diversos, tem por efeito ampliar as leituras?

Questão – Essas diferenças de métodos explicam também que vocês se apeguem a elementos do relato que o outro despreza ou, pelo menos, julga menos pertinentes? Penso mais particularmente na importância que Pierre Bruno dá à escola – escola que desempenha, para Isabelle Smadja, um papel muito menos pregnante na análise do relato.

Pierre Bruno – Evidentemente. Isabelle Smadja e eu mesmo estamos de acordo em reconhecer para além da identificação de Voldemort com o nazismo, tanto a natureza do engajamento "antifacista", se podemos dizer, de Harry Potter quanto a importância dessa luta na economia de conjunto do relato. Por outro lado, a interpretação que se pode dar disso varia conforme o modelo explicativo. Numa perspectiva estruturalista pura e dura (o que é meu caso), a ideologia real do texto – segunda, logo oculta – lhe é axiomática. Vale dizer que os valores do texto não residem no que é debate (não se pode matar os trouxas) mas, ao contrário, naquilo de que não se fala, ou, mais precisamente naquilo que não se discute (de fato existem trouxas). Assim, a obra é "racista" porque ela se quer "anti-racista". Pois, embora o relato em parte repouse na luta contra os que querem exterminar os trouxas de raça inferior, a obra nem por isso questiona a existência dessa mesma raça inferior. Nessa perspectiva, o estudo do sistema educativo e sua definição das "classes" escolares, portanto, para mim, das "classes" sociais, é particularmente interessante de analisar. A obra de Rowling é, em sua descrição do sistema escolar, uma aplicação quase perfeita do "racismo social" ou do "racismo da inteligência", este último sendo simplesmente a forma dominante e intelectualizada do primeiro. E isto por três pontos precisos:

1 / O essencialismo que reparte os jovens alunos em classes fundadas na natureza de cada criança, e que os mantém ali para sempre.
2 / A hierarquização implícita dos indivíduos e das competências que, dissimulada por trás de um vago direito à diferença ou uma livre expressão do gosto de cada um (aqueles que gostam de trabalhar, aqueles que gostam de estudar, aqueles que são os mais fortes), chega aqui até a restabelecer a hierarquia indo-ariana das três ordens, rejeitando, desde o nascimento, os intocáveis dos Tempos Modernos, os trouxas incapazes de chegar ao ensino superior dos Bruxos.
3 / Sobretudo a naturalização do social, a justificação pela natureza humana de classificações geradas por uma estrutura social como a escola.

Logo, o interesse da análise é referir-se ao que não coloca problemas, àquilo de que não se fala, que se trate de estruturas (a escola) ou de valores (a existência de trouxas). Os dois estando ligados: a desigualdade escolar se nutre da desigualdade social e a legitima a um só tempo. De maneira bem sutil, a obra de Rowling decerto questiona a herdabilidade dos dons inatos mas nisso reforça mais do que combate esta última idéia, embora, é verdade, não lhe assegure abertamente a promoção. Os estereótipos são tanto mais pregnantes porquanto não se exprimem no relato, que presentes mas não sendo discutidos, tornam-se ainda mais indiscutíveis.

Isabelle Smadja – Só existe raça inferior em referência a uma raça superior. Ora, nesses romances, os bruxos não são descritos, longe disso, como uma raça superior. Se excetuarmos a aptidão para a magia, que tem mais a ver com a anedota que com a personalidade profunda, e diz mais respeito à ordem do ter que à ordem do ser, a diversidade dos indivíduos que compõem a população bruxa em nada os torna diferentes dos seres humanos. Rowling não buscou apresentar seres superiores mas simplesmente humanos, em toda a sua variedade, desde o covarde e trapaceiro Pettigrew até o pretensioso mentiroso Lockhart, passando pelo escroque bêbado, Fletcher, três personagens bruxos e com os quais no entanto ninguém tem vontade de parecer. As provas são numerosas: vemos mal em que os dois acólitos burros e maus de Draco, Crabbe e Goyle, bruxos escolarizados em Hogwarts, participam de uma raça superior. Bem mais, a pessoa mais suscetível de fazer parte da raça julgada inferior por Voldemort é Hermione, cujos pais são trouxas. Ora, Hermione é uma das pessoas mais inteligentes e mais corajosas do romance. A idéia é confirmada por um estudo de Brycchan Carrey: após ter-se interrogado sobre as razões pelas quais Hermione é tão isolada, às vezes até ridicularizada, em sua luta pela emancipação dos elfos domésticos, ele recoloca o romance no contexto da literatura inglesa para crianças pondo em cena mágicos ou escravos. Em *A tempestade*, de Shakespeare, e em sua versão para crianças publicada em 1807, o elfo Ariel é escravo de Posper, nem mais nem menos que o horrível Caliban, mas finalmente obtém sua emancipação em troca de seus leais serviços; em *O mágico de Oz*, bruxas do Leste e do Oeste têm ambas escravos, que Dorotéia se apressa em emancipar tão logo pode. Na primeira versão de *Charlie e a chocolataria* de Roald Dahl, os umpas-lumpas são descritos como pigmeus, diretamente importados da África e, ainda que Dahl suprima essa precisão posteriormente, ele conserva o estatuto de escravos deles, ao ponto que a jovem Veruca Salt sente-se autorizada a pedir a seu pai para comprar um. Ancorada nessa tradição, Rowling escolheu mostrar escravos no próprio seio da comunidade bruxa mas quis questionar-lhes o estatuto pelo viés de Hermione: longe, portanto, de construir uma sociedade bruxa perfeita, em oposição a um mundo trouxa depreciado e inferior, Rowling quis mostrar que, em todas as sociedades, inclusive aquelas que poderíamos pensar ser democráticas ou preservadas dos abusos das ditaduras, o conforto dos cidadãos na realidade repousa na exploração, talvez até na escravidão, de minorias. Ela por outro lado buscou mostrar o quanto esse estado de fato é ocultado, negado pela maioria das pessoas, preocupadas demais em conservar seus privilégios para aceitar reconhecer que o conforto delas repousa na exploração de indivíduos nascidos em outro lugar e, por essa razão, com menos sorte que eles. E Carrey chega a esta conclusão: ao apresentar o racismo, a intolerância, e até a escravidão, como elementos desprezados, embora não desprezíveis, do mundo contemporâneo, Rowling "convida implicitamente esses jovens leitores a seguir o exemplo de Hermione, por mais impopular que ele pareça ser à primeira vista, e a se engajar na ação política contra os preconceitos racistas"[16].

Eu havia chegado a uma conclusão análoga numa resposta a um artigo de Iannis Yocaris, publicada pelo jornal *Le Monde* em junho de 2005: reagindo à afirmação desse universitário de Nice para quem o romance de Rowling é de inspiração neoliberal, eu havia mostrado que os elfos domésticos, que poderiam fazer referência aos oprimidos da sociedade capitalista, assumem um papel central: no tomo 2, Dobby, o elfo humilhado e explorado pela família Malfoy, faz o que pode para fazer fracassar o plano de seu mestre, aliado de Voldemort; e, no tomo 5, Monstro, o elfo da família Black, desprezado por seu mestre Sirius, está

[16] Ver Brycchan Carey, *Reading Harry Potter*, chap. 8, "Hermione and the House-elves, the literary and historical contexts of Rowling's Antislavery Campaign", p. 103-115.

na origem da armadilha que culminará na morte de Sirius, que ele odiava. A Harry, que se indigna ao saber que Monstro ria imaginando Sirius preso na armadilha preparada por Voldemort, Dumbledore responde:

> A indiferença, a negligência às vezes fazem mais estragos que a hostilidade declarada. Nós bruxos maltratamos por muito tempo os seres que nos são próximos e colhemos hoje o que semeamos.

Assim, *Harry Potter* poderia ser lido como um romance de advertência para prevenir do perigo que nos valerá nossa cegueira diante da tragédia vivida pelos pobres do planeta. Logo, parece-me que assistimos a um questionamento da existência de uma raça inferior, o romance dando-se como função denunciar, explícita e implicitamente, o erro que está na origem do racismo. Bem mais, Rowling põe o acento nas conseqüências mais insidiosas dos preconceitos racistas e tende a rejeitar a responsabilidade dos conflitos e de sua exacerbação sobre os países ricos, que se aproveitam sem vergonha de uma mão-de-obra dócil e barata. Longe de ser neoliberal, a perspectiva que Rowling adota parece-me, ao inverso, antiglobalização.

Quanto ao essencialismo que preside às escolhas das "casas", farei três objeções à tese de Pierre Bruno: em primeiro lugar, a repartição dos alunos nas casas só é válida durante a duração dos estudos e não para sempre. Nesse sentido, ela se assemelha ao sistema escolar mais freqüente em que os alunos são divididos conforme suas aptidões em seções técnicas, literárias ou científicas, e não a um sistema de castas[17]. Em segundo lugar, Rowling não quis apresentar essa divisão como insuperável: a única vez em que somos convidados a entrar no segredo da escolha das casas e a ver o que motiva a decisão do chapéu seletor, percebemos que ele leva em conta o desejo expresso por Harry de não ir para Sonserina. Dumbledore confirmará a idéia já que, a Harry que pergunta por que o

[17] Na Inglaterra, além das matérias obrigatórias, os alunos, por volta dos 15-16 anos, estudam, para obter seu A-Level (2º grau), matérias que eles escolhem, que determinarão sua orientação futura, notadamente se incluem opções profissionais.

chapéu seletor não o mandou juntar-se aos Sensorina, ele explica: "São as nossas escolhas, não as nossas aptidões, que determinam o que somos." Enfim, a distinção entre as casas nem sempre é muito nítida e temos dificuldade de ver onde se encontram exatamente os mais inteligentes, já que é isso que parece questionado através da idéia de um "racismo da inteligência": os mais inteligentes estão entre os Sensorina (como Voldemort ou Snape)? Ou entre os Grifinória (como Dumbledore ou Harry)? Mas, então, o que acontece com Hermione que, se seguirmos inteiramente o raciocínio de Pierre Bruno, deveria ter-se juntado aos Lufa-lufa" já que é dotada, dizia ele, de uma forma inferior de inteligência, adquirida por um trabalho encarniçado e não por uma natureza generosa? Da mesma forma, os gêmeos Weasley, Neville..., que no entanto foram integrados a Grifinória, só passam nos exames raspando. E o que dizer ainda de Lee Jordan? Se considerarmos que Rowling deu prova de racismo ao confiná-lo apenas à competência esportiva, como explicar que ele também faça parte dos Grifinória? Embora ela tenha instalado uma estrutura muito rígida em quatro seções, Rowling bem rápido se desinteressa da seleção que essa estrutura induz, utilizando-a mais como *decorum* que como uma forma ativa de direção dos alunos.

Acho que podemos tirar dessa discussão um ensinamento sobre o método: as contradições que aparecem aqui devem nos forçar a superar dois defeitos de método, manifestos, por exemplo, no artigo de Yocaris. O primeiro defeito é pecar por omissão, ocultar as passagens de um romance que poderiam refutar nossa tese. Assim, Yocaris, para provar que Rowling deprecia os funcionários e glorifica os empreendedores, opõe "Bill Weasley, banqueiro em Gringotes, ao funcionário Percy: o primeiro é jovem, dinâmico, criativo; o segundo é ininteligente, obtuso, limitado ao máximo". Yocaris não diz uma palavra (e com razão!) de Charlie Weasley, igualmente funcionário mas encarregado pelo ministério de cuidar dos dragões, que tem o mesmo lado aventuroso e descontraído que seu irmão Bill e em nada se assemelha a Percy. Quanto à oposição Percy o ambicioso oportunista / o dinâmico Bill, poderíamos igualmente mostrar que ela demonstra a simpatia esquerdista de Rowling que prefere os jovens um pouco originais aos arrivistas. O segundo defeito é entupir-se de argumentos retóricos: por exemplo, o artigo de Yocaris começa assim: "*A priori*, portanto, não há nada de comum entre o mundo de Harry e o mundo comum de nossa percepção habitual. Absolutamente nada, exceto um detalhe: como o nosso, o universo fantástico de Harry Potter é um universo capitalista." Um único detalhe seria, segundo Yocaris, comum a nosso mundo comum e ao de Harry? Pura retórica... Na realidade, a obra é de uma ponta à outra um remanejamento de nosso mundo com molho bruxo. As crianças têm pais; vão à escola quando são jovens e deixam a escola após a obtenção de um diploma. Quando têm tempo livre, jogam xadrez, fazem esporte, lêem ou conversam junto à lareira numa sala comum (em que é particularmente capitalista?); os pais têm um trabalho, tiram férias, dormem de noite, têm sonhos ou pesadelos, convidam amigos, fazem comida e tomam refeições três vezes por dia...

Pierre Bruno – Notemos que por trás das questões de teoria literária sobre os métodos de medida e o limite dos objetos a serem integrados na análise dos textos, sempre se encontram, subjacentes, as representações sociais subjetivas que lhes são implícitas. Pessoalmente, penso que a escola distingue os alunos menos conforme suas "aptidões" que conforme – senão a "casta" – pelo menos a desigual capacidade da família em orientá-los para as fileiras mais seletivas.

Questão – Logo, é por isso também que algumas das suas escolhas parecem subjetivas? Cada um de vocês pode dar a impressão de tirar do texto os elementos que vão no sentido desejado e sobretudo vocês interpretam de modo diferente o mesmo trecho. Penso bem particularmente nestas poucas linhas:

> – Harry, você é um grande bruxo, sabe?
> – Não sou tão bom quanto você – disse Harry, muito sem graça quando ela o largou.
> – Eu! Livros! E inteligência! Há coisas mais importantes (p. 245).

Pierre Bruno – É verdade que, para mim, sintetizadas nessas poucas linhas, as relações entre os dois heróis só fazem declinar, no plano das relações interindividuais, uma hierarquia social, coletiva, competências intelectuais. O principal personagem feminino do relato remete a uma forma inferior de inteligência. Ela trabalha muito mas sem talento ao passo que o herói, este, sabe agir sem precisar aprender pela graça de seus dons naturais. A primeira é felicitada, no fim do primeiro volume, por sua "lógica inabalável" (p. 260), o segundo "pela frieza e excepcional coragem" (p. 261). Durante a cena de aprendizado de vôo de vassoura, "Hermione (tinha medo) da primeira aula de vôo, pois era algo que não se podia decorar num livro – e ela no entanto havia tentado" (p. 146). Quanto a Harry, "ele sentiu uma alegria imensa ao de repente descobrir que sabia fazer uma vassoura voar sem ter tido necessidade de aprender" (p. 150). O mais discutível ainda está por vir... Pois a fonte dessa diferença não é apenas sexista (na medida em que o autor cola uma distinção sexuada sobre uma desigualdade mais geral das competências). Ela toca numa teoria – jamais explicitada, é verdade – da transmissão quase genética dos dons e das conquistas. Pois se é verdade que Hermione é a única bruxa de sua família, os pais de Harry "eram excelentes bruxos. Sempre os primeiros da sala" (p. 61). A ele, a ação, o dom (transmitido por sabe-se lá que gene), a ela, o saber livresco, os estudos laboriosos, o respeito (talvez até o medo) da autoridade professoral e a incapacidade de utilizar essas competências penosamente adquiridas numa situação de perigo. No fim do primeiro volume, Hermione aliás vai reconhecer a superioridade de seu amigo: "Eu! Livros! E inteligência! Há coisas mais importantes."

Isabelle Smadja – Darei dessa mesma passagem uma interpretação oposta. Para mim, não há dúvida alguma de que, nesse episódio, o personagem de Hermione assume todo o seu relevo e isto, insistamos, desde esse tomo I: ao tomar a iniciativa de falar com sinceridade e sem verniz a Harry, sendo capaz de exprimir uma verdade que demonstra uma certa maturidade de espírito ("certas coisas são mais importantes que o aprendizado"), e tendo sobre ela mesma um olhar suficientemente lúcido para ver os limites de seu comportamento, Hermione aparece, para nós leitores, como corajosa, inteligente, capaz de tirar de sua experiência lições de modéstia. Não confundamos o discurso do personagem e a recepção desse discurso pelo leitor! Por outro lado, se tomarmos o discurso de Hermione como se enunciasse uma verdade absoluta, por que não fazer o mesmo a respeito do discurso de Harry que igualmente confessou sua inferioridade diante de Hermione? Leiamos de novo o trecho: "Harry, você é um grande bruxo, sabe?

"Não sou tão bom quanto você – disse Harry, muito sem graça."

Aprofundar ainda a leitura revela algumas surpresas. Retomemos: Harry e Hermione chegaram à entrada de uma passagem secreta onde, segundo suas conclusões, se encontra a Pedra Filosofal e, provavelmente, Voldemort. Harry recorre então a Hermione para tirá-los de apuros: "Isso é feitiço de Snape, diz Harry. O que fazer?" Esse feitiço se apresenta sob a forma de um enigma complexo que a perspicaz Hermione logo vai resolver. Modestamente, ela vai em seguida pôr sua descoberta na conta de sua erudição, mas sem que ninguém seja bobo: a elucidação desse problema de lógica mostra uma forma de inteligência considerada nem um pouco inferior mas bem superior, uma inteligência que põe em ação capacidades que vão bem além da memória: "Já sei. A garrafa menor nos fará atravessar as chamas negras, rumo à pedra."

Segue a passagem já citada, em que os dois fazem trocas de modéstia, cada um assegurando que o outro é o melhor:

> [...] – Eu! Livros! E inteligência! Há coisas mais importantes, amizade e bravura e, ah, Harry, tenha *cuidado*!

Acontece então uma coisa muito surpreendente, que joga a favor da garota:

> – Você bebe primeiro – disse Harry. – Você tem certeza de qual é qual, não tem?
> – Positivo.
> Ela tomou um demorado gole da garrafa arredondada na ponta e estremeceu.
> – Não é veneno? – perguntou Harry ansioso. (p. 245)

Não só Hermione vai beber primeiro, mas ela vai traçar a via e atravessar as chamas primeiro, seguida por um Harry bem menos corajoso que ela. Os leitores aí não se enganaram e são muitos os que elegem Hermione como personagem preferido.

Uma "verdade" literária é possível?

Questão – Entendi bem que as diferenças de interpretações, com freqüência fundadas em modelos explicativos transversais às diferentes ciências humanas (estruturalismo, psicanálise, etc.), não resultam da livre interpretação ou do discurso gratuito. Aliás, as abordagens de vocês podem em certos casos ser mais complementares que antagonistas. Não é impossível conciliar, numa visão evolutiva dos papéis e dos estatutos sociais, a permanência de certas relações hierárquicas entre os sexos, como faz Pierre Bruno, com a construção de personagens femininos e masculinos iguais no caráter e no comportamento analisados por Isabelle Smadja. Livre em seguida a cada um de vocês de tirar daí as conclusões que ele deseja.

Por isso vocês reconhecem que suas abordagens constituem apenas esboços e etapas no conhecimento dos textos. Deve-se então negar, ainda que temporariamente, todo alcance senão "científico" pelo menos "objetivo" à crítica literária? Essa diferença na escolha dos elementos que vocês mobilizam na interpretação da obra e, mais ainda, as suas leituras divergentes das mesmas linhas de um texto devem nos levar a concluir como Barthes que, diante da impossibilidade de atribuir um sentido determinado ao texto, a crítica só pode ter uma visada hedonista, até mesmo erótica, em que "o leitor só tem que gozar simplesmente" do prazer da leitura?

Isabelle Smadja – Parece-me que a leitura tem essa maravilhosa – e inquietante – vantagem de permitir que nos demoremos nos elementos que nos atraem e valorizam o herói (e, por projeção, o leitor) desprezando os mais penosos: assim, só se tem prazer em ler as maldades que

Snape faz o garoto sofrer em previsão das vinganças, com freqüência sem grande animosidade, que Harry lhe reserva. Essa leitura-prazer é seletiva. Infalivelmente cega em numerosas passagens, ela nos permite ver na obra... o que nela queremos encontrar. E quanto mais um romance apela para a emoção, menos a abordagem do leitor é objetiva. Ora, os *Harry Potter* começam mobilizando poderosos afetos já que nos apresentam um jovem órfão, inteligente e sensível, mas maltratado por sua família de acolhimento. Harry Potter é, antes de mais nada, essa curiosa mistura, presente numa só criança, de esperança e dúvida, de confiança e cólera, de revolta e resignação. Logo, Harry é, em primeiro lugar, um órfão a ser adotado, o que ajuda a compreender o apego afetivo dos leitores: o processo não foi somente de identificação mas de adoção, e isto ainda mais porque Harry está constantemente em busca de um pai que o adote; tanto mais ainda porque ele guarda, ao longo de suas aventuras, estigmas de sua infância infeliz, ainda que seja aquela cicatriz da qual tem horror. Enfim, desde que nasceu, uma ameaça pesa sobre sua vida e ele deve aprender a viver com essa angústia. Se o apego das crianças provém essencialmente da identificação e de uma transferência de emoção, todos os ingredientes estão reunidos para que adultos e adolescentes adotem esse garoto franzino, que chora diante da imagem dos pais assassinados. Com certeza, então, o crítico, ainda que disso se defenda, também tende, como sugere Pierre Bruno, a introduzir nos elementos que o incomodam ou a encontrar para eles circunstâncias atenuantes. Resta que as críticas negativas dos *Harry Potter* com certeza repousam igualmente, em sua base, num fundo emocional, nem que seja na irritação diante da onipresença desse *best-seller* e diante do nivelamento da cultura.

Vale dizer que cada um encontra num livro o que tem vontade de ali encontrar sem que nenhuma interpretação deva em definitivo ser excluída? E é preciso tomar ao pé da letra a observação de Proust: "Na realidade, cada leitor é, quando lê, o próprio leitor de si mesmo. A obra do escritor é apenas uma espécie de instrumento de ótica que ele oferece ao leitor a fim de lhe permitir discernir aquilo que, sem esse livro, ele talvez não tivesse visto em si mesmo?"[18] Em resumo, o próprio romance seria apenas o Espelho de Ojesed, dando-nos a ilusão de realizar nossos desejos mais caros e contra o qual Dumbledore/Rowling nos prevenia: "O espelho não nos dá nem o conhecimento nem a verdade. [...] Não faz bem viver sonhando e se esquecer de viver, lembre-se."[19] A leitura desvelaria aqui uma de suas funções: confortar-nos na visão que temos do mundo. Longe de ter uma função subversiva, ela às vezes teria então a função inversa: tranqüilizar-nos confortando-nos em nossas opiniões. Nessa perspectiva, seria falso crer que apreciamos a arte que incomoda nossas certezas e nossos hábitos. Apreciamos o que reforça o sentimento de nossa existência, o que, dizia Espinosa, "aumenta nossa força de ser" ou nos dá essa impressão.

Pierre Bruno – Partilho este último ponto de vista, ainda que, ao dizermos isso, arrisquemos ter pelas costas todos os que gostariam de opor uma leitura vulgar, popular, conformista e uma leitura (a deles) exigente que seria a única digna de interesse. Também estou de acordo em três idéias de base:

1 / a necessidade de superar toda dimensão afetiva (falo bem aí apenas da leitura crítica);
2 / o interesse de métodos críticos para elaborar um saber científico, logo temporário e limitado;
3 / a permanência, apesar desses ganhos objetivos, de interpretações potenciais e contraditórias.

Diante dessa constatação, ressaltarei, no entanto, que não se deve nem negá-la (apresentando como objetivamente fundados paradigmas que permanecem no estado de hipóteses), nem com ela se satisfazer. A análise crítica sobre a obra deve duplicar-se, como lembrava Antoine Compagnon, de uma reflexão sobre sua natureza como sobre seus

[18] Proust, *À la recherche du temps perdu. Le Temps retrouvé*, p. 876.
[19] *Harry Potter*, I, p. 184-185.

próprios limites ("A teoria seria, portanto, em primeira aproximação, a *crítica da crítica*, ou a metacrítica")[20]. Assim, o trabalho crítico deve, num segundo tempo, deslocar seu ponto de vista, deixar o objeto de estudo inicial uma vez adquiridos os saberes objetivos, para referir-se às lógicas que explicitam as divergências restantes. Como lembrava, por sua vez, Alain Viala, a crítica também tem por objeto "a consideração do caráter constantemente conflituoso das concepções do literário. [...] Numa certa medida, a história literária é a história dos conflitos sobre a maneira de conceber, praticar e definir a literatura"[21]. Também é preciso refletir na maneira como a grande imprensa mas também as revistas especializadas constroem o debate, nos pontos de vista representados e aqueles ocultados, nos modos de legitimação dos "especialistas"... O trabalho crítico também é, para mim, uma gestão da dúvida (e, às vezes, sua encenação). A ausência de reflexão racional sobre esse ponto só pode dar livre curso a duas estratégias detestáveis: os efeitos de autoridade (em que o crítico tenta impor seu ponto de vista em razão de seu estatuto ou seu reconhecimento pela universidade ou os meios de comunicação) e as politizações apressadas que reduziriam as divergências de interpretações às orientações reacionárias ou esquerdistas de tal ou tal crítico e abririam a porta para todas as estigmatizações cômodas.

Questão – Precisamente, sobre a questão da politização implícita das ciências humanas, das obras literárias e das aventuras de Harry Potter, é possível situar politicamente a obra de Rowling, talvez até a própria Rowling? E, antes de tudo, essa questão é pertinente?

Isabelle Smadja – Um sucesso de um tal tamanho só é possível se der lugar a várias leituras, às vezes até antitéticas. Falando de os *Mistérios de Paris*, Umberto Eco constata: "Eles sofrem o que acontece com as mensagens emitidas num circuito de massa: são recebidas conforme grades de leitura diferentes."[22] Da mesma forma, Vincent Jouve conclui

---

[20] A. Compagnon, *Le démon de la théorie. Littérature et sens commun*, p. 19-20.

[21] A. Viala, "Littérature", in *Le dictionnaire du littéraire*, p. 335-337.

[22] *De Superman au Surhomme*, p. 50.

seu ensaio sobre *A poética dos valores* reafirmando que "um texto é portador de valores, ainda que (e é bem freqüente) os valores transmitidos se revelem contraditórios"[23]. Os *Harry Potter* podem facilmente dar lugar a uma leitura de direita (um colégio inglês tradicional, um grande respeito para com as tradições...) e a uma leitura de esquerda (a revolta contra a situação dos elfos, a recusa da pena de morte, a desobediência civil...). Interrogando-se sobre as superinterpretações de um texto, Eco escreve ainda: "Podemos aceitar uma espécie de princípio popperiano segundo o qual se não existe nenhuma regra que nos permita saber quais interpretações são as "melhores", existe pelo menos uma regra que nos permite saber quais são "ruins"."[24] Para Popper, a condição necessária para que uma teoria seja científica é que seja falsificável, isto é, suficientemente precisa para que seja possível encontrar um ou mais elementos suscetíveis de contradizê-la. Para tomar um exemplo, um artigo recente de um universitário qualificava a série dos *Harry Potter* de "ultrapassada e reacionária", sem jamais precisar o que, neles, é ultrapassado ou reacionário. Tal teoria não é falsificável: nada permite provar que o romance de Rowling é ou não é ultrapassado, o adjetivo sendo suficientemente impreciso para incluir todos os acontecimentos do real sem dele excluir nenhum[25]. Logo, podemos considerar que essa interpretação é ilegítima ou inútil. Quando, em compensação, Pierre Bruno escreve que os *Harry Potter* são sexistas ou quando, ao inverso, afirmo que eles não o são, damos os dois bastante precisões para que nossas teses sejam falsificáveis: cada um é livre em seguida de julgar o valor dos argumentos propostos, ou até de encontrar no romance elementos que refutam uma ou outra das hipóteses. Longe de ser estéril, o debate é então fecundo, obrigando os adversários a afinar suas propostas e, portanto, a refletir no que lêem. De qualquer modo, uma teoria nunca é só uma hipótese, ainda que ganhe em seriedade ao resistir às tentativas para refutá-la.

---

[23] V. Jouve, *La poétique des valeurs*, p. 163.

[24] U. Eco, *Interprétation et surinterprétation*, p. 47.

[25] J.-C., Lecercle, "*Faut-il canoniser Harry Potter ?*".

Mas, diremos, o que fazer quando duas teorias concorrentes resistem as duas à refutação? A questão tem um alcance geral: como julgar o valor da crítica literária? Responderei que o essencial está no texto, mas não está nem mais nem menos numa estrutura implícita, que poderíamos – ou não – interpretar como racista, que nos discursos explícitos. Ora, no conteúdo explícito do romance, nada permite concluir pelo racismo da obra: a distinção entre trouxas e bruxos não se explica nem geneticamente – Lily Potter, por exemplo, bruxa sem par, tem uma irmã, Petúnia Dursley, que não tem dom algum de bruxaria, Hermione tem pais que nada entendem de bruxaria... –, nem cultural ou socialmente.

Pierre Bruno – Pessoalmente, o estudo dos valores do autor enquanto indivíduo parece inútil, como aliás a estigmatização que pode daí decorrer. Como havia escrito com muita justeza Pierre Macherey, não se pode nem reduzir a obra apenas à expressão de uma simples ideologia política, nem dela extraí-la completamente[26], e o autor (se de fato ocupa uma posição social num espaço estruturado entre grupos dominantes e outros dominados) não pode reduzir-se a uma média ideológica ou a um menor denominador comum de uma classe social. Ao contrário, "um indivíduo representa uma classe social, e a ideologia dessa classe, na medida em que toma posição em relação a esse clima ideológico"[27]. É finalmente menos o próprio texto que é "político" que sua publicação, seu comentário, sua recepção, seu sucesso...

Além disso, a dificuldade para situar politicamente um autor ou uma obra deve-se ao fato de que essa distinção permanece um posicionamento relativo, uma classificação simbólica. O que não quer dizer que todas as idéias sejam as mesmas mas que o fato de considerá-las de "esquerda", de "direita" – ou até "extremistas" – pode variar conforme os países ou as épocas. Ao contrário, o estudo estruturalista dos textos (mesmo dito ideológico) parece-me dever visar a atualização de elementos objetivos do relato. *Grosso modo*, estou pouco me importando em sa-

[26] P. Macherey, *Pour une théorie de la production littéraire*, p. 327.

[27] *Ibid.*, p. 257.

ber se Rowling se quer "de esquerda" ou é vista como tal. Quero apenas mostrar que seu texto apresenta, sem contestá-los, elementos favoráveis às hierarquias humanas naturalmente fundadas como à transmissão das competências pelo sangue. Depois, posso interrogar-me sobre o fato de saber como um autor (e seus leitores) "de esquerda" podem não achar chocante elementos do relato que coincidem com os fundamentos políticos da extrema direita. Por que tais representações só raramente foram denunciadas e até observadas? A "invisibilidade" delas deve-se à insignificância que têm, ao caráter subsidiário na intriga, à pouca implicação literária, talvez até política? Explica-se ela, ao contrário, pelo fato de que correspondem tão bem às mentalidades, às representações mais correntes do social, que elas se tornam, como o ar que se respira, quase invisíveis?

De modo mais geral, acho que a politização das ciências humanas é inegável. A evolução das interpretações sociológicas da cultura bem como a dos modelos explicativos dos textos literários coincidem demais com as evoluções ideológicas gerais (aumento do individualismo, questionamento da pregnância das desigualdades sociais...) para não estar a elas ligadas. Por isso, é preciso evitar interpretações redutoras. Essa questão, que não pode nem ser ocultada nem reduzida a seus aspectos mais midiáticos, coincide com fatos muito problemáticos. A politização não pode ser mobilizada para impor uma visão enviesada dos efeitos de campo? Não é ela propícia a "rupturas ideológicas", como um desnível entre discursos revolucionários sobre o social e posições conservadoras sobre a disciplina? Não contribui ela para dissimular outras lógicas e lugares de poder? Não favorece ela tampouco reescritas maniqueístas da história das disciplinas?

Questão – Vocês publicaram, cada um, várias obras sobre as literaturas e culturas da juventude. Em conclusão, poderiam dizer o que, segundo vocês, funda o interesse desse trabalho crítico específico sobre esse *best-seller* e esse sucesso literário mundial?

Pierre Bruno – Para mim, o interesse da crítica permanece essencialmente "político" no sentido em que a postura que ela implica tem por objetivo lutar contra os efeitos de autoridade e o arbítrio no campo literário e, por aí, mais amplamente no campo social em sua globalidade. Sem deixar de denunciar as tentações antiintelectuais (e mais amplamente todas as formas de um racismo social tão presente nos textos propostos à juventude), é portanto necessário "dessacralizar" a produção literária, lutar contra seus "tabus", para retomar os termos de Robert Escarpit. Não se trata de estigmatizá-la mas de submetê-la, a exemplo de toda atividade humana, a uma crítica (aqui literária mas que também é uma crítica social) cujo interesse primeiro não é trazer respostas aproximativas a questões mal colocadas e ainda menos ajudar no consumo de bens editoriais formatados. A crítica literária não deve visar explicar com coerência o social mas, ao contrário, colocar questões, mostrar as contradições ideológicas da sociedade e, por aí, incitar cada um de nós a uma vigilância e a uma postura crítica permanentes.

Mais precisamente, a análise dos bens que resultam de uma cultura globalizada da infância apresenta um duplo interesse. Primeiramente, eles mostram evoluções sociológicas como o peso crescente tomado pela questão educativa. Por outro lado, se a sociologia das práticas de leitura tende a se desligar com freqüência das abordagens bourdieusianas da cultura, a análise estrutural dos meios de comunicação impressos para a juventude demonstra, ao contrário, a permanência de lógicas distintivas. Talvez não se possa contestar nos adolescentes a existência das rupturas culturais internas e talvez não se deva minimizar neles a influência de redes de sociabilidade às vezes contraditórias. Por isso, essas disposições individuais complexas não devem ocultar, nos bens culturais, senão na sociedade, a permanência de representações coletivas desfavoráveis aos menos bem nascidos dentre eles.

Nesse quadro geral, a obra de Rowling não coloca muito mais questões que o restante da literatura para a juventude. Entretanto, por seu impacto social e midiático, ela permite atingir um público mais amplo que aquele habitualmente interessado por esse suporte cultural e também mais aberto ao debate crítico que os "especialistas" da questão – já que, paradoxalmente, a grande imprensa é proporcionalmente mais aberta à crítica social dos *Harry Potter* que muitos títulos da imprensa especializada destinada aos professores ou aos bibliotecários.

Isabelle Smadja – Para esse romance em particular, que teve o duplo privilégio de fazer com que certas crianças descobrissem o prazer de ler e que certos adultos descobrissem a riqueza da literatura de juventude, era essencial salvaguardar o entusiasmo, talvez até tirar proveito da curiosidade engendrada por esse fascínio para trazer insensivelmente à crítica literária, associação bem sucedida entre a emoção estética e a reflexão racional, o prazer e o pensamento. De modo mais geral, parece-me que o interesse da crítica é sempre conjuntamente estético e intelectual: redobrar o prazer da leitura por aquele, igualmente agradável, de compreender... as razões do prazer. Resta que somos tão bem acalentados pelo ritmo da história que às vezes esquecemos de estar atentos aos valores que ali se escondem. Nesse sentido, sou sensível à crítica de Pierre Bruno, embora, todos terão notado, eu não esteja de acordo nem com todas as críticas que ele formula nem com a idéia de subordinar inteiramente a literatura, seja ela para "a juventude", aos valores sociais que ela contém. Analisar os valores presentes num romance é indispensável, pois só há liberdade possível pela consciência e pela reflexão sobre o que nos advém, sobre o que nos propõem. Mas julgar um livro apenas pelos valores implícitos (de que se pensa que ele é portador) é, na minha opinião, um erro. É preciso admitir que a recepção de uma obra e seus efeitos sociais são complexos: ler um romance que denuncia as injustiças não tem necessariamente por efeito fazer um revoltado. Poderíamos facilmente mostrar que, ao inverso, denunciar num romance as desigualdades sociais e os crimes do liberalismo pode ter efeitos catárticos e permitir que o leitor se contente com uma indignação toda passiva. Rousseau desenvolve tal idéia em sua *Carta a d'Alembert sobre os espetáculos*: "Ao dar prantos a essas ficções, satisfizemos a todos os direitos da humanidade, sem ter mais nada a pôr do nosso; ao passo que os infortunados em pessoa exigiriam de nós cuidados, consolos, trabalhos que poderiam nos associar às suas penas, e de que estamos bem contentes de estar isentos. No fundo, quando um homem foi admirar belas ações em fábulas, e chorar infelicidades imaginárias, o que se tem ainda a exigir dele? Não está ele contente de si mesmo? Não se aplaude ele por sua bela alma? O que gostaríamos que ele fizesse mais?"[28]

Se não é judicioso julgar um livro em função do efeito social ou político que dele se espera, é portanto porque a reação dos leitores é imprevisível e que eles podem desviar-se de um romance fracamente politizado demais ou moralizador. Em compensação, um livro trabalhado, que, em cada página, mostra uma escrita original e inventiva, que prolonga o prazer de ler pelo de sonhar, que faz pressentir ao leitor que a verdadeira magia está na existência de seus recursos interiores, pode melhorar na criança – a quem se oferece ou destina esse livro – a estima que ela tem de si mesma e, portanto, sua autonomia de pensamento. Ele pode, por outro lado, ao lhe proporcionar uma abertura para o imaginário, lhe dar o gosto da aventura, da resistência ao real, e, por conseqüência também, se ela julgar necessário, da revolta. Aí está, na minha opinião, a verdadeira subversão pela literatura: ela não está na imposição mais ou menos autoritária de valores sociais ou morais precisos. Por mais justos que sejam, esses valores se atrofiam ao se transformarem em certezas, e se tornam perigosos quando são o fruto da obediência a uma autoridade exterior e não do livre exame do pensamento. Kant nos lembrou isso, a liberdade de pensamento é a chave de abóbada da moral. A verdadeira magia, nos *Harry Potter*, não surge por golpes de varinhas mágicas distribuídos aqui e ali, mas bem da afirmação que o leitor é como o herói e o autor da história: os meios de resistir aos golpes do destino e às injustiças, ele os encontra primeiramente em si mesmo, na força de seu imaginário, indispensável preliminar a toda resistência futura, na esfera pública ou privada.

Referências bibliográficas

Anatol G. L. *et al.*, *Reading Harry Potter. Critical Essays*, Portsmouth, Praeger Publishers, 2003.

[28] Rousseau, *Lettre à d'Alembert sur les spectacles*, p. 169.

Ansart P., *Les sociologies contemporaines*, Paris, Le Seuil, 1990.

Compagnon A., *Le démon de la théorie. Littérature et sens commun*, Paris, Le Seuil, 1998.

De Rougemont D., *Les mythes de l'amour en Occident*, Paris, Gallimard, « Idées », 1961.

Eco U., *De Superman au Surhomme*, Paris, Grasset, 1993.

Eco U. *et al.*, *Interprétation et surinterprétation*, Paris, PUF, « Formes sémiotiques », 2001.

Escarpit R., *Sociologie de la littérature*, 6e éd., Paris, PUF, « Que sais-je ? », 1978.

Jouve V., *La poétique des valeurs*, Paris, PUF, « Écriture », 2001.

Macherey P., *Pour une théorie de la production littéraire*, Paris, Maspero, 1966.

Ouellet P., « la notion de paradigme : de l'histoire des sciences à l'histoire littéraire », in *L'histoire littéraire, théories, méthodes, pratiques*, C. Moisan (dir.), Québec, PUL, 1989.

Petit m., *Éloge de la lecture*, Paris, Berlin, 2002.

Proust, *À la recherche du temps perdu. Le Temps retrouvé*, Paris, Gallimard, « Bibliothèque de la Pléiade », t. III, 1980.

Riccœur P., *Histoire et vérité*, Paris, Le Seuil, « Esprits », 1955.

Rousseau J.-J., *Lettre à d'Alembert sur les spectacles*, Paris, Gallimard, « Folio », 1987.

Smadja I., *Le temps des filles*, Paris, PUF, 2004.

Spinoza B., *Éthique*, Paris, Gallimard, « Bibliothèque de la Pléiade », 1978.

Whited L. A., *The Ivory Tower and Harry Potter, Perspectives on a Literary Phenomenon* (dir.), Columbia, University of Missouri Press, 2004.

Conclusão

Isabelle Smadja e Pierre Bruno

Em junho de 1997, era discretamente publicado *Harry Potter e a Pedra Filosofal* por um autor desconhecido: foram raros, então, os que se preocuparam em saber se J. K. eram as iniciais de um homem ou de uma mulher. Em junho de 2007, a discrição não era mais obrigatória e a excitação se apossara dos fãs: não só o lançamento do filme *Harry Potter e a Ordem da Fênix* era iminente, mas o último tomo da série devia em breve ser publicado, revelando o tão esperado fim. Harry vai morrer? Essa questão foi retomada em coro pelos meios de comunicação que, com prazer, mostraram o folhetim dos últimos acontecimentos, desde a tentativa abortada de pirataria do último capítulo até a sua publicação ilegal e prematura em alguns *sites* da Internet. Logo proibidos, esses *sites* ilegais terão apesar de tudo permitido que certos jornais se apoderassem do fim e publicassem trechos, em prejuízo da autora e dos incondicionais do romance, indignados que quisessem lhes retirar o sabor do suspense e da descoberta. Espalhando-se pelas publicações, anedotas múltiplas, irritantes ou divertidas, terão assim se sucedido ao longo dos dez anos que separam o primeiro tomo do último. Também seria preciso falar dessas histórias paralelas que, inextricavelmente, ligaram a arte e o dinheiro, o real e fictício, as aventuras de personagens de ficção e as do livro que os hospeda, da autora que os criou, ou dos atores que os encarnaram.

Pois *Harry Potter* não é, ou não é mais, um simples romance. É uma obra inédita em que se misturam várias histórias, algumas fictícias, outras reais: à epopéia de um personagem de romance que sobrevive aos obstáculos que a vida lhe reserva acrescenta-se a de uma escritora, da qual se pôde ler a evolução desde a época em que, solitária e desconhecida, redigia os primeiros tomos, até o sétimo tomo, em que, rica, célebre e cercada de seus próximos, tenta escapar dos *paparazzi*. A isso ainda se acrescenta a história dos próprios leitores, que podem literalmente refazer o caminho percorrido, desde a idade em que, muito jovens ainda, liam os primeiros tomos até esse ano de 2007 em que cresceram, amadureceram, ao ponto de serem suscetíveis, como seus heróis de pena, de ter filhos. A isso se enxerta, enfim, a aventura de um *best-seller*, que terá deixado sem fôlego durante vários anos, fazendo encadearem-se as interrogações, uma aventura vivida de certo modo ao vivo pelos fãs da primeira hora até esse epílogo em forma de conto de fadas em que... "eles se casaram e tiveram muitos filhos". Uma das chaves do sucesso talvez deva ser buscada nos laços muito fortes que assim se teceram entre obra de imaginação e existência real, como se o público hoje estivesse em busca de aventuras reais que sejam sempre ao mesmo tempo programadas ou enquadradas pelo artífice, e, inversamente, à espreita de histórias fictícias que sejam aos poucos investidas pelo real.

Doravante acabado, *Harry Potter* terá, portanto, durante uma década, suscitado emoções, curiosidade e paixões, e, paralelamente, terá gerado lucros jamais atingidos em tão pouco tempo para uma obra literária. Deve-se deplorar que as pessoas se apaixonem a esse ponto por uma obra de ficção em detrimento, dirão, do real ou, ao contrário, deve-se louvar a parte de sonho, a reserva de energia e reconforto, que a leitura permite?

> Não é monstruoso que esse ator, numa ficção, num simulacro de paixão, possa assim forçar a própria alma até conseguir obter um rosto pálido, olhos cheios de lágrimas; alterar a angústia do semblante; mostrar a voz entrecortada e toda sua natureza adaptar-se no exterior ao pensamento?...

> E tudo por coisa nenhuma! Por Hécuba! Que significa Hécuba para ele, ou ele para Hécuba que assim tenha que chorar os infortúnios dela?[29]

Poderíamos aplicar a indignação de Hamlet, arriscando exasperar alguns belos espíritos furiosos com a comparação, aos leitores dos *Harry Potter*: como explicar que tenham podido tão bem submeter o pensamento a essa ficção, ao ponto que uma petição circulava na internet pedindo à autora que não matasse seu herói. O que é, então, para eles, Harry, para que tenham temido tanto chorar por ele?

O capítulo seguinte, em que recenseamos e resumimos os ensaios publicados, mostra isso: foram muitos os que tentaram compreender a implicação dos leitores na vida do herói. Éric Auriacombe e Benoît Virole lembraram em suas respectivas contribuições a importância do conto na construção ou na reconstrução da identidade e no domínio das fantasias. Ao permitir viver por procuração tanto os infortúnios de um órfão confrontado com o medo, o ódio e a guerra quanto a alegria de ser superpoderoso e heróico, o romance conjugou o prazer imediato da identificação e aquele, mais mediato, de poupar a dor: autorizando certos leitores a reviverem, para dele se distanciarem, um sofrimento que teriam vivido, ele poupa a outros a dor de vivê-los realmente. *Harry Potter* também é um livro que, em razão da universalidade de seu sucesso, apareceu para seu público como que a fazer a ponte entre as gerações, as culturas, os países. Matar o herói teria sido percebido como um sinal de desesperança, o fim brutal de uma aventura que, em aparência, permitira uma conciliação entre os homens. Esse romance é, em seguida, o primeiro sucesso maior da cultura juvenil em que o sistema escolar ocupa um tal lugar, mostrando por aí a importância do processo educativo na construção do indivíduo e na definição da juventude contemporânea. Harry Potter é, enfim, um personagem que cresceu ao mesmo tempo que seus leitores, tornando o apego à ficção mais intenso e mais durável. A presença sustentada do livro nos meios de comunicação fez nascer nos

---

[29] William Shakespeare, *Hamlet*, trad. F. Carlos de Almeida Cunha Medeiros e Oscar Mendes, Editor: Victor Civita, 1981, ato II, cena II, p. 249.

fãs o sentimento de salvaguardar, por esse viés, uma parte da infância deles, e de poder antes de mais nada partilhá-la, depois transmiti-la às jovens gerações que, aos 11 anos, descobrirão a mesma aventura que os mais velhos.

Mas certas facetas da obra foram fonte de polêmicas, ou por se temerem as conseqüências da globalização da cultura juvenil, ou, ao inverso, por se felicitar a autora por ter sabido mostrar a aptidão das crianças para ler uma obra densa e fecunda. Temos de reconhecer, a conclusão do romance dará um vigor novo às interpretações contraditórias que já se exprimiram – fornecendo novos argumentos tanto a uns quanto a outros. Após a guerra, a paz voltou, Hogwarts sobreviveu aos assaltos do terrorismo e da ditadura e, embora o campo da paz tenha sofrido perdas, o essencial está salvo. Rowling consentiu nos desejos de seus fãs e preferiu um epílogo que inscreve seu romance numa estética popular em vez de vangloriar-se de um fim mais original, que agradaria aos intelectuais preocupados com a inovação literária e pouco propensos a se preocuparem com a psicologia dos leitores. Tudo no epílogo nos deixa crer na renovação permanente das gerações, talvez até no eterno retorno do mesmo, e parece não ter outra função senão tranqüilizar. A vida continua, e, à guisa de piscadela de olho, Rowling recriou um personagem órfão numa situação próxima de Harry criança: Teddy, o filho de Lupin e Tonks, perdeu os pais, mortos, como Tiago e Lílian Potter, combatendo Voldemort. Para os detratores da obra, teria sido difícil fazer um epílogo mais convencional, uma literatura mais conservadora, embora Rowling tente atenuar este último aspecto ao justificar, numa entrevista, esse epílogo por "seu senso de humor". A morte do herói, por sua própria raridade nas séries literárias, teria permitido muitas exegeses. De fato, dirão eles, o fim confina com a caricatura: nem Harry nem Rony nem Hermione morreram, os casamentos pressentidos aconteceram, Gina e Harry têm três filhos, que têm os prenomes dos avós e de Dumbledore; Rony e Hermione, igualmente casados, também têm filhos. Nessa leitura cíclica e tranqüilizadora da sucessão das gerações, quase nada mudou: diante da plataforma 9 ¾, os pais dão suas últimas recomendações aos filhos mais velhos antes que partam para Hogwarts sob o olhar invejoso dos caçulas. Para os admiradores da obra, em compensação, esse desfecho nada tira do sabor do conjunto, que conserva toda a sua coerência, sua originalidade, seu humor e sua complexidade. Bem mais, ao usar até o exagero artifícios do *happy end*, Rowling quis mostrar de maneira ostentatória o domínio do autor sobre sua ficção, desativando assim o processo de identificação e lembrando aos leitores que uma obra literária, por mais que prenda o leitor, não pode, não deve, tomar o lugar do real.

Então, Harry Potter é um anjo ou um demônio? Foi um livro que acelerou o processo de industrialização da cultura juvenil, ameaçando de desaparecimento obras inovadoras e forçando os autores a atender às exigências de editores doravante conscientes de que, em literatura de juventude também, é possível "fazer números", ou então é um romance que permitiu um desenvolvimento sem precedente da edição para a juventude e ajudou as crianças a melhor apreciar a leitura? O estudo de Nathalie Raoul mostra as reações mitigadas suscitadas pelas mudanças provocadas. Certo, a literatura de juventude beneficiou-se do imenso sucesso dos *Harry Potter*: mais bem acolhidas pelos editores, que às vezes abriram no rastro desse sucesso seu próprio departamento juventude, as criações para as crianças se multiplicam e se diversificam. Mas vozes se erguem contra o perigo da mercantilização: a quantidade arrisca prevalecer sobre a qualidade, e a busca de um lucro imediato não mais dar tempo aos autores originais de serem conhecidos ou reconhecidos. Por outro lado, o livro incita as crianças a desobedecerem constantemente e a transgredirem as regras, como temem certos fundamentalistas religiosos, ou é um romance de educação, que parte do princípio que a autonomia de pensamento posta a serviço da razão sempre é preferível à obediência? A pesquisa realizada por Nicole Biagioli com alunos do primário atesta isso: as crianças tiraram prazer dessa representação lúdica do universo escolar, que dali saiu reencantado, revitalizado por sua proximidade com um imaginário inédito e de simbolismo muito denso. Enfim, é, como Pierre Bruno afirma, uma literatura que conjuga conservadorismo, sexismo e uma forma insidiosa de racismo em que se traem as contradições e os preconceitos de uma época, ou bem ao contrário, como pensa

Isabelle Smadja, essa obra não é nem racista nem sexista, mas preconiza a emancipação das mulheres e incita à reflexão, ao multiplicar as intrigas, ao celebrar constantemente a intertextualidade e a mestiçagem das referências culturais sem deixar de manter uma indecisão salutar sobre a personalidade real de personagens tão essenciais quanto Snape ou Dumbledore? E, aliás, a densidade tanto quanto a variedade das análises e das criações hospedadas pelos *sites* de fãs na internet não provam que essa leitura foi vivificante e estimulante? O objetivo de nossa obra, e do debate que compusemos, terá sido, não tanto decidir a questão, quanto permitir que cada um tomasse a medida das divergências de interpretações e forjasse para si sua própria opinião.

Pois a discussão é ainda mais complexa porque ultrapassa o mero quadro desse romance para coincidir com as que animam o campo literário desde sua origem. Assim, medir o impacto da literatura sobre o real não é simples. Enquanto certos críticos vêem na leitura uma janela aberta sobre o imaginário que permite negar o real, irrealizá-lo, tornando-se assim a indispensável preliminar a seu distanciamento crítico, outros se inscrevem numa tradição de desconfiança para com as ficções literárias. As teorias da literatura, notadamente, para além da diversidade dos conceitos (dentre os quais o muito polissêmico "ópio do povo") perseguem, nos textos, suas visões idealizadas das relações sociais e a maneira como, sob a aparência da ficção, "os dominantes visam produzir uma "teodicéia de seu próprio privilégio", como diz Weber, isto é, uma justificação da ordem social que eles dominam". Enfim, outros autores ainda gostariam de nos fazer compreender que a literatura, seja ela angelical ou demoníaca, que conforte ou, ao contrário, critique a ordem social, em quase nada modifica a realidade. Sartre fez disso a confissão em *As palavras*:

> Durante muito tempo tomei minha pena por uma espada: agora, conheço nossa impotência. Não importa: faço, farei livros; é preciso; serve de qualquer modo. A cultura não salva nada nem ninguém, ela não justifica. Mas é um produto do homem: ele nela se projeta, nela se reconhece[30].

---

[30] Jean-Paul Sartre, *Les Mots*, Paris, Gallimard, "Folio", 1964, p. 87.

Michèle Petit estabelece uma constatação similar:

> Hoje não se pode mais imaginar que a difusão de obras [edificantes] bastaria para instilar nos leitores uma personalidade democrática ou respeitosa dos outros. Infelizmente, sabemos o quanto a história é rica de perversos letrados[31].

É dizer o quanto as questões literárias às quais a obra de Rowling traz senão um vigor novo, pelo menos uma grande difusão nos meios de comunicação, são tanto mais difíceis de resolver porquanto ultrapassam o quadro do mundo das ficções literárias para coincidir com as questões políticas e sociais. Na hora em que o campo político é ganho pela personalização dos debates às custas do confronto de visões do mundo, as polêmicas iniciadas por esse romance correspondem a refletir nas relações entre o indivíduo e o social, a natureza das heranças, a pertinência das hierarquias do passado.

A vitalidade desses debates e o número já conseqüente de ensaios e análises da obra de Rowling presumem sua posteridade? O fascínio pelos heróis da cultura infantil costuma ser tanto o dos personagens quanto o das obras que lhes deram nascimento. E se olharmos de perto o percurso de sucessos como Babar, Tintin ou Asterix, é possível extrair algumas constantes: a adequação inicial a um estado preciso das mentalidades e das representações coletivas; a polissemia potencial que permite que se vejam muito rápido investidos por forças sociais e políticas divergentes, talvez até antagônicas; a adaptação a longo prazo à evolução da sociedade e das indústrias culturais; enfim, a aptidão para integrar-se ao folclore de nosso imaginário ao encarnar caracteres quase mais verdadeiros que naturais tanto seus traços descrevem tão bem pessoas reais que podemos encontrar. Nisso, o personagem de Harry, o menino superdotado mas rejeitado, o menino rebelde tornado adulto modelo, e alguns outros como o de Umbridge, essa mulher rígida, guardiã da ordem e dos regulamentos, que abusa com uma alegria perversa dos de-

[31] Michèle Petit, *Éloge de la lecture*, Paris, Belin, « Nouveaux Mondes », 2002, p. 125.

cretos administrativos, parecem bem feitos para durar. O que acontece, no entanto, com a própria obra de Rowling? Conseguirá ela resistir à forte presença do personagem Harry Potter no mercado dos produtos derivados? E, além disso, conseguirá sobreviver aos filmes aos quais deu nascimento ou deve-se esperar que os filmes aos poucos apaguem até a lembrança do livro? Ainda que seja difícil prever o futuro da recepção de um romance, seu valor literário, bem mais que o vigor de seu sucesso durante seus primeiros anos, determina sua resistência ao tempo. Ora, a abundância das referências, a riqueza da imaginação, a multidão de detalhes, assim como a aptidão da autora para insuflar vida e emoção a seus personagens, contribuíram para criar um estilo e provavelmente vão assegurar a renovação do interesse pela obra. Mas um sucesso perdura quando sua leitura é puramente consoladora? Provavelmente não: para adquirir uma vitalidade que resista à prova do tempo, também é preciso que um romance subverta um pouquinho que seja a ordem existente. De fato, elementos subversivos penetraram na estrutura do romance tanto quanto em seu conteúdo, fissurando às vezes os muros de Hogwarts. A morte violenta de Harry, mesmo impedida *in extremis*, era suficientemente sugerida pela intriga para que, pouco antes da publicação do último tomo, os *sites* da Internet em que se podia apostar no fim que Rowling reservava a seu jovem herói fossem fechados tanto era grande a afluência. É dizer que o romance, a despeito de seu epílogo, não dava a impressão de uma morna indolência sobre um futuro sem risco, mas soava às vezes como uma ameaça ou uma advertência. Esses elementos bastarão para garantir a posteridade da obra?

Pelo menos, não se pode muito contestar que a obra de Rowling terá marcado sua época e, nisso, contribuído para fazê-la mais bem compreendida. E isto em pelo menos três pontos. Antes de mais nada, seu romance questiona o fundamento repisado entre obra literária e produto de consumo. Aliás, são esses termos forçosamente antagonistas e é possível claramente delimitar uma esfera artística e uma esfera comercial no seio da produção cultural? Nem sempre apreciado pelos fãs de primeira hora, o bombardeio dos meios de comunicação que acompanhou o lançamento dos últimos tomos permite medir o caminho percorrido desde a publicação quase despercebida do primeiro volume. Compreende-se, vendo essa evolução, o quanto é difícil analisar como um todo esse *corpus* que é a um só tempo uma criação individual quase marginal e um produto de marketing cuja comercialização foi aos poucos conscienciosamente planejada. Em seguida, por sua popularidade, ao se libertar das barreiras culturais e ao criar as condições de uma pressão popular sobre o autor, esse romance perturbou as hierarquias tradicionais entre intelectuais e classes populares, entre crianças, jovens e adultos leitores. *Harry Potter* decerto não é a primeira obra publicada inicialmente para a juventude a ser apreciada pelos adultos mas nenhum romance tinha até então sido publicado simultaneamente, em capas diferentes, destinado ao público adulto e juvenil. Enfim, poderia ser o pioneiro de um novo tipo de romance, em que os leitores aos poucos se tornam cúmplices ativos da escrita de um romance: interpelando a autora pela mediação de grupos de discussão para que ela oriente a continuação numa direção mais que em outra, soprando-lhe idéias, notando algumas incoerências de datas, lugares ou nomes, os fãs se sentiram investidos do direito – às vezes até do dever – de imiscuir-se na vida do romance, e encontraram em Rowling uma escritora preocupada com seus leitores e a opinião que tinham. Ao prazer de identificar-se com um herói popular, super-humano por seus poderes mágicos mas humano por seus estados de espírito, acrescentou-se, assim, de 1997 a 2007, o orgulho de participar da criação dos últimos tomos, ainda que por imaginação. A coisa não é nova na história das indústrias culturais. Lenda ou realidade, a escrita da trama de certas séries televisadas para a juventude se faria em estreita colaboração entre o adulto roteirista e um painel escolhido de jovens espectadores. Mas a coisa é nova no âmbito da criação literária em que a noção muito individualista de autor permanece primordial e em que a adaptação deste último às expectativas dos leitores permanece sempre suspeita de populismo no sentido mais discriminatório do termo. Democracia? Demagogia? Sobre esse ponto também, a obra de Rowling ainda vai alimentar por muito tempo o debate sobre as relações ambíguas entre o criador e seu público.

O ESTADO DOS DEBATES – BIBLIOGRAFIA SELETIVA E COMENTADA

DENISE ESCARPIT, ISABELLE SMADJA, PIERRE BRUNO

A importante difusão pelos meios de comunicação desse sucesso planetário e a diversidade das leituras da obra tornam impossível qualquer tentativa de apresentação de uma bibliografia exaustiva das referências que tratam dos romances de J. K. Rowling. Assim, este documento tem por objetivo apresentar um certo número de referências julgadas significativas sem deixar de dar ao leitor a possibilidade de prosseguir por si mesmo suas pesquisas bibliográficas ao lhe fornecer algumas ferramentas documentais.

I – OBRAS DE J. K. ROWLING

A obra principal se compõe de um ciclo de sete volumes publicados na França de 1998 a 2007:

Harry Potter à l'école des sorciers (1998)* – Trad. de *Harry Potter and the Philosopher's Stone* (1997).

* Tradução brasileira: *Harry Potter e a Pedra Filosofal*, Editora Rocco, Rio de Janeiro, 2000. Trad. Lia Wyler.

Harry Potter et la chamber des secrets (1999)* – Trad. de *Harry Potter and the Chamber of Secrets* (1998).
Harry Potter et le prisonnier d'Azkaban (1999)* – Trad. de *Harry Potter and the Prisoner of Azkaban* (1999).
Harry Potter et la coupe de feu (2000)* – Trad. de *Harry Potter and the Goblet of Fire* (2000).
Harry Potter et l'ordre du Phénix (2003)* – Trad. de *Harry Potter and the Order of the Phœnix* (2003)
Harry Potter et le prince de Sang-Mêlé (2005)* – Trad. de *Harry Potter and the Half-Blood Prince* (2005).
Harry Potter et les reliques de la mort (2007)* – Trad. de *Harry Potter and the Deathly Hallows* (2007).

Esses títulos estão disponíveis nas edições Gallimard Jeunesse em grande formato (fora de série) e nas Editions de poche (Folio Junior).

Os três primeiros títulos também estão disponíveis em livro áudio na coleção "Écoutez livre", em formato MP3.

Também foram publicados:

Sob o pseudônimo de newt Scamander: *Les animaux fantastiques: vie et habitat des animaux fantastiques* [Paris,], Gallimard Jeunesse ; Londres, Obscurus books, 2001 (trad. de *Fantastic Beasts and Where to Find Them*).
Sob o pseudônimo de Kennilworthy Whisp : *Le quidditch à travers les ages* [Paris], Gallimard Jeunesse; Londres, Wizzhard books, 2001 (trad. de *Quidditch through the ages*).

* *Harry Potter e a Câmara Secreta, ibid.*
* *Harry Potter e o Prisioneiro de Azkaban, ibid.*
* *Harry Potter e o Cálice de Fogo, ibid.*
* *Harry Potter e a Ordem do Fênix, ibid.*
* *Harry Potter e o Príncipe de Sangue Misturado, ibid.*
* *Harry Potter e as Relíquias da Morte, ibid.*

Também publicou uma coletânea de entrevistas:

Rencontre avec J. K. Rowling, l'auteur de Harry Potter, Interview et commentaires réalisés par Lindsey Fraser [Paris], Gallimard, 2000 (trad. De *Telling Tales*).

II – Bibliografias

Um certo número de bibliografias estão disponíveis na Internet ou em certas revistas especializadas:

Rémi Cornelia, *Harry Potter Bibliography*.

A bibliografia de referência mais detalhada, internacional. Seu autor reconhece ter integrado, a fim de garantir as referências mais completas possíveis, obras de um interesse subsidiário, talvez até discutível.

http://www.eulenfeder.de/hpliteratur.html

Harry Potter, Gallimard Jeunesse.

No *site* das edições Gallimard Jeunesse dedicado ao herói e a seu autor J. K. Rowling, *La gazette des gazettes* apresenta uma bibliografia detalhada e atualizada dos principais artigos em francês, inglês e espanhol.

http://www.harrypotter.gallimard-jeunesse.fr

Escarpit D., "Harry Potter à travers la presse", *Nous voulons lire*, nº 147, 2002, p. 33-52.

Bibliografia internacional e crítica. Esse volume também contém um estudo de Flore Gervais, professora titular na Universidade de Montreal: *Harry Potter: réception de l'œuvre, réactions d'adolescents québécois, réflexions d'une spécialiste.*

Todos os *sites* de fãs contêm uma coluna "ensaios", uma coluna alimentada por leituras críticas de fãs, moderadores ou criadores do *site*.

Alguns apresentam também uma bibliografia seletiva, às vezes comentada, como *Harry Potter Lexicon* ou, na França, *La Gazette du Sorcier* e *La Pensine.*

http://www.hp-lexicon.org/muggle/encyc/muggle-encyc-intro.html

http://www.gazette-du-sorcier.com/

http://www.lapensine.com/

Enfim, as diferentes bibliografias nacionais repertoriam por país o conjunto das publicações. A Biblioteca Nacional Francesa é acessível na Internet no *site* da Bibliothèque nationale de France (http://www.bnf.fr/), as referências encontrando-se no catálogo BN-Opale.

III – Ensaios

Numerosas obras foram dedicadas à análise de *Harry Potter*: certos ensaios referem-se ao conteúdo do romance, seu estilo, suas referências e empréstimos. Outros procuram menos analisar o romance que tomá-lo como oportunidade para estudar o indivíduo e suas práticas. Trata-se, então, de esclarecer alguns lados da psicologia adolescente, de nos ajudar a enfeitar nossa vida com um pouco de magia, talvez até de compreender o funcionamento do marketing e de explicar alguns de seus princípios, ou ainda – e é bem surpreendente – de desafiar os cientistas intimados a realizar as invenções maravilhosas de Rowling. Enfim, outros autores optaram por uma abordagem comparatista e tentam situar os *Harry Potter* no interior de um quadro literário mais amplo. Sem quererem ser exaustivas, essas notas (estabelecidas separadamente, e seguidas das iniciais D. E. para Denise Escarpit, I. S. para Isabelle Smadja e P. B. para Pierre Bruno) resumem algumas das idéias presentes nestes ensaios.

– Smadja, I., *Harry Potter, les raisons d'un succès*, Paris, PUF, 2001.

Construídos de início sobre o modelo do conto de fadas de quem ele toma emprestado temas e lugares, os *Harry Potter* rápido se transformam em romance de aprendizado, em romance de aventuras ou romance policial. De imediato se propõem como que fazendo a transição entre a infância e a adolescência, dando a impressão de poder testar a vida sem ter de vivê-la. Em razão da intriga tentacular, do inacabamento da história, de uma escrita sobrecarregada de referências, eles querem ser o reflexo de um psiquismo adolescente complexo e em plena expansão. Rowling consegue manter uma grande coerência sem deixar de enfeitar seu relato de uma superposição de empréstimos muito diversos, à mitologia, à Bíblia, à literatura, à história do mundo, à psicanálise: a leitura torna-se a um só tempo tranqüilizadora, por sua coerência, e fascinante, já que sugere que um excedente de sentidos ainda está escondido, a ser descoberto. Ler *Harry Potter* é também ler o romance familiar, sonhado mas inconfessável, da morte dos pais reais e do aparecimento de pais heróicos, ou super-humanos. Ao propor diferentes figuras, ideais ou temidas dos pais, notadamente das figuras paternas, a obra permite à criança uma libertação inconsciente do domínio parental e das angústias que ela engendra. Enfim, os jovens bruxos comportam-se como adolescentes comuns e, paradoxalmente, Rowling usa da magia para passar mensagens morais e racionais sem lhes dar o rigor de lições de moral (I. S.).

– Zipes J., *Sticks and Stones: The Troublesome Sucess of Children's Literature from Slovenly Peter to Harry Potter*, New York, London, Routledge, 2001.

O professor universitário Americano Jack Zipes, reivindicando a filiação de Adorno, tenta, nesses trabalhos sobre os contos e mais amplamente as culturas e literaturas da infância, superar o antagonismo entre o que ele chama os "ativistas" e os "realistas" (*grosso modo*, os detentores da sociologia dos efeitos e aqueles da sociologia dos usos) para insistir ainda mais no peso das classes sociais e do grupo étnico. No capítulo "The phenomenon Harry Potter or Why all the talk?" (p. 170-189), essa obra dedicada à literatura para a juventude, Zipes se entrega a uma análise crítica "liberal" (no sentido norte-americano do termo) da obra de Rowling procurando pôr em relevo o papel normalizador desses romances como o de bens dos sucessos anterior da literatura para a juventude (P. B.).

– Guillemain A., *Mon pote Harry Potter*, Paris, L'Archipel, 2002.

Escrito por um jovem fã de Harry Potter, então com 13 anos de idade, essa obra propõe entradas diversificadas na obra de Rowling. Algumas já são conhecidas (galerias de retratos, léxico, jogos...), outras mais originais e interessantes. A notar, assim, uma bibliografia apresentando alguns textos críticos (p. 281-293), um prefácio de Serge Tisseron (p. 9-18) e o que constitui a maior parte do volume, os testemunhos de uns quarenta leitores de perfis sociológicos variados (p. 25-131) (P. B.).

– Lurie A., *Boys and Girls Forever: Children's Classics from Cinderella to Harry Potter*, Harmondswort, Penguin Book, 2002.

Alison Lurie, escritora e professora universitária americana, dedicou vários livros à literatura para a juventude. Em sua obra precedente, disponível em francês, *Ne le dites pas aux grands: essai sur la littérature enfantine* (Marseille, Rivages, 1991), ela expunha sua visão dessa literatura, opondo as obras didáticas, adaptadas às expectativas dos adultos, e "os textos sagrados da infância", profundamente subversivos, que zombam das instituições familiares e escolares e incitam, ao contrário, as crianças a sonhar e a desobedecer. *Boys and Girls Forever* completa a obra precedente com uma seqüência de estudos dedicada às obras de autores para a juventude, de Andersen a Rowling (o capítulo "The perils of Harry Potter" lhe é particularmente dedicado) (P. B.).

– Blake A., *L'irrésistible ascension d'Harry Potter*, Paris, Le Félin, 2003.

No espírito dos *cultural studies* britânicos, essa obra procura bem particularmente pôr em perspectiva os valores do texto com um contexto político e histórico dado, o que lhe valeu ser considerada o estudo "marxista" de referência da obra. Esta é, para o autor, característica dos anos Blair, anos "retrolucionários" em que coabitam valorização da cultura e regressões sociais, nostalgia do espírito contestador do *Swinging London* e entrada descomplexada numa modernidade dura para os mais desprovidos – tudo sob a égide dos novos quadros do partido trabalhista (P. B.).

– Ernould R., *Quatre approches de la magie. Du Rond des sorciers à Harry Potter*, Paris, L'Harmattan, « L'Ouverture philosophique », 2003.

Postulando que nossa época vê o retorno forte da mentalidade mágica, o autor dedica uma parte de seu ensaio ao romance de Rowling, recapitulando as reações dos sociólogos, psicólogos e fiéis confrontados com o sucesso crescente dessa obra. Assim, os poucos grupos religiosos que incitaram a queimar o romance, deploraram, lembra ele, a maldade do próprio Harry, capaz por momentos de desejar a morte de um de seus professores. Eles condenaram a presença, no próprio seio dos fundadores de Hogwarts, de um bruxo maléfico, ou enfim a similitude, segundo eles insuportável, entre Voldemort, designado por "Você-sabe-quem" e a injunção de não nomear o Deus bíblico, que, diante de Moisés, se nomeia: "Eu sou aquele que é." Depois, Ernould lembra as críticas sociais que Pierre Bruno endereça aos *Harry Potter*, antes de resumir as teses de Isabelle Smadja em *Harry Potter as razões de um sucesso*, teses às quais ele adere em grande parte. O interesse do romance, acrescenta ele, vem do fato de que, ao complicar progressivamente o mundo no qual Harry evolui, ele incita constantemente os leitores à reflexão, levando-os aos poucos a estabelecer nuanças e a reavaliar a posição deles sobre o bem e o mal, os homens e as mulheres, etc. (I. S.).

– Hieghfield R., *Harry Potter et la science*, Paris, Flammarion Jeunesse, 2003.

Para a maioria de nós, explica Hieghfield, a ciência é hoje de tal complexidade que ela é dificilmente vulgarizável e torna-se um assunto de fé. As descobertas científicas são tão misteriosas quanto as explicações pela magia, de modo que seria "difícil distinguir magia, religião, superstição e ciência". Hieghfield tenta primeiramente mostrar como as invenções de Rowling são realizáveis ou realizadas: por exemplo, a poção de metamorfose é uma forma bem sucedida de manipulação genética, e a capa da invisibilidade está a ponto de ser fabricada. Essa roupa, integrante de múltiplas câmeras, exibirá a imagem do lugar ou dos objetos que cercam a pessoa, tornando assim o próprio indivíduo invisível. Uma segunda parte se interessa pelas origens do pensamento mágico, relatando brevemente a história da alquimia e da pedra filosofal. A conclusão retifica um pouco a impressão desagradável que deixa essa leitura, a de estar às voltas com uma obra que justifica as superstições e o irracional a pretexto de que a ciência também teria origens irracionais: Hieghfield aí reconhece que a ciência permanece o melhor meio de compreender o mundo e se distingue da magia por um esforço constante para confirmar e verificar suas teses (I. S.).

– Virole B., *L'enchantement Harry Potter. La psychologie de l'enfant nouveau*, Paris, Hachette Littérature, 2003.

Benoît Virole vê nos *Harry Potter* um mito iniciático: Harry aos poucos se torna adulto ao buscar refazer a história de sua origem traumática, o assassinato de seus pais. Seu universo está clivado em dois espaços simbólicos disjuntos, o mundo das pessoas comuns e o dos bruxos, que, em razão de coexistirem de modo conflituoso, estão em condição de fazer tomar consciência da relatividade das normas culturais. Ainda que, para crescer, seja preciso abandonar a idéia de seu todo-poder, essa fantasia faz parte do fundo imaginário da infância e poderia ser uma das razões do sucesso do romance. Por outro lado, o estilo de Rowling, encadeando seqüências curtas de ações no interior de uma dinâmica de enigmas mais ampla, permite captar a atenção do leitor por sua identificação com um herói imerso na realização concreta de ações. O imaginário do leitor é assim constantemente perseguido por novas peripécias (I. S.).

– Brown S., *Comment le petit sorcier est devenu le roi du marketing*, Paris, Dunod, 2005.

Testemunhas da fascinação exercida por esse romance, os ensaístas retomam com freqüência expressões do romance desviando-as de seu sentido. Professor de marketing, Brown não escapa à regra quando explica querer abrir para nós "a câmara secreta" e mostrar algumas das receitas do sucesso. É incontestável, explica ele, que a promoção desse romance foi acompanhada de procedimentos comerciais de envergadura. Mas é mais surpreendente ver o quanto o romance está impregnado, até em sua estrutura e em seu conteúdo, dos artifícios do marketing. Por exemplo, provocar o suspense por efeitos de anúncio é a um só tempo uma astúcia freqüente na publicidade e uma das chaves do romance e de seu sucesso. Enquanto publicitária confirmada, ao final de cada tomo Rowling esmera-se em criar um novo suspense. Inversamente, o marketing é compreendido como uma seqüência ininterrupta de procedimentos mágicos: todas as propagandas para grandes marcas usam "cães falantes ou vacas voadoras, gigantes verdes ou duendes comedores de cereais", e apresentam com freqüência seu produto como incrível ou milagroso. Em suma, de acordo com Brown, há magia no marketing e marketing na magia *Harry Potter*... (I. S.).

– Mijolla-Mellor S. de, *L'enfant lecteur. De la comtesse de Ségur à Harry Potter, les raisons du succès*, Paris, Bayard Centurion, 2006.

A obra começa com considerações gerais: um romance, "longe de ser uma fuga, é uma abertura para o interior de si mesmo" que permite à criança "descobrir aquilo por que suspirava sem saber", suas emoções inconfessadas, às vezes até culpadas. A autora ilustra primeiramente suas teses por uma análise de *Os desastres de Sofia**, depois por uma reflexão sobre a angústia de ficção, presente tanto na coleção "A hora do arrepio"* quanto nos romances de Hitchcock. Enfim, uma terceira parte comenta os *Harry Potter*, ligando de imediato seu sucesso ao fascínio

---

* *Les malheurs de Sophie*, Romance infantil da Comtesse de Ségur. (N. T.)

recente por Halloween, as sagas medievais e a cultura gótica. O romance participaria de um movimento que diviniza outras forças que aquelas das religiões tradicionais. Por outro lado, *Harry Potter* descreveria as feridas de amor-próprio vividas pela criança: a impressão de ser diferente dos outros, incompreendido pelos adultos, menos amado que o resto dos irmãos. O jovem herói reage cortando-se dos adultos, assimilados aos *trouxas*, e criando um universo para adolescentes, enfeitado de uma linguagem de iniciados, como as fórmulas de ressonância latina. Enfim, De Mijolla recoloca o poder mágico na lógica paranóica da perseguição: Harry projeta os maus-tratos sofridos sobre "o querer de um outro, detentor do poder de prejudicar". Mas, perseguido por sua família trouxa, e, pior, por Voldemort, ele resiste, por um lado graças às forças do bem (o amor de sua mãe) e, por outro, porque, sem querer, o mal lhe conferiu algo de seu poder (I. S.).

– Gauthier J.-M., Moukalou R., *De* La Guerre des boutons *à* Harry Potter. *Un siècle d'évolution de l'espace-temps des adolescents*, Sprimont (Belgique), Mardaga, 2007.

O objetivo dessa obra é " medir o quanto, na centena de anos que separam [o romance de Louis Pergaud e o de J. K. Rowling], o mundo da infância mudou". Para os autores, que não deixam de lado uma certa nostalgia da época em que as crianças construíam cabanas em vez de ver televisão, o Si sempre se constrói na adolescência por jogos, que são outros tanto jogos de identificação com os adultos quanto de diferenciação. Mas o imaginário lúdico de Louis Pergaud remetia a todo momento ao real: as rivalidades entre bandos de jovens faziam parte do cotidiano da época, tanto que, ao se entregarem a elas, os jovens não deixavam realmente o universo escolar ou social da aldeia. As rivalidades eram até uma parte do aprendizado da vida. Em compensação, o imaginário de Rowling constrói-se sobre a base de uma clivagem muito nítida entre o

---

* A coleção "*Chair de poule*" de R. L. Stine. (N. T.)

mundo da infância e o dos adultos, e, paralelamente, entre o imaginário e o real. Porque nada, no real, vem mais dizer à criança, no caso a Harry, o que ele deve fazer para construir sua identidade social, ele é forçado a construir para si uma identidade primeiramente fantasmática e caótica – o que mostra sua capa da invisibilidade. A relação com os adultos teria igualmente se tornado mais difícil, muito culpada: se os conselhos de um adulto são necessários à criança, seria quase preciso que o adulto desaparecesse para que o acesso à autonomia se concretizasse (I. S.).

IV – Obras coletivas

O recenseamento e as reflexões que se seguem não pretendem de modo algum ser resumos exaustivos nem das obras nem dos artigos mencionados: livremente busquei numa literatura crítica densa, variada, e às vezes até contraditória, algumas das idéias que me pareceram as mais interessantes. Esse recenseamento queria pelo menos refletir o dinamismo e a multiplicidade das interrogações suscitadas pelos *Harry Potter* (I. S.).

– *Reading Harry Potter. Critical essays*, Gisela L. Anatol (dir.), Portsmouth, Praeger Publishers, 2003.

Essa coletânea de 14 artigos divide-se em três partes: uma busca "ler Harry Potter através das teorias do desenvolvimento da criança", a segunda reflete nas "influências literárias e nos contextos históricos da obra" e uma terceira examina "os valores morais e sociais" que a sustentam.

Os resumos que fiz dos artigos "Uma Cinderela masculino: o tecido complexo das relações homens/mulheres" (p. 191-205), e de "Hermione e os elfos domésticos, os contextos literário e histórico da campanha de Rowling contra a escravidão" (p. 103-115), encontram-se no capítulo "A imagem da mulher; Do debate de idéias ao trabalho crítico". Acrescentei aqui resumos de quatro outros estudos a partir de uma tradução pessoal. (I. S.).

a) Rebecca Stephens, "Harry et la hiérarchie: l'interdiction du livre vue comme réaction à la subversion de l'autorité », p. 51-65.

Como explicar que os *Harry Potter* que, pelo tema, são bem próximos das *Crônicas de Nárnia*, tenham sido tão mal percebidos pelos fundamentalistas cristãos, ao passo que se felicitam da inspiração cristã que anima *Nárnia*? Para Stephens, a razão deve ser buscada na concepção que Rowling dá da autoridade e das hierarquias: se o romance de Lewis propõe, pela figura de Aslan, um modelo de autoridade fundado numa personalidade única e onipotente, em Rowling, esse esquema cristão de um poder superior, único e providencial, se desagrega: Dumbledore, o único que poderia ter oferecido um modelo de transcendência, vê sua autoridade constantemente ameaçada, Voldemort às vezes consegue seus fins, e as crianças são com freqüência entregues a si mesmas num mundo incerto. Além disso, as fronteiras entre realidade e ficção, ou entre mundos surreal e humano, são mais permeáveis em *Harry Potter* que em *Nárnia*, o que tem por efeito aproximar o terrestre e o além: o mágico perde assim a dimensão religiosa de um além inacessível. Paralelamente, em *Harry Potter*, as hierarquias são questionadas: o poder do Estado é ineficaz, a autoridade dos pais, ao interferir com a da escola, torna-se muito vulnerável. Em suma, nem os professores nem os pais nem as crianças nem os governantes podem fazer as vezes de modelos. Até a superioridade do poder mágico diminui já que, por exemplo, a medicina trouxa parece mais eficaz que certos remédios bruxos (I. S.).

b) Lisa Hoptkins, "Harry Potter et l'acquisition du savoir", p. 23-34.

Enquanto os romances de Roald Dahl nos apresentam acontecimentos tão imprevisíveis que os conhecimentos adquiridos são inutilizáveis, os *Harry Potter* mostram constantemente o laço entre teoria e prática: numerosas provas só podem ser vencidas graças a conhecimentos, que requerem eles mesmos às vezes longas horas de estudo. A atração desse romance junto aos jovens leitores poderia provir da insistência da autora em associar as ações das crianças ao ensino adquirido na escola: a identificação é então facilitada por essa inscrição no cotidiano dos alunos (I. S.).

c) Karen Smith, "Les jours de classe d'Harry Potter: Rowling et les romans d'école en internat anglais », p. 69-87.

Smith situa os *Harry Potter* na tradição dos romances de escola, desde *Tom Brown – o tempo de colégio*, de Thomas Hughes*, em 1857, até os anos 1970. Rowling, que tem conhecimento desse gênero literário muito popular, navega entre tradição e modernidade. Por exemplo, a idéia de um trio de amigos inscreve-se na tradição, esta última justificando-se pelo regulamento efetivo das escolas, que obriga os alunos a passearem a três para evitar as tentações homossexuais. Rowling no entanto inova ao introduzir uma menina num grupo tradicionalmente masculino. Da mesma forma, a importância do esporte, o conjunto disparate de professores desde o mais ridículo até o mais malévolo, a presença de um tirano, com freqüência mais velho, que persegue os mais jovens, as punições, o sistema de pontos, o medo de ser expulso da escola... são temas onipresentes no clássico romance de escola. Rowling os insere num universo de *fantasy* que, paradoxalmente, os humaniza ao irrealizar a eventual crueldade deles (I. S.).

d) Éliane Ostry. "Accepter les *Sangs de Bourbe*: la conception sociale ambivalente des contes de fées de Rowling », p. 89-115.

Apoiando-se na tese de Jack Zipes, para quem os contos de fadas devem ser re-situados num contexto social e histórico, Ostry reflete nas intenções sociais de Rowling e constata uma tensão entre o universo do conto de fadas, por essência aristocrático, e a instauração de valores democráticos e politicamente ancorados à esquerda. Rowling queria utilizar os temas do conto de fadas para lutar contra o racismo e o materialismo. Rony é pobre, mas sincero e fiel; Hermione, a estrangeira,

---

* Tom Brown's Schooldays' (N.T.).

possui qualidades notáveis e, mais de uma vez, contribui para a derrota de Voldemort. Bem mais, certos elementos do romance constituem um ataque muito claro ao thatcherismo: trata-se, para Rowling, de recusar a idéia de que o lucro é mais importante que os homens, e que uma certa quantidade de sofrimento social é necessária ao bom funcionamento da economia. Mas, a despeito desse engajamento explícito no próprio texto, o romance permanece tributário de alguns dos estereótipos mais tenazes do conto, tais como a idéia aristocrática de uma hierarquia das classes sociais. Assim, embora a intriga seja construída em torno da defesa dos Sangue-ruim ou trouxas e de seus direitos, os únicos trouxas realmente mencionados são os Dursley, descritos de modo muito negativo. Essa oscilação constante entre a tradição do conto e a revolta contra os elementos racistas ou conservadores explicaria em parte o sucesso do romance e revelaria nossas próprias ambigüidades, nosso desejo de uma inovação temerosa, que conserva em parte o antigo. Resulta dessa ambivalência uma incitação à reflexão, em si mesma muito útil (I. S.).

– *The Ivory Tower and Harry Potter, Perspectives on a Literary Phenomenon*, Lana A. Whited (dir.), Columbia, University of Missouri Press, 2004.

Proponho aqui, numa tradução pessoal, um resumo de 4 dos 18 artigos dessa coletânea redigida por professores de universidades americanas.

Eles se acrescentam aos resumos que realizei do artigo de Élisa Dressang sobre "Hermione Granger and the heritage of gender" (p. 211-242), para o capítulo "A imagem da mulher; do debate de idéias ao trabalho crítico" assim como dos artigos de Nancy K. Jentsch sobre "Harry Potter e a torre de Babel" (p. 285-301) e de Philip Nel sobre "Harry Potter e a Transfiguração da linguagem" para o capítulo "Da versão inglesa à versão francesa" (p. 261-284) (I. S.).

a) Terri Doughty "Situer *Harry Potter* dans le marché des livres pour garcons", p. 243-257.

Doughty felicita-se por esse romance de *fantasy* que agrada às garotas como aos garotos, e que nos apresenta uma Cinderela masculina, com freqüência incapaz de distinguir entre o bem e o mal, ou entre seus amigos e seus inimigos. Pegando o contrapé de uma ideologia na moda, Rowling quis mostrar a liberdade que preside aos comportamentos humanos ao sustentar que nada se decide na infância: ao passo que a infância infeliz de Voldemort o tornou agressivo e vingativo, uma infância similar fez de Harry um ser preocupado em fazer bem e que respeita os outros. O sucesso do romance se explicaria pela supremacia, em seu lançamento, de livros muito realistas, que supostamente confrontariam as crianças com a realidade, até cruel: a *fantasy* lembra a necessidade de conservar a parte do sonho e do metafórico para adaptar-se à psicologia dos leitores. Além disso, enquanto somos inundados de relatos de crianças entregues a si mesmas, violentas, até mesmo criminosas, Rowling nos apresenta um garoto com características masculinas, como mostra seu amor pelo quadribol, mas capaz de humanidade e heroísmo (I. S.).

b) Karin E. Westman, "Le spectres du thatcherisme", p. 305-328.

Westman reflete na presença latente da ideologia liberal no universo fictício dos bruxos e no estatuto pouco invejável que Rowling lhe reserva. Segundo ela, a escritora gostaria de ter mostrado as ambigüidades da política inglesa tanto na resolução dos conflitos interculturais quanto na recepção do consumismo. A crítica da sociedade de consumo não se reduz à descrição da família Dursley: a fascinação por certos produtos tais como as "Firebolts" é contrabalançada pela culpa exibida por Harry em relação à sua própria fortuna, e mostra a ambigüidade da sociedade inglesa. As discussões dos estudantes em Hogwarts mostram a persistência da ideologia racista de Voldemort no próprio seio da cultura bruxa: para um inglês, os preconceitos de Rony e seus compatriotas quanto aos elfos domésticos não remetem apenas à história colonial britânica mas igualmente à clivagem social que encontramos nos colégios e universidades onde um pessoal oriundo de classes populares limpa todos os dias os estabelecimentos antes da chegada dos alunos, fazendo-se o mais discreto possível. Da mesma forma, o medo dos lobisomens, que Westman liga à rejeição das pessoas vítimas de Aids, o conservadorismo racista dos Malfoy, membros eminentes da aristocracia bruxa, o desprezo que eles exibem em relação aos estrangeiros..., são outros tantos elementos que ancoram a obra no contexto político e econômico da Grã-Bretanha. Rowling quis prevenir dos perigos que escondem o racismo e a exclusão, dois flagelos que incitam as minorias a uma revolta mortífera: embora fracassem, os esforços de Hermione para mostrar a urgência da luta contra a exploração dos elfos domésticos, ainda que testemunhas da dificuldade de modificar os preconceitos e os hábitos de colonizadores, são trocados pelas advertências de Dumbledore. As críticas que, como Richard Adams, persistem em ver nesse romance uma ideologia conservadora, não teriam assim compreendido o essencial da iniciativa de Rowling (I. S.).

c) Pat Pinsent, "L'Éducation d'un sorcier", p. 27-50.

Pinsent compara os *Harry Potter* a outros romances que têm por tema a educação de jovens bruxos, como os de Anthony Horowitz, ou de Diana Wynne Jones. Se Rowling envia uma mensagem de esperança ao fazer de Harry um modelo de coragem e, de seus pais, um exemplo de sacrifício, Horowitz, em compensação, mais subversivo, constrói uma sátira da religião, da escola e da família. Entretanto, Horowitz dirige-se apenas a pré-adolescentes, ao passo que Rowling joga com a intertextualidade: os leitores adultos podem assim achar prazer nas referências mitológicas ou simbólicas, e perceber a complexidade das estruturas de um relato próximo de um romance policial (I. S.).

d) Roni Natov, "Harry Potter et le caractère extraordinaire de l'ordinaire », p. 125-139.

Para Natov, os *Harry Potter* são ligeiramente diferentes dos romances de Tolkien ou de Lewis. Rowling é sobretudo uma boa romancista, que descreve com fineza a psicologia de seus personagens. Além disso, ela consegue amplificar as potencialidades dos objetos cotidianos e concretizá-los sob uma forma mágica: para traduzir a força aterrorizante de certas obras, ela apresenta livros que mordem e berram; para falar do mundo virtual que a tecnologia induz, ela introduz a capa da invisibilidade e varinhas mágicas. Paralelamente, Rowling traduz sob forma concreta estados de ânimo ou modos de pensamento: assim, esses demônios interiores que são a depressão ou o medo de ficar louco, transformam-se em "dementadores", seres horríveis que aspiram toda esperança. Da mesma forma, a invenção da penseira, uma bacia onde são conservados os pensamentos incômodos e na qual Harry cai, corresponde a um mergulho nas profundezas do inconsciente. Como Maurice Sendak, Rowling pensa que as crianças devem enfrentar suas angústias para poderem em seguida delas se desligar: cabe aos livros ajudarem nesse distanciamento ao colocarem esses medos em forma (I. S.).

– *Harry Potter et la philosophie. Petit traité à l'usage des Moldus*, D. Baggett, S. Klein, W. Irwin (dir.), Paris, Michel Lafon, 2006.

Essa obra reúne as contribuições de 17 pessoas e se propõe a descobrir, não sem humor, a filosofia que se esconde no romance de Rowling: Diana Mertz Hsieh liga assim o comportamento dos Dursley à definição sartreana da má fé: a renegação voluntária de realidade duplica-se de um esforço constante para mentirem a si mesmos. Rowling, ao criar o personagem de Duda, procura mostrar as conseqüências negativas da má fé. O capítulo "Feminismo e paridade" demora-se no personagem de Hermione que, por sua tenacidade, sua independência de espírito, suas aptidões para o raciocínio dedutivo e sua maturidade moral, costuma ser mais convincente que os garotos: "Como para erradicar o estereótipo do homem racional e da mulher emocional, Harry e Rony às vezes são vencidos por suas emoções, ao passo que Hermione encarna a voz calma da razão." A reflexão refere-se em seguida à ética do romance: a partir de questões concretas tais como "por que a SALE (associação de defesa dos elfos domésticos) é inoperante?", o autor do artigo mostra como Rowling nos incita a admitir que "a indiferença aos preconceitos sofridos pelos outros é uma ameaça tão perigosa quanto a própria injustiça". Um último capítulo é dedicado ao determinismo e à liberdade: Harry é livre se está predestinado a matar ou a ser morto por Voldemort? (I. S.).

V – Números especiais de revistas

Um certo número de periódicos trataram do assunto no quadro de dossiês que permitem recolocar a obra numa problemática mais geral (a economia da literatura para a juventude, o sucesso dos contos, etc.).

Até 1999, os artigos de imprensa dedicados aos *Harry Potter* refletem o espanto geral diante desse sucesso: após ter lembrado a dívida de Rowling para com a literatura de *fantasy*, eles dedicam o essencial de seu conteúdo aos números de vendas, ao número de páginas... Mas, progressivamente, as análises se enriquecem e, freqüentemente, pede-se a opinião dos educadores, das crianças, dos pais e dos poucos intelectuais que se interessaram pela obra. Adaptando-se ao ritmo, bem sustentado, das publicações de um novo tomo ou das adaptações cinematográficas, a imprensa também se pergunta o que os adultos apreciam nessa leitura e buscam seguir a evolução dos primeiros leitores, tornados, com a publicação do tomo VII, jovens adultos. Cada novo tomo é a oportunidade de uma comparação com os precedentes: se ninguém cita uma sufocação da imaginação, todos concordam em dizer que os últimos tomos são mais sombrios, mais complexos, e que os leitores aos quais eles se dirigem não podem mais ser leitores infantis.

– *Lire*, nº 304, abril de 2002, "Ce que Harry Potter a changé ».

Esse volume propõe uma abordagem global e se liga tanto ao fenômeno editorial quanto às análises de críticas por especialistas da obra (Isabelle Smadja) e por intervenientes mais inesperados (Daniel Pennac). Também se abre para as numerosas obras publicadas após o sucesso de Rowling (*Peggy Sue* de Serge Brussolo ou *Magic Berber* de Marie-Aude Murail) (P. B.).

Após ter lembrado que um gênero nunca garantirá um sucesso, Pennac sublinha o parentesco entre os *Harry Potter* e *O círculo dos poetas desaparecidos*, "duas obras que têm por quadro a escola em sua versão mais temida: o pensionato (anglo-saxão, além disso)". Se as crianças escolheram essas obras, explica ele, é que, nesses dois pensionatos, os alunos são tomados pelo que são: crianças que precisam ser aceitas, precisam ser confrontadas com adultos, precisam "viver juntas" também, precisam ainda de regras a serem seguidas e a serem infringidas. A pesquisa prossegue pela opinião de educadores como o professor de colégio que diz ter apreciado o aspecto moral da história, clássica em sua feitura, mas apaixonante para a visão que dá da escola. Outra educadora descreve os benefícios dessa leitura entre seus alunos de 5ª série: "Vi aparecer um aumento de vocabulário e de descrição entre meus alunos: uma atmosfera acolchoada, um silêncio pungente, um balbucio. De repente, ouve-se um apito rouco... Os alunos pareciam descobrir o prazer da descrição ou da vontade de surpreender" (I. S.).

– *Le Monde de l'éducation*, dezembro de 2001.

O jornal mensal publica uma entrevista com Isabelle Smadja em que insisto sobretudo na aparente dupla obrigação que rege o romance: de um lado, um universo mágico, do outro, uma crítica da superstição, dos preconceitos e da divinação. O romance incita os jovens estudantes a usarem a razão e a aperfeiçoarem seus conhecimentos para garantirem a existência num mundo com freqüência hostil. Também se apóia no direito de desobediência, quando, como é o caso para a pena de morte, as leis não estão de acordo com um ideal humanista (I. S.).

– *Cultures en mouvement*, nº 43, janeiro de 2002, p. 12-14. « L'adolescent, la sexualité et la psychanalyse ».

No quadro de uma reflexão sobre as feridas da infância e da adolescência, esse número publica uma entrevista com Isabelle Smadja e a interroga sobre a função catártica desse conto moderno: como Marthe Robert constata em *Roman des origines, origine du roman* [*Romance das origens, origem do romance*], "sempre se trata de provar, pelo exemplo de um herói que sofre, que é possível ter nascido mal e mesmo assim chegar ao poder supremo pela virtude mágica do amor". Mas é necessário sofrer para adquirir maturidade e sensibilidade? (I. S.).

– *Sciences humaines*, nº 148, abril de 2004. « Contes et récits : pourquoi aimons-nous les histoires ? ».

Um breve dossiê analisa os contos de fadas em torno de algumas questões simples: por que os contos agradam, como são construídos, quais são suas funções e por que são "para crianças"? A permanência dos contos de fadas na história, as semelhanças entre os contos dos diferentes países intrigaram os pesquisadores: para os antropólogos, os temas dos contos têm sua origem nos ritos iniciáticos e de proteção... que ritmam as etapas da vida, para os psicanalistas, em processos inconscientes universais. Segue uma reflexão sobre Harry Potter, em que são resumidas as teses de Virole ou de Smadja, escoradas por citações de Bettelheim (Claudie Bert, nº 128, p. 43-45) (I. S.).

Em abril de 2004, é publicado um número da mesma revista mensal intitulado "Contes et récits: pourquoi aimons-nous les histoires?" que se interroga sobre o sucesso contínuo de certas obras e estruturas narrativas ao propor uma apresentação sintética das diversas teorias dos relatos e dos contos. Um artigo é bem particularmente dedicado a Harry Potter (*Sciences humaines*, nº 148, p. 19-35, Gilles Marchand, "Harry Potter à l'école du succès") (P. B.).

– *Lire au collège*. O nº 71 (verão de 2005) é dedicado ao tema do bruxo : deve-se incentivar em nossas salas de aula o gosto pelo irracional em detrimento das Luzes, embora até o pensamento racional deva sempre ser reconquistado?, pergunta-se Michel Leroux: ao brincarmos com a bruxaria, não estamos brincando com o fogo, esquecendo que as explicações irracionais são sempre tão sedutoras? Na mesma ótica, Robert Briatte se alarma com o fato de que a metade dos cidadãos americanos acreditam no Diabo e na Gênese. E as teorias nazistas, afirma ele, eram nutridas de ciências ocultas. Em "Em torno do sucesso de Harry Potter", lembro que os *Harry Potter* pretendem ser tanto uma miniatura de um destino individual, influenciada por uma leitura psicanalítica, quanto uma epopéia coletiva que questionam as configurações geopolíticas contemporâneas e incitam à reflexão. Segue uma bibliografia de textos de literatura de juventude incluindo bruxos e bruxas, completada por breves resumos das obras (I. S.).

– *Lire*, nº 339, outubro de 2005. "Harry Potter: les raisons de son succès, pourquoi il fait du bien à la littérature".

Para além da apresentação do último volume e dos temas habituais (abecedário, vida do autor...), esse volume contém uma análise da obra por Boris Cyrulnik ("Pour l'orphelin la mort est réelle très tôt") (P. B.).

– *Livres-Hebdo*, nº 666, 17 de novembro de 2006, p. 78-95, "Jeunesse: Harry, toujours Harry".

Esse número tenta entender a influência da obra de Rowling sobre um setor econômico em plena expansão (renovação da ficção, evolução do formato das obras, desenvolvimento da oferta para adolescentes...) sem ocultar suas incidências negativas (crescimento das implicações de mercado). Também propõe numerosos dados cifrados e um planisfério da edição juventude na França para o ano de 2006 (P. B.).

O fenômeno Harry Potter também foi abordado em múltiplos dossiês dentre os quais:

– L'édition passe au vert, *Livres-Hebdo*, nº 685, 13 de abril de 2007, p. 6-9.
– Les meilleures ventes de 2005, *Livres-Hebdo*, nº 630, 27 de janeiro de 2006, p. 6-21.
– Jeunesse : Harry Potter, et après ?, *Livres-Hebdo*, nº 578, 19 de novembro de 2004, p. 64-73.

- L'édition jeunesse un an après Harry, *Livres-Hebdo*, nº 447, 23 de novembro de 2001, p. 65-73.
- Une nouvelle jeunesse pour l'édition, *Livres-Hebdo*, nº 403, 24 de novembro de 2000, p. 61-70.
- *Le Nouvel Observateur*, hors série, nº 64, 1º de dezembro de 2006. « Pourquoi croyons-nous aux contes de fées ? »

Esse número reúne vários artigos dedicados a filmes e romances de sucesso. O dossiê começa com uma reflexão de Jean-Marie Schaeffer que sublinha a relação entre os hábitos contraídos na infância e o grau de adesão às ficções: a televisão no seio dos lares com certeza aumentou o crédito que as jovens gerações dão às ficções. Para aderirmos a uma ficção, explica ele, não é nem um pouco necessário que ela se assemelhe ao nosso mundo: basta que a realidade que ela nos propõe tenha sua própria coerência, que ela forme uma imagem de um "ser-no-mundo" possível. Nesse mesmo número fora de série, realizei o artigo sobre *Harry Potter* lembrando o quanto esse romance é habitado pelo espírito de nossa época: a criança resiliente, a ambivalência da relação com a escolaridade, as incertezas geopolíticas. Notemos também o artigo de Jean-Claude Kaufmann, que, por ocasião de uma análise de *Pretty Woman*, afirma: "Tanto quanto de verdade pura e dura, precisamos de fábulas maravilhosas, e precisamos acreditar nelas. Para nos consolar das tristezas e dos limites da vida real, mas também para nos ajudar a inventar o futuro"[1] (I. S.).

VI – Seleção de artigos impressos *online*

A pesquisa de artigos permanece sempre difícil. O número de periódicos que permitem um acesso gratuito a seus arquivos (como *Le*

[1] *Pretty Woman, La Cendrillon d'aujourd'hui*, p. 62.

Monde diplomatique, que propõe sobre o assunto contribuições de Isabelle Smadja ou Serge Tisseron) se reduz. As ferramentas de exame minucioso dos periódicos mais correntes e mais eficazes (como *Generalis* ou *Europresse*) não são acessíveis diretamente pela Internet e devem ser consultados numa biblioteca ou num centro de documentação. Restam para as revistas de ciências humanas e sociais *sites* como *Persée* (http://www.persee.fr/) ou *Cairn* (http://www.cairn.info/) e para os artigos em inglês *Findarticles* (http://findarticles.com/).

São numerosos os *sites* de fãs que repertoriaram, e com freqüência inseriram numa de suas colunas, artigos sobre Harry Potter, assim como a totalidade das entrevistas concedidas por Rowling (cf. http://www.accio-quote.org/).

Por outro lado, certos jornais arquivaram dossiês sobre o tema, e notadamente *The Guardian*, http://blogs.guardian.co.uk/culturevulture/archives/harry_potter/index.html; ou *The Times*, http://www.time.com/time/archive/collections/0,21428,c_harry_potter,00.shtm

– Schoefer C., "Harry Potter's girl trouble", *Salon. com.*

Esse artigo (janeiro de 2000) de Christine Schoefer, jornalista germano-americana, é deliberadamente feminista. A autora do artigo reconhece ter experimentado o mundo fantástico de Harry Potter; mas ela se espanta que uma mulher possa escrever obras cheias de estereótipos no que se refere às mulheres: Harry Potter mostra apenas poucos personagens femininos positivos: "as meninas gritam, berram, dão risadinhas", etc.; duas professoras não são mostradas sob um ângulo favorável. Certo, é um "romance de escola", mas um romance para garotos; e é junto aos garotos que eles têm mais sucesso. De modo mais geral, nesse *site* vários artigos contraditórios permitem seguir as diferentes leituras feministas da obra (D. E.).

http://www.salon.com/books/feature/2000/01/13/potter/index.html

– Lurie A., "Harry, le sorcier que les enfants reccomandent à leurs parents », *Le Monde de l'éducation*, março de 2000.

Tradução de um artigo publicado em *The New York Review* (16 de dezembro de 1999). Lembremos que Alison Lurie é uma romancista americana que escreveu esta soberba obra *Não conte aos grandes*, na qual ela mostrava como os romances tornados *best-sellers* para a juventude, tanto no século XIX quanto no século XX, deviam seu sucesso a seu caráter subversivo. Esse artigo é, parece-me, o mais interessante de todos os que li sobre Harry Potter. O autor explica por que os romances mais célebres da literatura de juventude são ingleses ou americanos: é que seus autores guardaram o *spirit of wonder*, o espírito de infância, "esta sendo considerada uma condição superior" ao passo que, nos países latinos, "ser uma criança em idade escolar nada tem de maravilhoso". Os autores ingleses e americanos "costumam tomar o partido das crianças contra o dos adultos. [Seus] livros são, no sentido mais profundo do termo, subversivos". Os romances de Harry Potter podem ser vistos "como uma metáfora do poder da infância: o da imaginação, da criatividade e do humor". Ela evoca então C. S. Lewis, Tolkien, L. Franck Baum e *O mágico de Oz*. Outro bom ponto para o autor de Harry Potter: "a sutileza psicológica"; "os heróis nunca são perfeitos, mas são na maioria do tempo mais corretos e mais corajosos que os adultos". Enfim, pode-se ver nisso uma "celebração do mundo pré-industrial", que pode explicar a atração que ele tem para os adultos (D. E.).

– Sébert I., "Harry Potter, un nouveau classique", *SCÉRÉN-CNDP*.

Dossiê disponibilizado em 16 de maio de 2001 pelo CNDP. Seu objetivo: mostrar aos educadores que desconfiam do alvoroço da mídia que é possível "trabalhar em sala de aula com Harry Potter" e lhes dar idéias de exploração! Além disso, fariam uma boa ação: "Isso desviaria nossos guris dos videogames e dos Pokemon! e douraria de novo o brasão da leitura." Pobres guris que, certos ou errados, sentem um prazer imenso em ler as aventuras de Harry Potter! Fazemos tudo para afastá-los deles como começamos a fazer com a revista em quadrinhos, há uns trinta anos, ao introduzi-la no trabalho escolar. Foi-me dito que Gallimard em pessoa pôs fichas à disposição dos educadores... talvez para evitar-lhes a leitura de Harry Potter? (D. E.).

http://www.cndp.fr/actualites/question/harry/intro.htm

Com efeito, nesse dossiê do CNDP se afirma, como em outros *sites* dedicados aos educadores, a vontade de utilizar o fascínio pelo romance como passarela para outras obras e para os saberes requeridos no colégio. Professores se felicitam pela intertextualidade do romance que, ao permitir vários níveis de leitura, convida à pesquisa, abre ao imaginário e incita a ler outros textos fantásticos, de Tolkien a Maupassant. O dossiê comporta uma seleção de romances bem similares em sua feitura ou seus temas, e prolongamentos possíveis em aulas de inglês, em atividade teatral ou até em EPS. O *site* da academia de Nancy-Metz propõe, na mesma ótica, uma série de recursos para utilizar os *Harry Potter* em cursos de inglês, a partir de um *link* rumo a um *quizz* relativo às criaturas mitológicas apresentadas no romance até um *link* para uma lista de oficinas possíveis de escrita (escrever um artigo do *Daily Prophet*, imaginar um bicho fantástico e descrevê-lo...).

http://www.ac-nancy-metz.fr/enseign/anglais/Henry/harrypotter.htm

O boletim dos documentalistas da academia de Paris dá igualmente a palavra a uma educadora de colégio: "O maravilhoso reencontrou seu poder de sedução junto aos adolescentes. Entretanto, esse conto de fadas moderno não foge à história. Sem referentes, o órfão, legatário designado de um passado trágico, em busca de chaves para superar as provas do momento, decifra livros de magia proibidos." Assim, na própria história, os livros são percebidos como transgressivos, decerto, mas iniciáticos e suscetíveis de ajudar a criança em sua busca de verdade. O dossiê é completado por uma entrevista com Serge Tisseron e com Isabelle Smadja (*Lettre des CDI*, nº 55) (I. S.)

http://cdi.scola.ac-paris.fr/lettre_cdi/pres_lettrecdi.htm

– Adams R., "Harry Potter and the closet conservative", *The Voice of the Turtle*, 31 de maio de 2001.

Richard Adams faz um estudo, a um só tempo social e político, das quatro obras. Sublinhando as contradições do personagem em seus engajamentos políticos, ele vê em Rowling uma "estranha mistura". Certo, encontramos nos romances referências a grupos étnicos, irlandeses, galeses, asiáticos, mas é apenas uma espécie de revestimento: ela dá uma visão nostálgica e conservadora da Inglaterra, um pouco estilo "o mundo que perdemos". Alguns toques modernos: as meninas são admitidas em Hogwarts; mas elas são estereótipos. A origem familiar, o "sangue" são a chave de muitas situações. Essas obras são uma espécie de "memória" da Inglaterra: o mundo desaparecido após as duas guerras de 1914-1918 e 1939-1945 de certo modo renasce através do mundo dos bruxos (D. E.).

http://voicefttheturtle.org/reviews/books/richard_potter.shtml

– Tisseron S., "Une nouvelle quête du Graal. Harry Potter expliqué aux parents », *Le Monde diplomatique*, dezembro de 2001.

Serge Tisseron, psicanalista e escritor, compara Harry Potter a "uma nova busca do Graal". "Esses romances, explica ele, são o reflexo das angústias e das aspirações dos jovens que devem orientar-se num mundo que muda." Também fala de "escrita do movimento": "Um brotar permanente de situações imprevisíveis que, como num videogame, pedem soluções imprevisíveis." Os jovens vêem "os acontecimentos como se estes se desenrolassem diante deles numa tela de cinema". O autor recenseia alguns elementos dos romances análogos àqueles que aparecem nos relatos da busca do Graal. (Do mesmo autor na mesma revista, poderemos ler também *Harry Potter et la Coupe de feu: cruauté ordinaire*, dezembro de 2005.) (D. E.)

– Smadja I., "Du *Seigneur des Anneaux* à *Harry Potter*. Le Mal e l'enfant sauveur », *Le Monde diplomatique*, dezembro de 2002.

O artigo começa com uma interrogação: como compreender que romances para a juventude ou jovens adultos, construídos em torno do risco crescente da guerra, apresentem crianças jovens como únicas capazes de salvar o mundo e de partir em guerra contra as forças do mal? Que qualidades tem, pois, a criança, e que não teria mais o adulto, para que lhe confiemos, pelo viés desses livros, a tarefa imensa de nos proteger? Simples bajulação para com uma geração cuja dinâmica juventude é invejada? Ou então despeito diante de um mundo adulto julgado incapaz de generosidade e altruísmo? Os livros que, como *Harry Potter*, *Fronteiras do Universo* ou *O Senhor dos anéis*, constroem um universo e encerram a vida no interior de uma única obra, projetam-nos num futuro ameaçador para dominá-lo ou exorcizá-lo. Trata-se de circunscrever o mundo, e de torná-lo menos temível por sua miniaturização. O romance de Rowling é ainda mais tranqüilizador uma vez que consegue, em razão de seu inacabamento, introduzir-se no real. Enquanto os outros livros são, uma vez publicados, fechados sobre si mesmos e, por isso, não participam da realidade temporal, *Harry Potter*, por conter uma grande parte de incerteza quanto à seqüência, ancora-se de modo bem forte no presente, ele mesmo incerto e em devir (I. S.).

http://www.monde-diplomatique.fr/

– Gibbs N., "La vraie magie d'Harry Potter", *Times*, junho de 2003.

Esse longo dossiê explora vários motivos do sucesso. Se as crianças se apegam a esse universo, não é em razão de seu exotismo mas de sua semelhança com o próprio cotidiano, Rowling chegando a descrever exatamente o que sente uma criança de 12 ou 13 anos. E, por isso, enquanto que, em geral, na literatura de juventude, os adultos são todos ou odiosos ou incompetentes, aqui eles podem ser comportados e simpáticos. Da mesma forma, um equilíbrio se cria entre um mundo às vezes cruel e muito sombrio, e ilhotas de bem-estar e amizade. O artigo é completado por algumas entrevistas, dentre elas a de Maurice Sendak, o autor de *Max e os maximonstros*, para quem "Rowling é uma escritora brilhante, que toma emprestado de alguns dos melhores autores da literatura inglesa que ela cozinha em seu próprio molho".

– Byatt A. S., "Harry Potter and the childish adult", *New York Times*, julho de 2003.

A romancista assina um artigo de grande repercussão, em que ela se inquieta com a imaturidade dos adultos leitores desse romance. Uma tradução francesa do artigo é publicada no *Le Monde* em dezembro de 2003. Retomando primeiramente a idéia – em 2003, pouco original – segundo a qual os *Harry Potter* reproduzem o romance familiar descrito por Freud, Byatt deplora a ausência de sentido do trágico nessa obra que se contenta, diz ela, com clichês antiquados: "Não há lugar no mundo mágico de Rowling para o profundo mistério do surreal. Esse universo é escrito para pessoas cuja vida imaginativa se desenrola entre os desenhos animados, as séries televisadas, a teve-realidade e as fofocas sobre as celebridades."

http://www.countercurrents.org/arts-byatt110703.htm

Na revista *Salon*, Charles Taylor responde por um artigo de título não menos sugestivo: "Susan Byatt and the Goblet of bile" em que ele censura Byatt por ter, por esnobismo, querido ocultar o universo ameaçador no qual Harry se debate. Para Taylor, o desprezo que Byatt ostenta ao taxar os leitores adultos de imaturos, incapazes de discernimento, a segurança com a qual ela decide o que é "grande literatura" por oposição a uma "subliteratura", são injustificáveis.

http://dir.salon.com/story/books/feature/2003/07/08/byatt_rowling/index_np.html

Delcroix O., *Le Figaro littéraire*, 27 de novembro de 2003.

Le Figaro littéraire publica uma entrevista de Rowling dada em junho de 2003 ao *Times*, em que ela volta à sua trajetória, fala de seus temores e de seus desejos de escritora, e precisa que o último capítulo do sétimo tomo está escrito mas "escondido num lugar guardado por trolls". A ela se acrescenta uma curta entrevista com Boris Cyrulnik: o psiquiatra vê em Harry uma criança resiliente que, após um traumatismo, encontrou no fundo de si mesma, só em seu imaginário, a capacidade de superar essas provas. Nesse mesmo dossiê, lembro o lugar primordial que os *Harry Potter* dão ao amor materno, supostamente capaz de tornar a criança invulnerável. Um episódio, de forte conotação simbólica, mostra Harry curar de suas feridas quando um fênix se debruça sobre ele e chora ao ver suas chagas: nesse universo maravilhoso, o amor e a compaixão conseguem apagar as feridas da vida, por mais pavorosas que sejam (I. S.).

– Festraëts M., "La Révolution "Harry Potter"", *L'Express*, nº 2734, 27 de novembro de 2003.

Marion Festraëts se debruça sobre os resultados de uma pesquisa realizada junto a jovens de 11 a 15 anos em junho de 2003: "É uma revolução. Pois se afigura que, se sete crianças leram pelo menos um Potter, 65% leram os quatro tomos, 94% dos leitores gostaram, e 40% (e até 50% dos 11-13 anos) garantem ter descoberto o prazer da leitura graças ao bruxo de óculos. Mais espantoso ainda, desde que descobriram Potter, elas lêem mais." Além das idéias de Smadja, de Andrew Blake ou de Virole, encontramos uma reflexão sobre as razões que levam a faixa etária dos 20-30 anos a apreciar o romance: a evolução das relações entre crianças e adultos, a amizade, a escola são assuntos universais. Editores e escritores para a juventude falam em seguida de seus temores de que o sucesso desse romance sufoque os outros gêneros e acelere o processo de mercantilização da literatura de juventude.

– Ernould R., "Harry Potter", *Littératures de l'imaginaire.*

Autor de numerosas obras dedicadas às literaturas do imaginário, Roland Ernould propõe em seu *site* pessoal numerosos recursos (*links*, artigos em linha...). O leitor ali encontrará um dossiê sobre a obra de Rowling contendo uma análise detalhada da obra, uma apresentação geral dos principais estudos críticos assim como uma abertura para as obras publicadas após o sucesso de Harry Potter (*As crônicas de Nárnia, Fronteiras do Universo, Artemis Fowl, Peggy Sue e os fantasmas...*). Esse *site* abre de modo mais amplo para as literaturas do imaginário e também propõe bibliografias e artigos sobre Stephen King, Claude Seignolle, etc. (P. B.).

http://rernould.club.fr/Potter.html

VII – Teses e trabalhos universitários

Embora – e pode parecer paradoxal – nenhuma tese ainda tenha sido dedicada na França à obra de Rowling, o leitor poderá reportar-se aos diferentes catálogos universitários. O *site* mais útil para uma primeira pesquisa é aquele proposto pela ABES (agência bibliográfica do ensino superior).

http://www.portail-sudoc.abes.fr/

Como não existe *site* que repertorie o conjunto das teses publicadas em nível mundial, é preciso recorrer a servidores específicos em cada país ou, na melhor das hipóteses, a servidores que agrupem vários países. Entretanto, existe um repertório de teses estrangeiras no *site* da Biblioteca Nacional da França.

http://signets.bnf.fr/html/categories/c_011theses_rep_etr.html

Essas ferramentas permitem encontrar o rastro de alguns trabalhos universitários:

- Barassi L., *Harry Potter et le "complexe du homard"*, sob a direção de J.-P. Marnier, tese de exercício, Medicina, Dijon, 2003.
- Belon K., *Harry Potter's Quest for Identity*, sob a direção de Sophie Menoux, dissertação de mestrado, Études anglophones, La Réunion, 2005.

Numerosas dissertações de mestrado foram dedicadas à obra. Entretanto, por falta de um repertório nacional exaustivo, são na maioria identificáveis apenas pelos catálogos informatizados das bibliotecas da Universidade onde foram defendidas. Alguns desses estudos estão no entanto disponibilizados em *sites* especializados. Citemos, por exemplo:

- Mimoun E., *Panorama de la critique faite à Harry Potter*, Maîtrise SID, 2004.

Nesse estudo, disponibilizado num *site* de referência em literatura de juventude, o autor se interessa pela recepção da obra pela imprensa e as obras críticas, quer se trate do aspecto comercial dos romances, dos temas abordados, até mesmo do tratamento de crimes pelos meios de comunicação. Esse trabalho é completado por uma breve pesquisa relativa à recepção da obra pelos leitores (P. B.).

http://jeunet.univ-lille3.fr/spip/article.php3?id_article=812

– Trobas M. H., *Harry Potter mérite-t-il son succès ?*, Maîtrise de Lettres, Université du Maine, 2003.

A análise, *online* no *site* da Université du Mans, inicia com uma reflexão sobre as fontes literárias dos *Harry Potter*, evocadas pela própria Rowling (Jane Austen) ou deduzidas do estudo do romance. Numa escrita clara e concisa, esse trabalho de 70 páginas, muito documentado, que se apóia na maioria dos estudos ou artigos de imprensa publicados na França, analisa o estilo de Rowling, a inscrição do romance no gênero do conto de fadas, da *fantasy* ou do romance inglês de escola. A conclusão aborda a questão da globalização da literatura de juventude e lembra que Rowling, embora se dirija a todos os estudantes e tome emprestado seus temas dos grandes mitos universais, soube conservar um quadro tipicamente inglês (I. S.).

http://prn1.univ.lemans.fr/prn1/application/lije/commun/bad_html/lije_memoire.html

Breve apresentação dos autores

Éric Auriacombe, psicanalista e pedopsiquiatra em hospital-dia (autor de *Harry Potter, l'enfant héros*, PUF, 2006).

Nicole Biagioli, professora de literatura francesa, semióloga, dirige a equipe I3D, "Interdidactique et discours des disciplines" na IUFM Célestin-Freinet da academia de Nice, seus trabalhos referem-se à utilização da ficção como suporte de ensino–aprendizado e de controvérsia educativa.

Pierre Bruno, conferencista no IUT de Dijon. Habilitado a dirigir pesquisas, estuda as literaturas, meios de comunicação e culturas juvenis como representações e instrumentos das desigualdades sociais (autor de *La culture de l'enfance à l'heure de la mondialisation,* In Press, 2002; *Existe-t-il une culture adolescente?*, pref. de Jack Lang, In Press, 2000). Site web: http://www.pierrebruno.fr

Franck Ernould, engenheiro de som, jornalista, autor (Ed. Dunod) e tradutor (Ed. Eyrolles). Especializado no campo do audiovisual profissional, trabalhou durante muito tempo no setor de dublagem – daí um interesse particular pela adaptação inglês/francês. Redige atualmente uma história dos estúdios de gravação franceses e uma obra dedicada ao compositor de músicas de filme Michel Magne e a seu Château d'Hérouville.

Denise Escarpit, professora na Université Bordeaux III e especialista em literatura de juventude; autora de *La littérature d'enfance et de jeunesse en Europe*, PUF, 1981; *La littérature pour l'enfance et la jeunesse, état des lieux*, Hachette, 1988 ; *Le récit d'enfance. Enfance et écriture*, Sorbier, 1993...

Johanne Prudhomme, semióloga de formação, professora de literatura no Departamento de francês da Université du Québec à Trois-Rivières. Membro do Comitê Científico da Rede "literaturas de infância" da AUF desde sua fundação em 2002. Dedica o conjunto de suas pesquisas à literatura para a juventude.

Nathalie Raoul, diplomada pela Université de Liège, DESS Sciences du livre, jornalista, redatora-chefe do *site* de literatura de juventude *Natalecta.*

Isabelle Smadja, primeiro lugar do Concurso interno de filosofia em 1994, doutora em filosofia. Publicou nas Presses Universitaires de France *La folie au théâtre* (resumo de sua teses de doutorado), *Harry Potter, les raisons d'un succès* e *Le Temps des filles.*

Benoît Virole, psicanalista, doutor em psicologia e em ciências da linguagem; autor de *Du bon usage des jeux vídeo et autres aventures virtuelles*, Hachette Littérature, 2003; *L'enchantement Harry Potter. La psychologie de l'enfant nouveau*, Hachette Littérature, 2001. Site web : http://www.benoitvirole.com

... e os fundadores de *sites* sobre Harry Potter :

Quentin Lowagie et Audrey Prost para a *Encyclopédie Harry Potter*: http://www.encyclopedie-hp.org/.

Cécile Courcelle, Séverine et Stéphane Recoules, para *La Pensine :* http://www.lapensine.com/.

Mélanie et Mélodie C., para *Le Grimoire d'Harry Potter :* http://membres.lycos.fr/legrimoirehp/.

Companhia de Freud
editora

OBRAS PUBLICADAS

Psicanálise e Tempo
Erik Porge

Psicanálise e Análise do Discurso
Nina Leite

A Clínica do Escrito
Jean Allouch

Mal-Estar na Procriação
Marie-Magdeleine Chatel

Marguerite ou "A Aimée" de Lacan
Jean Allouch

Revista Internacional nº 1
A Clínica Lacaniana

A Criança na Clínica Psicanalítica
Angela Vorcaro

A Feminilidade Velada
Philippe Julien

O Discurso Melancólico
Marie-Claude Lambotte

A Etificação da Psicanálise
Jean Allouch

Roubo de Idéias?
Erik Porge

Os Nomes do Pai em Jacques Lacan
Erik Porge

Revista Internacional nº 2
A Histeria

Anorexia Mental, Ascese, Mística
Éric Bidaud

Hitler – A Tirania e a Psicanálise
Jean-Gérard Bursztein

Littoral
A Criança e o Psicanalista

O Amor ao Avesso
Gérard Pommier

Paixões do Ser
Sandra Dias

A Ficção do Si Mesmo
Ana Maria Medeiros da Costa

As Construções do Universal
Monique David-Ménard

Littoral
Luto de Criança

Trata-se uma Criança – Tomos I e II
Congresso Internacional de Psicanálise e suas Conexões – Vários

O Adolescente e o Psicanalista
Jean-Jacques Rassial

— Alô, Lacan?
— É claro que não.
Jean Allouch

A Crise de Adolescência
Octave Mannoni e outros

O Adolescente na Psicanálise
Raymond Cahn

A Morte e o Imaginário na Adolescência
Silvia Tubert

Invocações
Alain Didier-Weill

Um Percurso em Psicanálise com Lacan
Taciana de Melo Mafra

A Fantasia da Eleição Divina
Sergio Becker

Lacan e o Espelho Sofiânico de Boehme
Dany-Robert Dufour

O Adolescente e a Modernidade
Tomos I, II e III
Congresso Internacional de Psicanálise e suas Conexões – Vários

A Hora do Chá na Casa dos Pendlebury
Alain Didier-Weill

W. R. Bion – Novas Leituras
Arnaldo Chuster

Crianças na Psicanálise
Angela Vorcaro

O Sorriso da Gioconda
Catherine Mathelin

As Psicoses
Philippe Julien

O Olhar e a Voz
Paul-Laurent Assoun

Um Jeito de Poeta
Luís Mauro Caetano da Rosa

Estética da Melancolia
Marie-Claude Lambotte

O Desejo do Psicanalista
Diana S. Rabinovich

Os Mistérios da Trindade
Dany-Robert Dufour

A Equação do Sonhos
Gisèle Chaboudez

Abandonarás teu Pai e tua Mãe
Philippe Julien

A Estrutura na Obra Lacaniana
Taciana de Melo Mafra

Elissa Rhaís
Paul Tabet

Ciúmes
Denise Lachaud

Trilhamentos do Feminino
Jerzuí Tomaz

Gostar de Mulheres
Autores diversos

Os Errantes da Carne
Jean-Pierre Winter

As Intervenções do Analista
Isidoro Vegh

Adolescência e Psicose
Edson Saggese

O Sujeito em Estado Limite
Jean-Jacques Rassial

O que Acontece no Ato Analítico?
Roberto Harari

A Clínica da Identificação
Clara Cruglak

A Escritura Psicótica
Marcelo Muniz Freire

Os Discursos e a Cura
Isidoro Vegh

Procuro o Homem da Minha Vida
Daniela Di Segni

A Criança Adotiva
Nazir Hamad

Littoral
O Pai

O Transexualismo
Henry Frignet

Psicose, Perversão, Neurose
Philippe Julien

Como se Chama James Joyce?
Roberto Harari

A Psicanálise: dos Princípios Ético-estéticos à Clínica
W.R. Bion – Novas Leituras

O Significante, a Letra e o Objeto
Charles Melman

O Complexo de Jocasta
Marie-Christine Laznik

O Homem sem Gravidade
Charles Melman

O Desejo da Escrita em Ítalo Calvino
Rita de Cássia Maia e Silva Costa

O Dia em que Lacan me Adotou
Gérard Haddad

Mulheres de 50
Daniela Di Segni e Hilda V. Levy

A Transferência
Taciana de Melo Mafra

Clínica da Pulsão
Diana S. Rabinovich

Os Discursos na Psicanálise
Aurélio Souza

Littoral
O Conhecimento Paranóico

Revista Dizer - 14
A medicalização da dor

Neurose Obsessiva
Charles Melman

A Erótica do Luto
Jean Allouch

Um Mundo sem Limite
Jean-Pierre Lebrun

Comer o Livro
Gérard Haddad

Do Pai à Letra
Hector Yankelevich

A Experiência da Análise
Norberto Ferreyra

A Fadiga Crônica
Pura H. Cancina

O Desejo Contrariado
Robert Lévy

Psicanálise de Crianças Separadas
Jenny Aubry

Lógica das Paixões
Roland Gori

Um Narrador Incerto, entre o Estranho e o Familiar
Lucia Serrano Pereira

Gide-Genet-Mishima
Catherine Millor

Dependência Química na Adolescência
Hélio Fernandes Mattos

O Sexo Conduz o Mundo
Colette Chiland

Um Homem de Palavra
Nazir Hamad

A Arte de Reduzir as Cabeças
Dany-Robert Dufour

Poetas, Crianças e Criminalidade... Sobre Jean Genet
Alba Flesler / Claudio Martyniuk / Fernando Sabsay / Isidoro Vegh

A Paixão do Sujeito Freudiano
Bernard Penot

Clínica Lacaniana: As Homossexualidades, Revista Internacional n. 2

A Escola do Sujeito
Claude Dumézil

A Significação do Falo
Diana Rabinovich

A Angústia e o Desejo do Ouro
Diana Rabinovich

O Próximo
Isidoro Vegh

Sombra do Teu Cão
Jean Allouch

Crueldade no Feminino
Sophie de Mijolla-Mellor e Julia Kristeva

A Descoberta de João
Marcelo Pio da Costa

Separações Necessárias
Emilio Rodrigué

Os Nomes Indistintos
Jean-Claude Milner

Lacaniana I
Moustapha Safouan

Psicanálise e Saúde Mental
Sonia alberti e Ana Cristina Figueiredo (org.)

O Caminhante Analítico
Victor Smirnof

Figuras do Real
Ginette Michaud

Do Amor do Outro ao Amor de Si
Patrick Delaroche

A Topografia de Lacan
Jean-Paul Gilson

O Conhecimento Paranóico
Revista Litoral

Letra e Pulsão de Morte
André Green

Enigma do Incesto
Laure Rozen

O Inferno do Dever
Denise Lachaud

A Quarta Mulher
Paul Tabet

Lacaniana II
Moustapha Safouan

Dez Conferências de Psicanálise
Moustapha Safouan

Estados de Abandono
Jacques André

Transferência e Estados Limites
Jacques André

Da Paixão
Jacques André

A Anatomia da Terceira Pessoa
Guy Le Gaufey

A Criança no Espelho (Freud Wallon Lacan)
Émile Jalley

A Violência na Adolescência
Pierre Kamerer

Para uma Clínica do Real
Isidoro Vegh

Clínica dos Fracassos da Fantasia
Silvia Amigo

As Figuras do Real
Patrick Delaroche

O Nó Górdio
Carlos Eduardo Leal

Amor e Ódio
Michele Benhaim

Oriente Médio: Povos Autoritários Sociedades Bloqueadas
Philippe Draz Vincent

Dicionário da Sexualidade Humana
Philippe Brenot

Dicionário da Justiça
Löic Cadiet

O Jornalista e seu Poder
Gerard Spitéri

Michel Foucault: a Inquietude da História
Mathieu Potte-Bonneville

O Sexo do Mestre
Jean Allouch

Psicoterapia-Psicanálise-Didática 1 – debates
Analyse Freudienne Presse

Psicoterapia-Psicanálise-Didática 2 – debates
Analyse Freudienne Presse

A Pulsão de Morte
Michel Plon (org.)

A Crueldade no Feminino
Sophie de Mijolla-Mellor

Por Que Não Há Relação Sexual?
Roberto Harari

A Saúde Totalitária
Roland Gori

A Morte de Deus
Dany-Robert Dufour

O Espelho do Artista
Yolanda Freyre

Nietzsche e o Demônio do Meio-dia
Jean-Baptiste Botul

Fim da Picada
Guilherme Knabb
Mariana Friedheim

Psicanálise de Pais
Durval Checchinato

Separações Necessárias
Emilio Rodrigué

Reflexões Sobre a Questão Gay
Didier Eribon

"Inseto"
Claire Castillon

A Lógica do Gênero
Laure Murat

No Reino das Mulheres
Irène Frain

O Inestimável Objeto da Transmissão
Pierre Legendre

Enigma do Incesto
Da fantasia à realidade
Laure Razon

Este livro foi produzido nas
oficinas da Imos Gráfica e Editora na
cidade do Rio de Janeiro